教育部高等学校道路运输与工程教学指导分委员会
"十三五"规划教材

道路桥梁与渡河工程专业导论

主　编　侯相琛　孟祥海
副主编　吴红林　程建生　李新凯
主　审　郭忠印

人民交通出版社股份有限公司
北京

内 容 提 要

本书为教育部高等学校道路运输与工程教学指导分委员会"十三五"规划教材。本书力求从工程哲学、系统工程、绿色环保、可持续发展的角度,对道路桥梁与渡河工程本科专业所涉及内容进行深入浅出的说明。本书共计6章,第1章为交通运输系统概述,第2章为交通特性与路网规划,第3章为道路工程,第4章为桥梁工程,第5章为渡河工程,第6章为交通运输系统社会特征。

本书可作为高等学校道路桥梁与渡河工程专业及土木工程专业的教学用书,也可供相关其他专业参考选用。

本书配有课件,教师可加入 QQ 群(328662128)获取课件。

图书在版编目(CIP)数据

道路桥梁与渡河工程专业导论/侯相琛,孟祥海主编. — 北京:人民交通出版社股份有限公司,2021.6(2024.7重印)

教育部高等学校道路运输与工程教学指导分委员会"十三五"规划教材

ISBN 978-7-114-16998-4

Ⅰ.①道… Ⅱ.①侯… ②孟… Ⅲ.①道路工程—高等学校—教材②桥梁工程—高等学校—教材 Ⅳ.①U41 ②U44

中国版本图书馆 CIP 数据核字(2021)第 097894 号

审图号:GS(2021)3161 号

教育部高等学校道路运输与工程教学指导分委员会"十三五"规划教材
Daolu Qiaoliang yu Duhe Gongcheng Zhuanye Daolun

书　　名:	道路桥梁与渡河工程专业导论
著 作 者:	侯相琛　孟祥海
责任编辑:	李　瑞
责任校对:	孙国靖　魏佳宁
责任印制:	刘高彤
出版发行:	人民交通出版社股份有限公司
地　　址:	(100011)北京市朝阳区安定门外外馆斜街3号
网　　址:	http://www.ccpcl.com.cn
销售电话:	(010)59757973
总 经 销:	人民交通出版社股份有限公司发行部
经　　销:	各地新华书店
印　　刷:	北京印匠彩色印刷有限公司
开　　本:	787×1092　1/16
印　　张:	18.5
字　　数:	398 千
版　　次:	2021 年 6 月　第 1 版
印　　次:	2024 年 7 月　第 3 次印刷
书　　号:	ISBN 978-7-114-16998-4
定　　价:	50.00 元

(有印刷、装订质量问题的图书由本公司负责调换)

前言

　　道路桥梁与渡河工程专业导论是高等学校道路桥梁与渡河工程专业及土木工程专业为新生开设的一门专业介绍课程，所涉及的内容比较广泛，综合性和实践性都比较强。本课程的任务是通过课程教学使学生掌握交通运输系统及道路桥梁与渡河工程的基本知识，了解其基本技术原理、科学问题、建设成就、发展历史及发展方向。

　　本教材力求从工程哲学、系统工程、绿色环保、可持续发展的角度，对道路桥梁与渡河工程本科专业所涉及交通运输系统、交通特性与路网规划、道路工程、桥梁工程、渡河工程等内容的一般概念、技术要点、工艺过程、发展历史与文化、建设成就、发展趋势、拟解决的关键科学技术问题等进行深入浅出的叙述，并适当地扩展到交通运输系统社会特征等相关内容，尽可能地吸收了近几年交通运输系统和道路桥梁与渡河工程的最新发展理念、最新技术进展和最新的科研成果，希望为学生能够建立起一个道路桥梁与渡河工程专业的系统框架提供有益的帮助。

　　本教材共分6章，第1章交通运输系统概述，由哈尔滨工业大学侯相琛编写；第2章交通特性与路网规划，由哈尔滨工业大学孟祥海编写；第3章道路工程，由哈尔滨工业大学李新凯、孟祥海编写；第4章桥梁工程，由哈尔滨工业大学吴红林、马俊编写；第5章渡河工程，由陆军工程大学程建生编写；第6章交通运输系统社会特征，由哈尔滨工业大学侯相琛编写。全书由侯相琛、孟祥海进行统稿。由同济大学郭忠印教授主审。

限于编者水平有限,难免有疏误之处,敬请有关院校师生和读者提出宝贵意见,以便及时修改完善。

编　者

2021 年 04 月于哈尔滨

目录

第1章　交通运输系统概述 ·· 001
 1.1　基本概念 ··· 001
 1.2　道路运输系统 ·· 005
 1.3　轨道运输系统 ·· 009
 1.4　水路运输系统 ·· 015
 1.5　航空运输系统 ·· 021
 1.6　管道运输系统 ·· 028
 1.7　交通发展理念与目标 ··· 033
 复习思考题 ··· 039

第2章　交通特性与路网规划 ·· 040
 2.1　交通特性 ·· 040
 2.2　交通需求与交通服务 ··· 059
 2.3　路网规划 ·· 071
 2.4　交通工程研究内容与发展史 ·· 081
 复习思考题 ··· 088

第3章　道路工程 ·· 090
 3.1　道路的分类与分级 ··· 090
 3.2　道路几何线形 ·· 095
 3.3　道路交叉 ·· 105
 3.4　道路工程构造物 ·· 110

3.5 道路附属设施 ... 120
3.6 道路养护与管理 ... 125
3.7 道路发展史 ... 133
3.8 道路工程发展趋势和前沿技术 ... 140
复习思考题 ... 144

第4章 桥梁工程 ... 146
4.1 桥梁结构构成 ... 146
4.2 设计荷载 ... 147
4.3 桥梁总体布局 ... 148
4.4 桥梁上部结构 ... 149
4.5 桥梁下部结构 ... 171
4.6 施工技术 ... 173
4.7 桥梁养护与改造 ... 177
4.8 桥梁美学 ... 182
4.9 桥梁设计理论的演变 ... 191
4.10 桥梁工程的发展趋势 ... 193
复习思考题 ... 205

第5章 渡河工程 ... 206
5.1 渡河概述 ... 206
5.2 浮桥荷载 ... 213
5.3 浮桥的分类 ... 217
5.4 浮桥的力学体系 ... 233
5.5 浮桥的组成 ... 246
5.6 渡河工程发展史 ... 249
5.7 渡河工程的发展趋势和渡河舟桥器材的新技术 ... 256
复习思考题 ... 260

第6章 交通运输系统社会特征 ... 262
6.1 交通运输系统与系统工程 ... 262
6.2 交通运输系统与生态环境系统 ... 266

6.3 交通运输系统与经济发展 …………………………………………… 274

6.4 交通运输系统与社会发展 …………………………………………… 277

复习思考题 ……………………………………………………………… 285

参考文献 ………………………………………………………………… 286

第1章 交通运输系统概述

所谓**交通运输系统**是指各种运输方式在社会化的运输范围内和统一的运输过程中,按其技术经济特点组成分工协作、有机结合、连续贯通、布局合理的综合运输体系。其主要由三个系统构成:有一定技术装备的综合运输网及其结合部系统、各种运输方式联合运输系统和综合运输管理组织及其协调系统。

交通运输系统由五大运输系统组成,即道路运输系统、轨道运输系统、水路运输系统、航空运输系统和管道运输系统,每个运输系统又都是由硬系统和软系统构成的。硬系统是基础,软系统是灵魂。

1.1 基本概念

1.1.1 交通运输工程

交通运输工程是研究和支撑交通运输系统的骨干(主要)学科,是工程学中的一个一级学科方向,旨在解决人类四大基本需求"衣、食、住、行"中与"行"相关的各种科学与技术问题(难题),包括交通基础设施(道路与铁道)工程、交通运输规划与管理、载运工具运用工程、交通信息工程及控制四个二级学科方向。交通运输工程学科主要研究道路(公路与城市道路)、轨道(铁路与城市轨道)、水路及航空等运输基础设施的布局及修建,载运工具运用,交通信息运用及交通控制,交通运输经营和管理等内容,具有系统复杂性强、学科交叉性强、技术应用性强等本质特征。

交通运输工程学科主要培养从事道路、轨道、港口、航道、机场等工程勘查、设计、施工与养护,机车、汽车、船舶及航空器等载运工具运用,道路、轨道、水路、航空等信息工程及智能控制,道路、轨道、水路及航空等运输规划、经营和管理的高级工程技术人才。

交通运输工程学科支撑的本科专业有道路桥梁与渡河工程、交通工程、交通运输、交通设备与控制工程、物流工程、铁道工程、机场工程等。

1.1.2　交通基础设施

基础设施是指为社会生产和居民生活提供公共服务的物质工程设施,是用于保证国家或地区社会经济活动正常进行的公共服务系统。它是社会赖以生存发展的一般物质条件。基础设施不仅包括交通、通信、水、电、煤气等公共设施,而且包括教育、科技、医疗卫生、体育、文化等社会事业。

交通运输基础设施是指各种交通方式中为完成旅客和货物输送所需要的固定设施,在国民经济发展中具有基础性、先导性、战略性的地位和作用。主要包括线路基础设施、站场基础设施、枢纽基础设施和附属基础设施等,具体包括道路、轨道、航道、管道、隧道、桥梁、机场、港口(码头)、车站、机电设备、供电系统、通信设备、标识标线等设施。

1.1.3　交通运输方式

交通运输方式亦称"交通运输类型"。按交通线路和运输工具同地理环境的关系,视其自然媒介的差异,可分为陆地交通、水上交通、空中交通、特种交通等运输方式。按运输过程所使用的交通线路、运输工具、牵引力(或驱动力)的不同来区分,有道路、轨道、河运、海运、航空、管道、索道、畜力、人力等运输方式。根据各种交通运输方式的技术设备特征,目前运营的现代化运输方式有道路、轨道、水运、航空、管道等,如图1-1所示。管道运输仅适用于特定物质,如石油、天然气、水等,其他四种运输方式均适用于旅客和货物运输。由于不同的交通运输方式其技术性能、对地理环境的适应性、产生的投资、运输成本、运输能耗、固定资产效率、劳动生产率等技术经济指标各异,各运输方式都有自己的优点和缺点,在全国统一的交通运输系统中,各有其重要地位和局限性。因此,发挥各种交通运输方式的优势,借助智慧交通系统平台,打造强大高效的多式联运系统和综合运输系统必将成为今后主要的发展趋势。

【资料1-1】　改革开放40多年来,中国交通运输行业取得了举世瞩目的发展成就。

①交通基础设施实现了跨越式发展。中国高速铁路、高速公路、城市轨道交通等运营里程及港口万吨级泊位数量均位居世界第一,机场数量和管道里程位居世界前列,"五纵五横"综合运输大通道基本贯通,中国路、中国桥、中国港、中国高铁成为亮丽的中国名片,现代综合交通运输体系初步形成。

②运输服务保障能力显著增强。中国铁路旅客周转量、货运量居世界第一,公路货运量及周转量居世界第一,民航运输总周转量(不含港澳台地区)已连续13年排名世界第

二,港口货物和集装箱吞吐量连续10多年保持世界第一,世界排名前10的港口中国占7个,邮政快递业务量连续多年稳居世界第一。

③交通科技创新水平整体提升。中国交通基础设施建设技术已经迈入世界先进行列,高原冻土、膨胀土、沙漠等特殊地质的铁路、公路建设技术克服世界级难题,特大桥隧建造技术达到世界先进水平,离岸深水港建设关键技术、巨型河口航道整治技术、长河段航道系统治理技术以及大型机场工程建设技术世界领先。

a)公路运输

b)城市道路运输

c)铁路货运(大秦铁路)

d)城市轨道客运

e)远洋运输

f)内河运输

图 1-1

g)民航客运

h)民航货运

i)管道运输(西气东输加压泵站)

j)管道运输(中缅石油管道)

图1-1 交通运输方式示例

1.1.4 交通运输经济

交通运输的本质是实现旅客和货物的空间移动,不仅要求安全、快捷,更要求具有良好的经济性,即低成本。交通运输经济学是应用经济学中的一个分支,是以经济学理论为基础,研究与交通运输有关的各种经济问题的科学,其核心是通过对交通运输过程中经济规律的研究,找到优化投资、降低成本、提高效益的途径与方法。根据2020年数据,中国交通运输行业对GDP的贡献率为4.1%,仅为发达国家的50%左右,全社会运输成本及物流成本占GDP的14.5%,远高于发达国家的8%。这说明中国的交通运输经济性问题还有巨大的改善空间。

一般而言,航空运输适合于长距离或超长距离运输,主要运输对象是旅客和时效性很强的货物;公路运输适合于中短距离运输,主要运输对象是旅客和各种货物;铁路运输适合于中长距离运输,主要运输对象是旅客和大宗物品;水路运输适合于中长距离或超长距离运输,主要运输对象是大宗物品或国际贸易商品;管道运输适合于各种距离的运输,主要运输对象是特定的液体或气体。除管道运输外,其他四种运输方式,一般都需要公路/道路运输的配合。

【资料1-2】 有对比研究表明,美国内河运输成本约为铁路运输的1/4、公路运输的

1/5,德国的相应数据则为 1/3 和 1/5;中国长江三角洲内河运输成本总体上为公路的 1/5,其中煤炭的运输成本约为铁路运输的 4/7、公路运输的 1/10,集装箱的运输成本约为铁路运输的 2/3、公路运输的 1/3。就运输成本而言,由高到低的顺序为航空、公路、铁路、管道、水运。

1.2 道路运输系统

道路运输系统包括公路运输系统和城市道路运输系统。本节主要介绍公路运输系统的相关内容。

1.2.1 系统构成

道路运输是指运输工具利用道路基础设施实现旅客或货物空间移动的过程。道路运输系统的硬系统主要是指道路基础设施(路网、场站)、运输工具等,软系统主要是指道路运输的政策法规体系、组织管理体系、智能管理系统等。现代道路运输主要是指汽车运输。

1.2.2 硬系统

1.2.2.1 道路基础设施

道路基础设施主要是指路网、交通控制设施、场站枢纽等及其组成的空间网络。路网是由线路、路基路面、桥梁、隧道、支挡防护及排水构造物等组成;交通控制设施对车辆、驾驶员和行人起指引、约束与限制作用,主要是由交通标识标牌、路面标线、交通信号、收费设施等组成;场站枢纽是道路运输办理、货物运输业务及仓储保管、车辆保养修理以及为用户提供相关服务的场所,是汽车运输企业的生产与技术基地,主要是由客运站/客运枢纽、货运站/物流园区、停车场(库)、保修厂(站)、加油站及食宿站等组成。

【资料1-3】 中国拥有规模庞大的公路网。2020 年末,全国公路总里程 519.81 万 km,居世界第三位(2016 年美国 666.29 万 km、印度 560.33 万 km);公路养护里程 514.40 万 km,占比 99.0%。按技术等级统计,全国四级及以上等级公路里程 494.45 万 km,占比 95.1%。二级及以上等级公路里程 70.24 万 km,占比 13.5%。高速公路总里程 16.10 万 km,居世界第一位(美国 10.75 万 km、加拿大 1.98 万 km);其中国家高速公路 11.30 万 km,占比 70.2%。按行政等级统计,国道 37.07 万 km,省道 38.27 万 km;农村公路里程 438.23 万 km,其中县道 66.14 万 km、乡道 123.85 万 km、村道 248.24 万 km。为适应国家发展需要,我国多次调整国家公路网规划,最新的普通国道网布局方案、国家高速公路布局方案如图 1-2、图 1-3 所示。

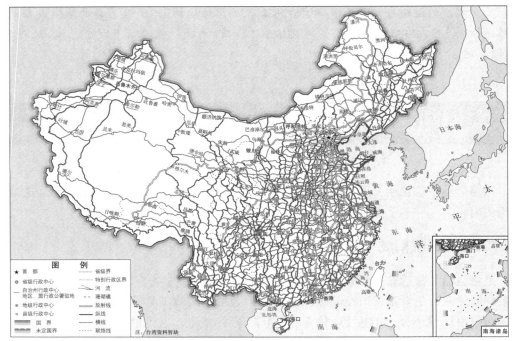

图 1-2　普通国道布局方案图

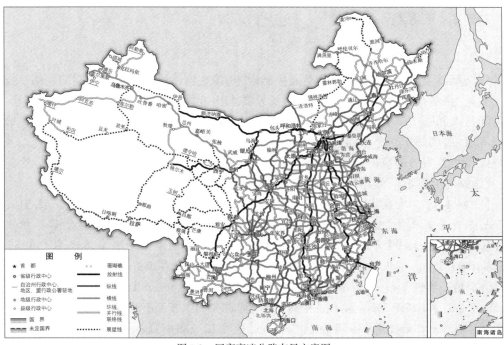

图 1-3　国家高速公路布局方案图

【资料1-4】 公路网覆盖率和通达深度均居世界前列。2020年年末,随着全面建成小康社会目标的实现,全国通公路的乡(镇)、通硬化路面的乡(镇)、通公路的建制村的比例等已接近100%。

【资料1-5】 国家公路运输枢纽总数为179个,共涉及196个城市,其中12个为综合枢纽。上海虹桥枢纽实现了机场、高铁站、普通铁路车站、地铁站、地面公交站、出租车站、社会车辆、长途客运站等互相衔接的综合功能,最具有代表性。

1.2.2.2 道路运输工具

道路运输工具主要有载客车、载货车、特种车辆、牵引车和挂车等,如图1-4所示。目前以汽油车和柴油车为主,新能源车辆的数量比例也在逐年增长。

a) 轿车

b) 中型客车

c) 大型客车

d) 大货车

e) 半挂货车

f) 危险品运输车

g) 轿车专用运输车

图1-4 道路运输工具示例

【资料1-6】 近年来,中国成了世界上最主要的汽车产销国,年均产销量近3000万辆。2020年年末,全国民用汽车拥有量2.81亿辆(美国2.6亿辆),其中拥有公路营运汽车1171.54万辆,含载客汽车61.26万辆,载货汽车1110.28万辆。载货汽车中,普通货车414.14万辆,专用货车50.67万辆,牵引车310.84万辆,挂车334.63万辆。

1.2.3 软系统

1.2.3.1 道路运输法律法规体系

道路运输法律法规是对道路运输进行依法治理的基础和依据。目前,涉及公路管理方面的法律法规有 21 项,涉及道路运输方面的法律法规有 23 项。由国家立法机关颁布的法律有《中华人民共和国公路法》《中华人民共和国道路交通安全法》2 项,由国务院颁布的法规有《中华人民共和国道路运输条例》《公路安全保护条例》《中华人民共和国收费公路管理条例》等 3 项,其他均为交通运输部依据以上 5 项法律法规颁布的规章或规定,如《道路旅客运输及客运站管理规定》《道路货物运输及站场管理规定》《道路危险货物运输管理规定》《超限运输车辆行驶公路管理规定》《道路运输从业人员管理规定》《国际道路运输管理规定》《外商投资道路运输业管理规定》等 39 项。此外,有关道路运输系统的规划、设计、建设、运营、管理、养护等方面的技术标准、规范、细则、规程等也已形成了较完善的国家标准、行业标准体系。这些法律法规对道路运输各个关键因素、对象和环节所涉及诸多事项都作出了明文规定,从而规范了道路运输生产行为,规避了绝大多数运输风险,保障了道路运输业有序、健康、可持续的发展。

1.2.3.2 道路运输组织管理体系

道路运输组织管理体系主要由交通运输部运输服务司、省级交通运输厅、省级道路运输管理局、市县级交通运输局、运输主体等构成,政府部门负责相关的法律法规制定,道路运输管理部门依法依规对运输市场及运输主体实施政策引导、检查督导和行为规范,运输主体则根据运输市场和运输需求在法律法规的规定范围内组织落实运输生产。

1.2.3.3 道路运输智能管理系统

运输生产的落实离不开各类智能管理与服务系统的支撑。道路运输智能管理系统包括路网管理系统、道路交通管理系统、地理信息系统/智能导航系统、道路客运预售票系统、道路客运管理系统、道路货运管理系统、应急救援管理系统等。其中路网管理系统包括路线系统、路基路面系统、桥涵系统、隧道系统、附属构造物系统等;道路交通管理系统包括信息采集系统、数据分析系统、执法系统、事故预防系统、事故处理系统、决策优化系统、交通控制系统、社会服务系统等;地理信息系统/智能导航系统包括数字地图系统、卫星定位系统、路径寻优系统等;道路客运预售票系统包括全国预售票系统、区域预售票系统、汽车站预售票系统等;道路客运管理系统包括计划系统、车辆调度系统、旅客组织系统、乘务系统、安全监控系统等;道路货运管理系统包括物流园区系统、货运组织系统、安全监控系统等;应急救援管理系统包括应急指挥系统、应急救援方案系统、应急资源储运系统、救援组织系统等。

随着信息化智能化技术的进步,包括道路运输智能管理系统在内的综合交通运输智能管理系统,将会结构更加完善、功能更加综合和决策更加科学智能。

1.2.4　道路运输的特点

道路运输的主要优势:机动灵活,适应性强;可实现"门到门"运送;中短途运送速度较快;运输工具原始投资少,驾驶技术较易掌握。

道路运输的主要劣势:单次运量较小;运输成本较高;运行持续性较差;安全性较低;环境污染较大。

1.3　轨道运输系统

轨道运输系统包括铁路运输系统和城市轨道运输系统两大部分。本节主要介绍铁路运输系统的相关内容。

1.3.1　系统构成

铁路运输是用机车牵引车辆,行驶于铺设着钢轨的线路上的一种运输方式。铁路运输系统的硬系统主要指铁路基础设施(路网、线路、车站)、运输工具(机车车辆)、运行保障设施(供电设施、通信设施、信号设施、给排水设施等)等,软系统主要是指铁路运输的政策法规体系、组织管理体系、智能管理系统等。

1.3.2　硬系统

1.3.2.1　铁路基础设施

(1) 铁路网

铁路网是由线路、车站的空间分布而形成的。线路是列车运行的基础设施,由轨道、路基和桥梁、隧道等组成。

【资料1-7】　近年来,中国铁路网规模扩展迅速。2020年年末,全国铁路营业里程达到14.6万km,居世界第二位(美国18.4万km,俄罗斯8.5万km)。其中高铁营业里程3.8万km,占世界高铁营业里程的60%以上,居世界第一位。城市轨道交通运营线路226条,运营线路总长度7354.7km,居世界第一位;其中地铁线路189条、6595.1km,轻轨线路6条、217.6km。2020年年末,铁路营业里程中,复线里程8.7万km,占比59.5%;电气化里程10.6万km,占比72.8%。我国非常重视铁路网的长期发展规划,最新的国家中长期铁路网规划方案、国家中长期高速铁路网规划方案如图1-5、图1-6所示。

道路桥梁与渡河工程专业导论

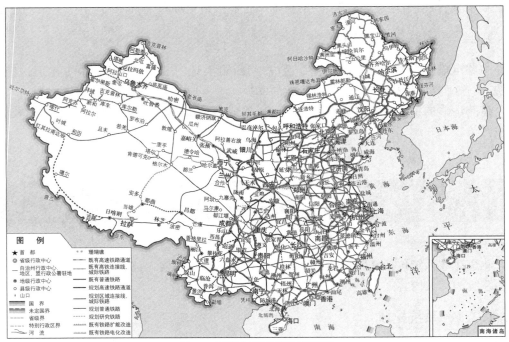

图 1-5　国家中长期铁路网规划图

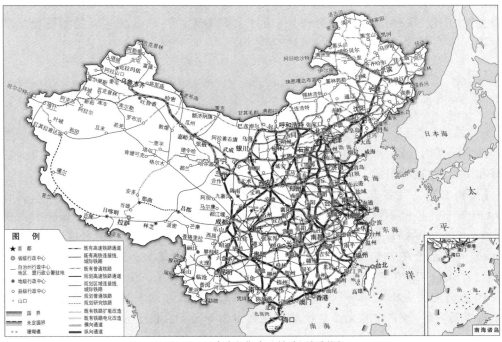

图 1-6　国家中长期高速铁路网规划图

(2)车站

车站是铁路运输生产的基地,是办理旅客和货物运输业务,编组和解体列车,组织列车出发、到达、交会、越行和通过等作业的铁路基层生产单位,是铁路服务对象(旅客和收发货人)和铁路运输系统的结合点。

车站按业务性质可分为客运站、货运站和客货运站,按技术作业又可分为中间站(包括会让站、越行站)、区段站和编组站。按重要程度车站可分为特等站、一等站、二等站、三等站、四等站、五等站等六个等级。各种不同的车站承担着不同的任务,拥有相应的基础设施和技术设备。

1.3.2.2 运输工具

主要是指机车和车辆。除动车组外,一般情况下,机车(俗称火车头)是铁路运输的基本动力来源,客、货列车的牵引和车站上的调车工作,都是由机车提供动力来完成的。主要有蒸汽机车、内燃机车、电力机车等类型,如图1-7所示。随着铁路电气化的发展,国内机车逐渐形成以电力机车为主、内燃机车为辅的发展格局。

a)蒸汽机车

b)内燃机车

c)普通电力机车

d)动车组机车

图1-7 机车类型及列车示例

车辆中的客车和货车是由车体、走行部、车钩缓冲装置、制动装置和车辆设备五个部分组成。客车是运送旅客和为旅客途中服务的车辆,有硬座车、硬卧车、软座车、软卧车、餐车、行李车以及特殊用途的邮政车、公务车、空调发电车等。客车可分为高速动车组(G)、城际高速(C)、动车组(D)、直达特快旅客列车(Z)、特快旅客列车(T)、快速旅客列车(K)、普通旅客列车(四位数字车次)、旅游列车(Y)、临时旅客列车(L)、通勤列车等多个等级。货车是装运货物的车辆,且必须保证所运货物在运输途中完好无损和装卸方便。传统的货车分为棚车、敞车、平车、罐车和保温车等五大类,近年又发展出家畜车、长大货物车、水泥车、粮食车、自卸漏斗车、集装箱车和有毒物品车等多种新型货车。

【资料1-8】 2020年年末,全国铁路机车拥有量2.2万台,其中内燃机车0.8万台,电力机车1.38万台。全国铁路客车拥有量7.6万辆,其中动车组3918标准组、31340辆。全国铁路货车拥有量为91.2万辆。

1.3.2.3 运行保障设施

(1)牵引供电设施

牵引供电设施须保障不间断地向电力机车或动车组供电,属于专线供电。主要由牵引变电所、牵引网组成。牵引变电所的主要任务是将电力系统输送来的110kV三相交流电通过牵引变压器变换为27.5kV或55kV单相电,并由馈电线直接输送至接触网上。牵引网由馈电线、接触网、轨道回路和回流线等组成。电力机车或动车组通过受电弓摩擦接触网形成闭合回路获得持续的电能。

(2)通信设施

铁路运输系统具备先进、完备、专用的通信网络。通信设备是铁路各部门之间、各环节之间、上下级之间信息交换的媒介,一般分为电话通信、数据通信、电视电话会议通信三大类,包括调度电话、站间电话、区间电话、站内通信设施、无线扩音对讲系统等。

近年来,新型通信技术如超短波无线通信、计算机集群通信、卫星通信等都已得到广泛应用。目前正在推广的铁路综合数字移动通信系统(GSM-R)是铁路运输系统的专用通信系统,主要提供无线列调、编组调车通信、区段养护维修作业通信、应急通信、隧道通信等语音通信功能,可为列车自动控制与信息检测提供数据传输通道。GSM-R由GSM-R陆地移动网络、FAS固定网络、移动终端和固定终端等几部分构成。

(3)信号设施

铁路信号是用来传递调度指挥系统的命令、指示列车按命令运行或实施调车的设施,包括信号、联锁、闭塞、机车信号等设施或设备。联锁设备是指通过利用机械、电器自动控制和远程控制、计算机等技术和设备,使车站范围内的信号机、进路和进路上的道岔具有同一指令下的联动关系,保证列车在进路上按指令安全运行。闭塞设备是区间信号设备,用来传递运行中的列车是否可以在该区间运行、如何运行的指令,以保证列车在区间运行安全。机车信号设备是将地面信号机的指令及各种运行条件信息连续不断地传递到机车上,并控制机车信号机显示的设备。

(4)给排水设施

给水设施的作用是为列车提供饮用水、洗漱用水、厕所用水等生活用水,排水设施的作用则是将列车上的污水通过泵站吸出,并排入城市污水网。

【资料1-9】 目前,中国在高铁领域逐渐形成了系统和技术优势,是世界上发展速度最快、系统技术最全、集成能力最强、运营里程最长、运营速度最高、在建规模最大的高铁系统。先后建成了北京-天津、北京-上海、哈尔滨-大连、兰州-乌鲁木齐、北京-广州等若干设计时速和运营时速达到300~350km的高铁线路,在高速动车组列车技术、高铁线路建设技术、运营管理技术等方面均位居世界前列,形成了完整的高铁线路规划、设计、施工、运营、维护、管理和高铁技术装备研发、生产、质量保障的技术标准、规范体系。复兴号动车组列车(代号为CR)是由中国铁路总公司牵头组织研制、具有完全自主知识产权、达到世界先进水平的动车组列车,是世界上持续运营速度最快的高铁列车。创新研发了无砟轨道成套技术和三网(高速铁路勘测控制网、施工控制网、运营维护控制网)合一的精测网,保证了线路建设与运营过程中高精度测控要求;创新研发了高速钢轨、扣件、道岔等关键轨道设备与部件,满足了线路高平顺、高稳定的要求;有效地解决了高铁路基沉降与冻胀等,隧道施工涌水、突泥、岩溶、高地应力变形等,深水大跨桥梁施工大口径钻机、爬坡吊机等,沙漠戈壁线路的防风墙、除沙车等,无缝钢轨的焊接、防止高温胀轨等一系列建设过程中的技术难题。如京沪高铁1318km没有一个轨缝,兰新高铁可抵御12级风沙,哈大高铁路基冬季冻胀值控制在5mm以内等独特技术,都是中国高铁成为世界上运行最平稳高铁的有力保障。创新研发了满足时速250km和350km的二级和三级列控系统,使得高铁列车最小间隔时间可以达到3min。创新研发了25kN以上大张力接触网系统、特种接线AT牵引变压器和远程控制系统等先进设备,满足了动车组可靠受流和实时监控监测的要求。高速铁路系统一般构成如图1-8所示。

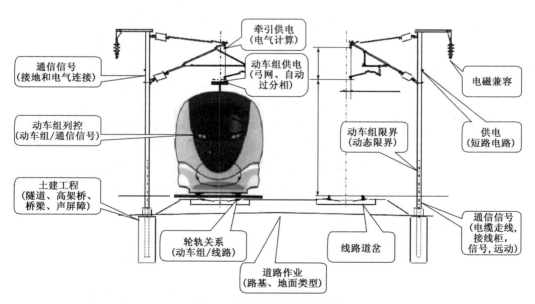

图1-8 高速铁路系统集成示意图

1.3.3 软系统

1.3.3.1 铁路运输法律法规体系

铁路运输法律法规是维护铁路运输生产秩序、保障铁路运输安全、调整铁路运输企业与相关各方关系的基础和依据,包括由国家立法机关颁布的《中华人民共和国铁路法》1项法律,国务院颁布的《铁路安全管理条例》《铁路交通事故应急救援和调查处理条例》2项法规,及铁道部和交通运输部颁布的规章20项,如《铁路技术管理规定》《铁路旅客运输规程》《铁路货物运输规程》《铁路货物运价规则》《铁水货物联运法规》《国际铁路联运法规》《国际多式联运法规》等。此外,有关铁路运输系统的规划、设计、建设、运营、管理、养护等方面的技术标准、规范、细则、规程等也已形成了较完善的国家标准、行业标准体系。这些法律法规对规范铁路运输市场秩序、运输服务质量监管、铁路工程质量、铁路安全生产、铁路交通事故应急救援和调查处理等都提供了有力的法理依据。

1.3.3.2 铁路运输组织管理体系

铁路运输组织管理体系主要由国家铁路局、省级地方铁路局、中国铁路总公司调度部、客运部、货运部,以及中国铁路哈尔滨局集团有限公司等十四个区域公司的调度部、客运部、货运部等构成。政府部门负责相关的法规制定,对中国铁路总公司及其区域公司实施政策引导、检查督导和行为规范,中国铁路总公司及其区域公司则根据客货运输需求在法律法规的规定范围内组织落实运输生产。

1.3.3.3 铁路运输智能管理系统

铁路运输智能管理系统包括铁路基础设施管理系统、调度指挥系统、客票预发售系统、客运管理系统、货运管理系统、应急救援管理系统、服务保障管理系统等。其中基础设施管理系统包括线路设施系统、车站设施系统、道口设施系统等;调度指挥系统包括数据采集系统、数据统计系统、运行计划系统、运行监控系统、机务系统、车辆系统、电务系统等;客票预发售系统包括全国票务中心系统(铁道部)、地区票务中心系统(铁路局)、车站票务系统等;客运管理系统包括旅客组织系统、乘务组织系统、乘务考核系统等;货运管理系统包括销售系统、发货到货系统、货运组织系统、仓储系统、装卸货系统等;应急救援管理系统包括应急指挥系统、应急救援方案系统、应急资源储运系统、救援组织系统等;服务保障管理系统包括清洁系统、燃油供给系统、给排水系统、餐饮系统、检修系统等。

1.3.4 铁路运输的特点

铁路运输的主要优势:运输能力大;行驶具有自动控制性;节省土地;污染性小,能耗少,运价低;受气候限制小;安全程度高等。

铁路运输的主要劣势:固定资产投资大,回报率低;设备庞大,不易维修;运达速度慢,货损较高;营运缺乏弹性等。

1.4 水路运输系统

1.4.1 系统构成

水路运输简称水运,是指利用船舶和其他浮运工具,在海洋、江河、湖泊、水库以及人工水道运送旅客和货物的一种运输方式。水路运输系统的硬系统主要由基础设施(港口、航道)、浮运工具等组成,软系统主要由水路运输的法律法规体系、组织管理体系、智能管理系统等组成。

水路运输按贸易种类可以分为外贸运输和内贸运输,按航行区域分为内河运输、沿海运输和远洋运输,按运输对象分为旅客运输、货物运输和客货混合运输,按船舶营运组织形式分为定期船运输、不定期船运输和专用船运输。

1.4.2 硬系统

1.4.2.1 基础设施

(1)港口

港口是指具有一定范围的水域、陆域、码头等设施,供船舶的进出、停泊、停漳;旅客的集散、上下;货物的集散、装卸、驳运、储存等作业的场所。就其功能而言,是交通运输的枢纽,是水陆联运的咽喉和衔接点,是货物和旅客集散地,也是进行各种作业的场所。按性质可分为商港、渔港、工业港和军港等,按地理位置可分为海港、河口港、河港等,按潮汐影响可分为开敞港、闭合港、混合港等,按地位可分为国际性港、国家性港和地区性港等。

港口水域是指港口界线以内的水域面积,其作用有两个,即船舶能安全地进出港口和靠离码头、能稳定地进行停泊和装卸作业。港口水域主要包括码头前水域、进出港航道、船舶转头水域、锚地等几部分。一般港口区域功能布局如图1-9所示。

港口陆域是指港界线以内的陆域面积。一般包括装卸作业地带和辅助作业地带两部分,并预留一定的发展用地。一般设有港区办公设施、生产设施、港口集疏运设施(道路、铁路)、码头、泊位、港区仓库、港区货场、港口机械、供电设施、排水设施、船舶维修基地、消防站等。

【资料1-10】 2020年,有8个中国港口进入全球货物吞吐量前10名,其中宁波舟山、上海、唐山、广州、青岛更是占据前5名;有7个中国港进入集装箱吞吐量前10名,其中上海位列第一,宁波舟山、深圳、广州南沙位列第3~5名。2020年末,全国拥有生产用码头泊位22142个,其中沿海港口生产用码头泊位5461个,内河港口生产用码头泊位16681个;拥有万吨级及以上泊位2592个,其中沿海港口万吨级及以上泊位2138个,内河港口万吨级及以上泊位454个;万吨级及以上泊位中,专业化泊位1371个,通用散货泊位592

个,通用件杂货泊位415个。我国内河高等级航道及全国港口分布如图1-10所示。

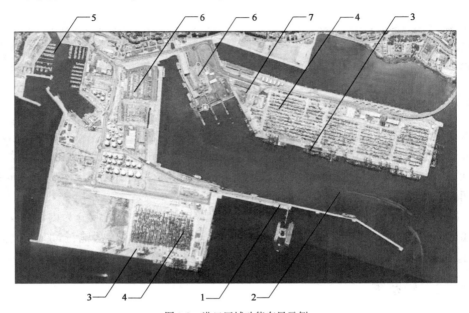

图1-9 港口区域功能布局示例
1-防波堤;2-航道;3-货运码头;4-港区仓库、货场;5-客运码头;6-停车场;7-公共医疗中心

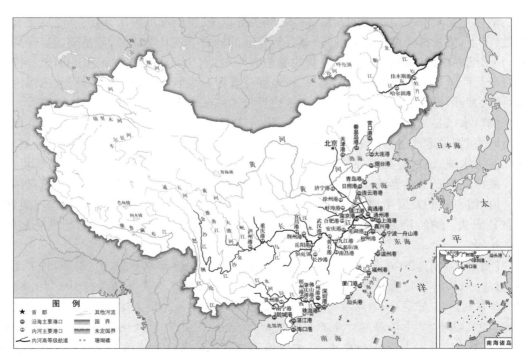

图1-10 内河高等级航道及全国港口分布示意图

(2) 内河航道

航道是指以组织水运为目的所规定或设置的船舶航行通道。随着船舶运行密度和纵横水运网的形成,现代水上航道已不仅是天然航道,还包括人工运河、进出港航道以及保证航行安全的航行标志系统和现代通信导航设备系统在内的工程综合体。

内河航道依据可通行船舶吨位的大小分为七级,一级~七级航道可通行船只最低吨位依次是 3000t、2000t、1000t、500t、300t、100t、50t。

【资料1-11】 2020年末,全国内河航道通航里程12.77万km,居世界第一位。其中等级航道6.73万km,占总里程52.7%,三级及以上航道1.44万km,占总里程11.3%;一级航道1840km,二级航道4030km,三级航道8514km,四级航道11195km,五级航道7622km,六级航道17168km,七级航道16901km,等外航道6.04万km。

中国的内河航道主要分布在7大水系。其中长江水系64736km,珠江水系16775km,黄河水系3533km,黑龙江水系8211km,京杭运河1438km,闽江水系1973km,淮河水系17472km。

(3) 海上航线

世界主要的国际海上航线有大西洋航线、太平洋航线和印度洋航线。三大洋航线通过苏伊士运河、巴拿马运河和马六甲海峡连接成一环球航线。海上航线按所经水域可归为大洋航线、近海航线及沿海航线。

海上航线按几何特性可分为恒向航线(与经度线成等角相交,在地球表面为螺旋曲线)、大圆航线(地面两点间距离最短的沿大圆弧的航线)和混合航线(大圆航线、恒向航线与限制纬度航线混合使用)。按其性质可分为推荐航线(由航路指南根据经验形成的习惯航线)、协定航线(经协商确定在不同季节共同采用的航线)和常规航线(国家和地区在所辖的一些海区规定船舶必须遵循的航线)。世界主要海港和航线分布如图1-11所示。

【资料1-12】 中国的水路国际运输航线和集装箱班轮航线往来100多个国家和地区的1000多个港口。

(4) 航标设施

航标是助航标志的简称,是标示航道方向,帮助引导船舶航行、定位和标示碍航物与表示警告的人工标志、设施或系统。按设置位置可分为岸标和浮标(图1-12),按工作原理可分为视觉航标(白天颜色鲜明、晚上灯光耀眼)、音响航标(能见度低时能发出各种声音警告信号)和无线电航标(利用无线电波传播特性向船舶提供定位导航信息)。永久性航标载入各国出版的航标表和海图。

【资料1-13】 中国沿海及主要港口有7981座航标,形成了灯光交叉覆盖的航标链,极大地提升了中国近海航海保障服务水平。

1.4.2.2 浮运工具

水路运输工具主要为船舶,分军用船舶和民用船舶两种。民用船舶主要用于交通运输、渔业、工程及研究开发等用途,其中运送货物或旅客的民用船舶也称为运输船或商船。

商船又分为客船(一般客船、游船、游轮等)、货船(杂货船、散装货船、集装箱货船、油轮、冷冻船、液体货船、汽车货船等)和客货混装船(汽车轮渡、火车轮渡等),如图1-13、图1-14所示。一般而言,货船的货舱与机舱的比例比其他运输工具大,船舶自重与其载重的比值为8%~25%,而铁路货车的自重与载重之比为25%~40%,因此,水运可供装运货物的舱位及载重量均比陆运和空运大。

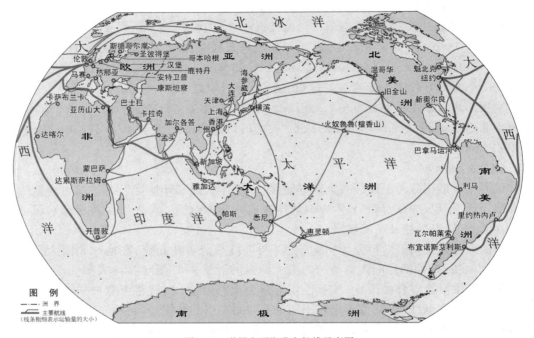

图1-11 世界主要海港和航线示意图

【资料1-14】 中国船舶总装技术达到世界先进水平,船舶产业规模世界第一位,经营船队运输能力居世界第一位。2020年年末,全国拥有水上运输船舶12.68万艘,净载重量27060.16万吨,载客量85.99万客位,集装箱箱位293.03万标准箱。

【资料1-15】 国际上最大的油轮"海上巨人号[SEAWISE GIANT,图1-14a)]"曾为中国香港船王董浩云所有,船长458m,舷宽68.86m,吃水深度24.61m,航速13节,每次可装运原油56.5万吨,由日本重机械工业建造。最大级别的集装箱船"中远海运天蝎座[COSCO SHIPPING SCORPIO,图1-14b)]",船长400m,型宽58.6m,型深30.7m,航速22.5节,最大载重量达19.7万吨,可装运集装箱22000TEU,由大连造船厂建造。最大级别的矿石船"天津号[ORE TIANJIN,图1-14c)]",船长362m,舷宽65m,高30.4m,吃水深度23m,航速14.5节,载重量40万吨,由江苏熔盛重工有限公司建造。最大液化天然气(LNG)运输船"阿尔萨姆利亚号[AL SAMRIYA,图1-14d)]",船长345m,船宽55m,可装载容量达26.6万m³,折合天然气1.62亿m³,是Q-Max型LNG专用运输船,由韩国三星造船公司建造。

a) 近海航标灯塔

b) 长江航标灯

图 1-12 内河航道与沿海航标示例

a) 客船　　　　　　　　　　　　　b) 游轮

c) 汽车轮渡　　　　　　　　　d) 混合轮渡(汽车、火车、旅客)

图 1-13 水路运输工具示例

a) "海上巨人号"油轮

b) "中远海运天蝎座"集装箱船

c) "天津号"矿砂船

d) "阿尔萨姆利亚号"LNG船

图 1-14 大型运输船舶示例

1.4.3 软系统

1.4.3.1 水路运输法律法规体系

水路运输法律法规是维护水路运输生产秩序、保障水路运输安全、处置各种水路运输纠纷和交通事故的法理依据,包括由国家立法机关颁布的《中华人民共和国航道法》《中华人民共和国港口法》《中华人民共和国海商法》《中华人民共和国海上交通安全法》4项法律,国务院颁布的《国内水路运输管理条例》《中华人民共和国航道管理条例》《中华人民共和国内河交通安全管理条例》《中华人民共和国航标条例》《中华人民共和国国际海运条例》等法规16项,交通运输部、国家海事局等颁布的规章84项,如《国内水路运输管理规定》《水路旅客运输规则》《中华人民共和国航道管理条例实施细则》《港口经营管理规定》《船舶载运危险货物安全监督管理规定》《外商投资国际海运业管理规定》《中华人民共和国海上船舶污染事故调查处理规定》等。此外,有关水路运输系统的规划、设计、建设、运营、管理、养护等方面的技术标准、规范、细则、规程等也已形成了较完善的国家标准、行业标准体系。

1.4.3.2　水路运输组织管理体系

水路运输组织管理主要由交通运输部、国家海事局、省级交通运输厅或海事局、省级航运管理局、特别设置的重点航道航务管理局、运输主体等构成,政府部门负责相关的法规制定,对运输市场及运输主体实施政策引导、检查督导和行为规范,运输主体则根据运输市场和运输需求在法律法规的规定范围内组织落实运输生产。

1.4.3.3　水路运输智能管理系统

水路运输智能系统包括经营管理系统、疏运管理系统、乘务管理系统、船舶管理系统、航道管理系统、港口管理系统、预售票系统、客运管理系统、货运管理系统等。经营管理系统包括考核系统、开发系统、结算系统、售票系统和服务设施系统;疏运管理系统包括疏运组织系统、社会经济对接系统、运输衔接系统等;乘务管理系统包括乘务考核系统、乘务计划系统、乘务调度系统等;船舶管理系统包括事故与救援系统、船舶运行组织系统、船舶运行计划系统等;航道管理系统包括航道计划系统、安全监控系统、航道控制系统等;港口管理系统包括转运组织系统、仓储系统、卸装载系统、船舶转运系统、港口设施系统、港口业务系统等;预售票系统包括全国预售票系统、港口或码头预售票系统等;客运管理系统包括计划系统、乘务服务系统、航线航班系统、客流组织系统等功能;货运管理系统包括计划系统、货流集疏系统、航线航班系统、货运组织系统等。

1.4.4　水路运输的特点

水路运输的主要优势:运载能力大,投资少;能源消耗少,单位运输成本低;续航能力大;航道上净空限制小等。

水路运输的主要劣势:运输速度低;受自然条件的影响较大;运输的连续性和可达性较差等。

1.5　航空运输系统

航空运输系统包括军用航空运输系统和民用航空运输系统。本节主要介绍民用航空运输系统的相关内容。

1.5.1　系统构成

民用航空运输是指使用航空器运送人员、行李、货物和邮件的一种运输方式。民航运输系统的硬系统主要由机场、航路和航线、飞机等组成,软系统主要由民航运输法律法规体系、组织管理体系、智能管理系统等组成。

1.5.2 硬系统

1.5.2.1 机场

机场也称为航空站,是民用航空运输网络中的节点,是航空运输的起点、终点和经停点,是空中运输和地面运输的转接点。

机场是供飞机起飞、着陆、停驻、维护、补充给养及组织飞行保障活动所用的场所。按航线性质可分为国际机场和国内机场,按机场作用可分为枢纽机场(北京、上海、广州)、干线机场(省会城市、旅游城市大连、厦门、桂林、深圳)和支线机场,按机场所在地城市地位可分为一类机场、二类机场、三类机场、四类机场,按服务对象可分为军用机场、民用机场和军民合用机场等。一般民用机场主要功能布局如图1-15所示。

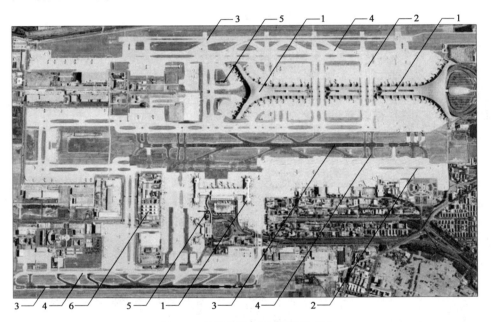

图1-15 机场主要功能区布局示意图
1-航站楼;2-停机坪;3-跑道;4-滑行道;5-塔台;6-储油库

机场主要由飞行区、航站区及进出机场的地面交通系统构成。机场的其他设施还包括供油设施、应急救援设施、动力与电信系统、环保设施、旅客服务设施、保安设施、货运区及航空公司区等。

【资料1-16】 2020年末,共有颁证民用航空机场241个。其中定期航班通航机场240个,定期航班通航城市237个,服务覆盖全国88.5%的地市、76.5%的县。年旅客吞吐量达到100万人次以上的通航机场有85个,达到1000万人次以上的有27个;年货邮吞吐量达到10000吨以上的有59个。2005~2019年间,航空运输总周转量(不含港澳台地区)已连续13年排名世界第二,北京首都机场的旅客吞吐量连续8年位居世界第二

(美国亚特兰大机场排名第一),上海浦东机场的货邮吞吐量连续10年位居世界第三(中国香港国际机场排名第一,美国孟菲斯机场排名第二)。

1.5.2.2 航路和航线

航路是由国家统一划定的、是以连接各个地面导航设施的直线为中心线的、具有一定宽度和高度限制的、供飞机飞行的空中通道。一般情况下,其宽度为20km,亦可根据需要进行特殊的划定。航线是包含在航路范围内的,不仅确定了飞机飞行的具体方向、起讫点和经停点,而且还根据空中交通管制的需要,规定了航线的宽度和飞行高度,以维护空中交通秩序,保证飞行安全。航路和航线都是航路上各导航站的导航设备划定的由地理坐标(经度、纬度和高度)表示的空间立体通道和空间线。

【资料1-17】 2019年年末,民用航空国内航线数4568条,港、澳地区航线数111条,国际航线数953条,通达内陆224个城市和中国香港、澳门、台湾地区以及60个国家(地区)的158个城市。

1.5.2.3 飞机

飞机指具有机翼、一具或多具发动机的靠自身动力驱动前进,能在太空或者大气中飞行,自身的密度大于空气的航空器。飞机一般由机身、机翼、起落架、动力装置、通信系统、导航系统、操纵系统、环境控制系统、控制仪表系统、综合电子仪表系统等组成。国产大飞机C919的基本构成如图1-16所示。

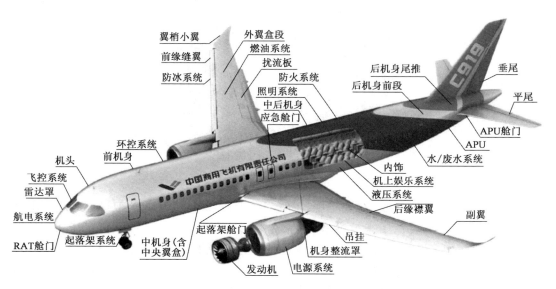

图1-16 客运飞机的基本构成(C919)

按机翼类型,可分为固定翼飞机和旋转翼飞机。按发动机类型,固定翼飞机可分为活塞式螺旋桨飞机、涡轮式螺旋桨飞机和喷气式飞机等,如图1-17所示。

a)单旋翼

b)双旋翼

c)活塞式螺旋桨固定翼

d)涡轮式螺旋桨固定翼

e)喷气式固定翼

图 1-17　飞机类型示例

　　机身是飞机的主要部分,机身呈现长筒形状,把机翼、尾翼和起落架连在一起。机身前部是驾驶舱(即机头),用来控制整个飞机;中部是客舱(载客分头等舱、商务舱、经济舱)和货运舱(用来装载货物、燃油及各种必需的设备)。机身后部则与尾翼相连。

　　机身用来装载人员、物资和各种设备。机翼用来产生支持飞机重量的升力,使飞机能在空中飞行。尾翼用来操纵飞机俯仰或偏转,并保证飞机能平稳地飞行。起落架用于起飞、着陆滑跑和滑行,停放时支撑飞机。动力装置用来产生推力或者拉力,使飞机前进。

　　通信系统是飞机和飞机之间、飞机与地面航线管制人员之间实现双向的语音和信号联系的设备与技术的统称。

导航系统是飞机实现按照规定的航线,保持正确的航向和高度,完成飞行任务并准确到达预定位置的设备与技术的统称,是指通过测量飞机的加速度,获得飞机瞬时速度和瞬时位置数据的技术系统。按工作原理可分为仪表导航、无线电导航(含全球定位系统)、惯性导航、天文导航、组合导航等类型。导航系统都安装在飞机内部,工作时不依赖外界信息,也不向外界辐射能量,不易受到干扰。

操纵系统是指传递驾驶员或自动驾驶仪的操纵指令,驱动舵面和其他机构以控制飞机飞行姿态的系统。随着飞机的发展经历了由简单初级到复杂完善的发展过程,先后出现了人工机械系统、助力器操纵系统和电传操纵系统。根据操纵指令来源,可分为人工操纵(又可分为主操纵系统和辅助操纵系统)和自动控制系统。主操纵系统是通过驾驶杆(或驾驶盘)和脚蹬,即中央操纵机构控制飞机的升降舵(或全动平尾)、副翼和方向舵的操纵机构控制飞机飞行轨迹和姿态。辅助操纵系统包括调整片、襟翼、减速板、可调安定面和机翼变后掠角操纵机构等,用于控制飞机的运动状态。它们的操纵仅是靠驾驶员选择相应开关、手柄位置,通过电信号接通电动机或液压作动筒来完成。自动控制的指令来自系统的传感器,能对外界的扰动作出反应,以保持规定的飞行状态。常用的自动控制系统有自动驾驶仪、各种增稳系统和主控操纵系统。自动控制系统的工作与驾驶员人工操纵相互独立、互不妨碍。

环境控制系统是保证飞机座舱和设备舱内具有乘员和设备正常工作所需的适当环境条件的整套装置,包括座舱供气和空气分配、座舱压力控制、温度控制、湿度控制等装置。

控制仪表系统包括大气数据仪表(由气压高度表、飞机速度表、大气温度表、大气数据计算机等组成)、飞行姿态指引仪表(陀螺仪表)、惯性基准系统(飞机姿态数据,如位置、航向、倾斜速度和加速度),其实现了飞机导航、控制及显示一体化。

综合电子仪表系统包括:飞机管理计算机系统(飞机驾驶自动化、信号基准系统),飞机记录系统(驾驶舱话音记录器、数字飞行数据记录器即黑匣子),近地警告系统和空中警告及避险系统,以及电传操纵系统。

【资料 1-18】 世界上著名的民用飞机制造商有美国波音公司、欧洲空中客车公司、加拿大庞巴迪宇航公司、巴西航空工业公司等。中国商用飞机有限责任公司 2008 年 5 月 11 日在上海组建成立,设计生产的 C919 飞机,已经进入密集试飞阶段。目前已获得了国内外 850 多架飞机订单,生产定型后将会成为波音公司、空客公司的市场竞争者。2019 年年末,中国拥有民用运输飞机 3818 架(主要是波音公司、空客公司的产品),其中大中型运输飞机 3626 架,小型运输飞机 192 架。

【资料 1-19】 世界最大的运输机安-225(Antonov An-225 "Mriya"),是苏联安东诺夫设计局研制的六引擎、超大型军用运输机,起飞重量 640 吨,机舱的载重量可达到 250 吨,机身顶部的载重量可达到 200 吨,如图 1-18a)所示。世界最大的客机是 A-380,是欧洲空中客车公司研制生产的四引擎、555 座级超大型远程宽体客机,如图 1-18b)所示。

a)An-225运输机　　　　　　　　　　　b)A-380客机

图1-18　大型飞机示例

1.5.3　软系统

1.5.3.1　民航运输法律法规体系

民航运输法律法规是维护民航运输生产秩序、保障民航运输安全、处置各种民航运输纠纷和安全事故的法理依据,包括由国家立法机关颁布的《中华人民共和国民用航空法》1项法律,国务院颁布的《民航机场管理条例》《中华人民共和国民用航空安全保卫条例》《中华人民共和国民用航空器国籍登记条例》《中华人民共和国民用航空器权利登记条例》《中华人民共和国民用航空器适航管理条例》等法规23项,交通运输部、中国民用航空总局等颁布的规章119项,如《一般运行和飞行规则》《民用航空安全管理规定》《民用航空空中交通管理规则》《运输机场运行安全管理规定》《运输机场使用许可规定》《定期国际航空运输管理规定》《中华人民共和国搜寻援救民用航空器规定》等。此外,有关民航运输系统的规划、设计、建设、运营、管理、养护等方面的技术标准、规范、细则、规程等也已形成了较完善的国家标准、行业标准体系。

1.5.3.2　民航运输组织管理体系

民航运输组织管理体系主要由中国民用航空局、民用航空地区管理局、省级民用航空局、机场系统、民航运输主体等组成。中国民用航空局负责制定民航业的各项法规,对民航工作进行总体规划管理,对驾驶员进行资格认证和考核,协调和指挥空中交通,负责重大国际民航业的外事活动,监督处理重大航空安全事务等。机场系统是空中运输和地面交通的结合点,配备有大量的服务设施和服务人员,为飞机起降、旅客上下或中转、货物装卸提供便捷安全的服务。民航运输主体既包括各从事商业运输的航空公司、通用航空单位等,是直接进行民用航空客、货、邮运输的企业,是具有独立法人地位、从事生产和市场销售的营利性单位,也包括提供相应服务的辅助单位,如航空油料、飞机维修、航空材料、航空配餐、客货代理、驾驶员及机务人员培训等。只有以上各组成部门分工协作、集中统一、配合严密、运行有序,才能保障民航运输生产安全、便捷、高效、绿色地开展和实施。

在组织民航运输生产过程中,空中交通管理特别重要。中国民用航空局空中交通管理局(简称民航局空管局)是民航局管理全国空中交通服务、民用航空通信、导航、监视、航空气象、航行情报的职能机构。其主要职责是:贯彻执行国家空管方针政策、法律法规和民航局的规章、制度、决定、指令;拟定民航空管运行管理制度、标准、程序;实施民航局制定的空域使用和空管发展建设规划;组织协调全国航班时刻和空域容量等资源分配执行工作;组织协调全国民航空管系统建设;提供全国民航空中交通管制和通信导航监视、航行情报、航空气象服务,监控全国民航空管系统运行状况,负责专机、重要飞行活动和民航航空器搜寻救援空管保障工作;研究开发民航空管新技术,并组织推广应用;领导管理各民航地区空管局,按照规定,负责直属单位人事、工资、财务、建设项目、资产管理和信息统计等工作。

中国民航空管系统现行行业管理体制为民航局空管局、地区空管局、空管分局(站)三级管理;运行组织形式基本是区域管制、进近管制、机场管制为主线的三级空中交通服务体系。

【资料1-20】 有研究表明,全球民航业利润中与中国民航相关的比例高达60%以上,中国国内民航市场的收益也远高于国际市场。因此,中国四大民用航空公司一直十分关注潜力巨大的国内市场。FlightMaps分析数据显示,中国南方航空(19.1%)、中国东方航空(15.9%)、中国国际航空(12.3%)和海南航空(7.4%)占据了国内市场总运力的半壁江山(54.7%)。它们旗下的子公司也占有了相当一部分的市场份额。

1.5.3.3 民航运输智能管理系统

民航运输智能管理系统主要包括经营管理系统、客货服务管理系统、乘务管理系统、机群管理系统、空中管制系统、机场设施管理系统、客运管理系统和货运管理系统等。其中经营管理系统包括服务设施系统、考核系统、开发系统、结算系统和售票系统等;客货服务管理系统包括机场服务系统、市区服务系统和运行服务系统等;乘务管理系统包括乘务人员考核系统、乘务计划系统和乘务调度系统等;机群管理系统包括飞机运行调度系统、飞机运行计划系统、事故与救援系统等;空中管制系统包括通道计划系统、通道控制系统和安全监控系统等;机场设施管理系统包括候机楼系统、飞机起降设施系统、救援系统、道路系统和运输衔接系统等;客运管理系统包括乘客服务系统、航线航班系统、行李运输系统等;货运管理系统包括货运组织系统、航线航班系统、装卸货系统、仓储系统、运输接驳系统等。

1.5.4 航空运输的特点

航空运输的主要优势:运距短,速度快;不受地形限制,机动性大;舒适,安全;基本建设周期短,投资少;国际化程度高等。

航空运输的主要劣势:运量小,成本高;受气候影响大;可达性差,离不开地面交通的配合等。

1.6 管道运输系统

1.6.1 系统构成

管道运输是利用管道作为运输工具和运输通道的一种长距离输送液体和气体物资的运输方式,是统一运输网中干线运输的特殊组成部分。输送动力来源于输送设备(如泵、压缩机等)的压力输出,主要输送对象有油品(包括原油、成品油、液化烃等)、天然气、二氧化碳气体、煤浆及其他矿浆等。

管道运输的硬系统主要是由管网/管线、站场、控制中心和辅助设施(如监测、通信、供电、供水、消防、养护维修等设施)等组成,输气管道构成示意图如图1-19所示,输油管道构成示意图如图1-20所示。软系统主要是由管道运输的法律法规体系、组织管理体系和智能管理系统等组成。

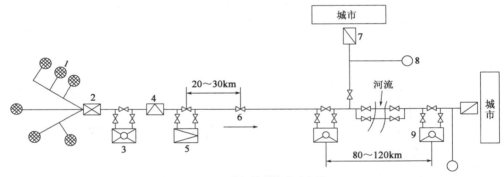

图1-19 输气管道构成示意图

1-井场装置;2-集气站;3-矿场压气站;4-天然气处理厂;5-首站;6-截断阀;7-调压计量站;8-地下储气库;9-中间压气站

1.6.2 硬系统

1.6.2.1 管网/管线

管线由管道、沿线阀室、基础或基座、穿/跨越构造物和管道阴极防腐防护设施等组成。管网是由若干管线构成的。输气管网主要输送天然气或油田伴生气,一般由矿场集气管网、干线输送管网、城市配气管网等组成。原油输油管网主要输送油田生产的原油,一般由油田原油收集管网、干线输油管网、输出管网(输出端口如车站、炼厂、码头等)等组成。成品油输油管网主要输送汽油、煤油、柴油、航空煤油、燃料油、液化石油天然气等,一般由炼油厂输入管网、干线输油管网、输出管网(输出端口如成品油库、车站、码头、大型电厂等)等组成。固体浆料输送管线主要输送某些矿料(如煤、铁矿石、磷矿石、铜矿石、铝矾土、石灰石等)与某些液体(如水、燃料油或甲醇等)制备成的混合浆液,一般由浆液制备系统、输送管道、中间加压泵站、后处理系统等组成。

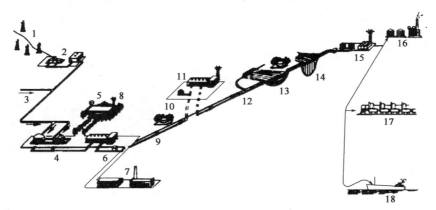

图1-20 输油管道构成示意图

1-井场;2-转油站;3-来自油田的输油管;4-首站罐区和泵房;5-全线调度中心;6-清管器发放室;7-首站的锅炉房、机修厂等辅助设施;8-微波通信塔;9-线路阀室;10-管道维修人员住所;11-中间输油站;12-穿越铁路;13-穿越河流的弯管;14-跨越工程;15-末站;16-炼厂;17-火车装油栈桥;18-油轮装油码头

【资料1-21】 2017年年末,全国管道输油输气里程达到13.31万km,其中天然气管道约7.72万km,原油管道约2.87万km(已扣减退役封存管道),成品油管道约2.72万km。管道建设加速向网络化方向发展。中国原油主干网规划、中国天然气骨干网布局如图1-21、图1-22所示。

1.6.2.2 站场

(1)输油站

输油站是指沿管道干线为输送油品而建立的各种作业站场,主要包括加压泵站(输油站、输气站等)、储存库等。按所处位置可分为首站、末站、中间站。中间站按其任务不同又可分为中间泵站、加热站、热泵站、分(合)输站和减压站等。

首站是长输管道的起点,通常位于油田、炼厂或港口附近。其主要任务是接收来自油田或海运的原油,或来自炼厂的成品油;经计量、加热(有时还需加热)后输往下一站。此外还有发送清管器、油品化验、收集和处理油污等辅助作业。有的首站还兼有油品预处理任务,如原油的脱盐、脱水、脱机械杂质、加添加剂或热处理等。主要生产设施有:油罐区、泵机组、阀门组(包括清管器发送装置)、油品计量及标定装置、油品加热装置(如有加热任务),还有与主要作业配套的水、电、燃料、消防等辅助作业系统。

末站位于管道的终点,往往是收油单位的油库(例如炼油厂的原油库)或转运油库,或两者兼而有之。接收管道来油,将合格的油品经计量后输送给收油单位;或改换运输方式,如转换为铁路、公路或水路继续运输。因此,末站除设有庞大的储存库(如油罐区)外,还有计量、化验和转输设施,如铁路装油栈桥、水运装油码头及与之配套购泵机组、阀门组或加热装置等。

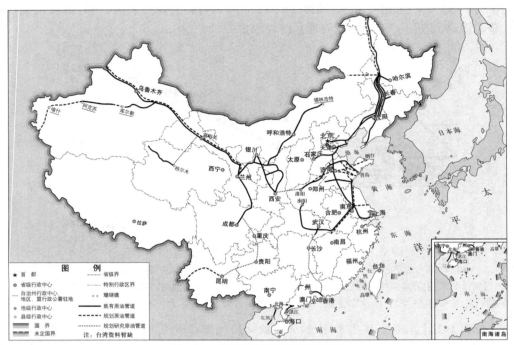

图 1-21 中国原油主干网规划示意图

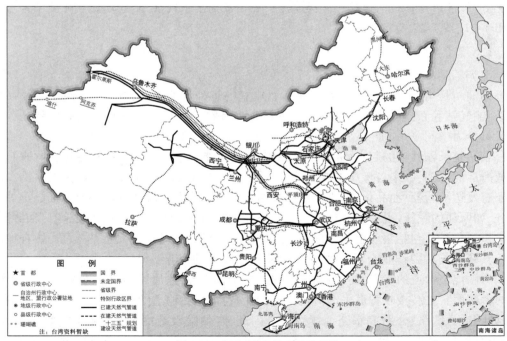

图 1-22 中国天然气骨干网示意图

中间站是根据输油工艺中水力和热力计算,及沿线工程地质、建设规划等方面的要求来确定的。主要任务是给油流提供能量(压力能、热能),有加压泵站、加热站或热泵站三种类型。

(2)输气站

输气站的主要任务是对所输送的气体进行调压、计量、净化、加压和冷却,使气体按要求沿着管道向前流动。长输管道的输气站,一般每100~200km设置一处,按其作用可分为压气站、调压计量站和储气库三类,按其位置可分为起点压气站、中间压气站和终点充气站三种类型,核心设备是压气机或压气机车间。压气机主要有容积型的活塞式往复压缩机和速度型的离心式旋转压缩机。

起点压气站直接建在气田之后,用途是使天然气保持必要的压力,以便继续在干线输气管中输送,除提供压力能外,还兼有气体净化(除尘、干燥、脱水、冷凝、脱硫等)、混合、计量、压力调节和清管器发送等作业。

中间压气站位于输气管道沿线上,一般每隔100~200km建一座压气站,主要是给在输送中消耗了压力能的天然气增压,把进站的气体从进口压力压缩到出口压力,以保证干线输气管道中规定的流量;除正常输送时的增压外,还包括越站旁通,清管器接收及发送,安全泄压等。

终点充气站位于储气库内,主要是将输来的天然气加压后送入地下储气库,以及从地下储气库中抽出天然气输送到配送管网中。

调压计量站一般都设在输气管道的分输处和末站,任务是调节和稳定气流压力和测量气体流量,给城市配气系统分配气量和分输给储气库。调压计量站的主要设备有压力调节阀、流量计量装置和机械杂质分离器等。

为了在不同时段、季节给用户提供平衡稳定的供气量,一般在输气管道中间或末端设置储气库。按气体储存形态的不同可分为气态、液态、固态三种储存类型。气态储存设施主要有储气罐、地下储气库等;液态储存设施主要有冻土地穴、地上金属储罐、预应力钢筋混凝土储罐等,是将天然气冷却到-163℃变成液体,实现常压、低温下储存;固态储存设施主要是金属储罐,是将天然气和水在一定条件(合适的温度、压力、气体饱和度、水的盐度和pH值等)下制成固态甲烷(又称可燃冰)进行储存。

1.6.2.3 控制中心

控制中心也称生产调度中心,是对油气供应、油气品质、管道、站场、泵站、储存库、用户消费等各个环节工作状态进行监测,随时调整管道运输各生产环节技术参数,保证管道运输生产的正常进行。各种辅助设施,如监测、通信、供电、供水、消防、养护维修等设施,均由控制中心全面掌控,并为管道运输安全生产提供保障。

1.6.3 软系统

1.6.3.1 管道运输法律法规体系

管道运输法律法规是保障管道运输设施建设安全、运营安全的法理依据。包括国家立法机关颁布的《中华人民共和国安全生产法》《中华人民共和国石油天然气管道保护法》等法律,国务院颁布的《建设工程安全生产管理条例》《石油天然气管道保护条例》《特种设备安全监察条例》等法规,国家发展和改革委员会、应急管理部(原国家安全生产监督管理总局)、国家能源局等颁布的各种规章、规程、规范,如《石油天然气安全规程》《石油天然气工程设计防火规范》《输油管道设计规范》《输气管道设计规范》《油气长输管道工程施工与验收规范》等。

1.6.3.2 管道运输组织管理体系

管道运输在法律法规和规章的框架下,接受国家发展和改革委员会、应急管理部、国家能源局等政府机关的宏观政策指导和微观业务领导。不同于其他运输方式,管道运输在主管部门的统一指挥与调度下,一般直接采用企业化、市场化的组织管理与运营方式,包括输送计划管理、输送技术管理、输送设备管理、管道线路管理和市场营销管理等。

【资料1-22】 中国石油管道公司运行管理输油气管道11300km多,其中,原油管道3100km,主要包括大庆—铁岭—大连、铁岭—抚顺、丹东—朝鲜、大连石化、铁岭—秦皇岛—北京、任丘—北京、长庆马岭—惠安堡—中宁—银川管道;成品油管道5200km,主要包括兰州—成都—重庆、兰州—郑州—长沙、大港—济南—枣庄管道;天然气管道3000km,主要包括青海涩北—西宁—兰州、河南濮阳—沧州、沧州—淄博、安平—青山、平顶山—泰安、泰安—青岛—威海管道。原油输送能力达到5800万吨/年,成品油输送能力达到1785万吨/年,天然气输气能力达到72.5亿立方米/年。近10年来,该公司先后组织建设了涩北—西宁—兰州、兰州—成都—重庆、沧州—淄博、新疆和田、大连石化、忠县—武汉、阿拉山口—独山子、大港—济南—枣庄、兰州—银川、长岭—长春—吉林等10条总长达6000km多的输油气管道,以及兰州、重庆、林源、铁岭等大型储油罐区。

【资料1-23】 中国石化集团管道储运公司拥有潍坊、南京、鲁宁、仪长、洪荆、聊城、新乡、沧州、襄阳、京唐输油处及黄岛油库11个输油生产单位,共管辖着37条油管线,全长6063.5km;拥有原油码头7座;输油泵站93座,总罐容841万m³,原油一次输送能力达12523万吨/年;管线途经北京、天津、河北、河南、山东、江苏、安徽、上海、浙江、湖北、湖南、江西、广西13个省、自治区和直辖市,担负着胜利、中原、河南、江汉、华北等5家油田的原油以及部分进口原油输送任务,为燕山、天津、沧州、石家庄、洛阳、齐鲁、济南、青岛、仪征、金陵、扬子、上海、高桥、镇海、安庆、九江、荆门、武汉、长岭19家长江中下游及华北、东南沿海地区的炼化企业输转原油。

1.6.3.3 管道运输智能管理系统

管道运输智能管理系统包括管道数据管理系统、管道地理信息系统、管道完整性管理系统、管道运行管理系统、站库管理系统、管道应急管理系统、管道综合决策指挥系统等。其中管道数据管理系统既包括管道的设计、施工、基础、穿/跨越构造物、管道及输送设备、站场、储存库、计量装置等设计图、质检数据、验收数据,以及管道沿线的地理信息、地质状况等基础静态数据的管理与存档,也包括管道巡检、监测、养护、运行、环境、气候等动态数据的管理与存档；管道地理信息系统是动静态数据综合管理平台，实现动静态数据精确定位、实时更新和三维可视化展示；管道完整性管理系统包括高后果区管理、风险隐患管理、完整性检测评价、管道适用性分析、维修决策管理、完整性效能评价等；管道运行管理系统包括运行参数监控、运行异常分析预警、管网调度优化、管网仿真模拟等；管道应急管理系统包括应急资源分布优化、应急资源联动、三维事故模拟、应急抢险方案分析、应急抢险现场监控等；管道综合决策指挥系统包括业务活动管理、系统状态监视、综合信息分析、大数据分析与挖掘、风险动态跟踪、异常监控预警、智能决策模型、综合指挥调度等。

1.6.4 管道运输的特点

管道运输的主要优势：运输连续性强，年运输量较大；管线可埋入地下，整体占地较少；建设周期较短，建设费用较低；封闭运输易燃易爆有毒物，安全可靠，污染风险小；运营期耗能少，运输成本低，整体效益好。

管道运输的主要劣势：管线布设有局限性，运输灵活性差；承运货物单一，运输专用性强；运送对象属于战略物资，运输专营性强。

1.7 交通发展理念与目标

1.7.1 发展理念

发展理念问题是交通发展的根本问题、方向问题和途径问题。面对国家"交通强国"的发展战略，今后一段时期交通行业的主要任务是全面深化改革，集中力量加快推进综合交通、智慧交通、绿色交通、平安交通、人文交通的发展。在"五个交通"中，综合交通是核心，智慧交通是关键，绿色交通是引领，平安交通是基础，人文交通是根本，它们相互关联、相辅相成，共同构成了推进交通运输现代化发展的有机体系。

1.7.1.1 综合交通

综合交通是国家发展现代化的必然要求。发展综合交通，就是要根据各种交通运输方式的优势，统筹铁路、公路、水路、民航和管道行业的发展规划和建设规划，形成布局合理、优势互补、层次分明、衔接有序、服务优质、安全高效的综合交通运输网络。主要遵循以下基本原则：

（1）注重顶层设计，遵循全局优先发展原则，实现交通网络的多网合一、多规合一的统筹性发展；

（2）注重资源整合，遵循高度融合发展原则，实现交通行业的资源共享、相互促进的集约性发展；

(3) 注重需求引领,遵循平衡协调发展原则,实现区域间、城市间、城乡间、城市内交通网络的均衡性发展;

(4) 注重政策导向,遵循规矩规范发展原则,实现交通法律、法规、制度、体制、机制的同步性发展;

(5) 注重改革创新,遵循适度超前发展原则,实现交通基础性、战略性、先导性、服务性的保障性发展。

1.7.1.2 智慧交通

智慧交通是衡量交通运输现代化发展水平的重要标志。发展智慧交通,就是要以信息化、智能化为手段,突破交通行业现有的部门分割、条块壁垒,建立综合交通的智慧化管理与服务平台,充分挖掘和发挥现有交通网络的潜力和作用,显著提高综合运输效率和服务质量。主要遵循以下发展原则:

(1) 注重人工智能,遵循智能引领发展原则,推动现代信息技术、人工智能技术与交通运输基础设施建设、载运工具、运营管理和社会服务的深度融合,全面提升交通行业的智能化水平,快速提高综合交通网络的安全保障、运营效率和服务质量;

(2) 注重原始创新,遵循问题导向发展原则,协调推进原始创新、集成创新和引进消化吸收再创新,推动基础性、前瞻性和共性关键技术突破,逐步形成交通行业的原始创新优势,夯实中国交通技术引领世界交通发展的基础;

(3) 注重成果转化,遵循市场引导发展原则,加快建设市场导向、企业主体、产学研结合的交通行业开放协同的创新机制和创新体系,促进科技成果转化为交通运输生产力,逐步形成科技成果转化的新机制和新体制;

(4) 注重规范建设,遵循国际化发展原则,逐步形成国际同行公认的交通行业技术体系、规范标准体系,增强中国交通行业的国际影响力和国际话语权。

1.7.1.3 绿色交通

交通运输是国家节能减排和应对气候变化的重点领域之一。发展绿色交通,就是要以资源环境承载力为基础,以节约资源、提高能效、控制排放、保护环境为目标,加快推进绿色循环低碳交通基础设施建设、节能环保运输装备应用、集约高效运输组织体系建设,推动交通运输转入集约内涵式的发展轨道。主要遵循以下发展原则:

(1) 注重政府主导,遵循绿色低碳发展原则,坚持在发展中保护、在保护中发展,加快建设资源节约型、环境友好型交通运输行业,实现经济效益、社会效益和环境效益的有机统一;

(2) 注重示范引领,遵循最优化发展原则,在规划、建设、运营、养护等各个环节集约节约利用资源、保护生态环境、挖掘绿色循环低碳潜力,优化交通基础设施结构、运输装备结构、运输组织结构和能源消费结构,建成以低消耗、低排放、低污染、高效能、高效率、高效益为主要特征的绿色交通系统;

(3) 注重制度创新,遵循依法依规发展原则,健全交通行业节约资源、绿色环保、节能低碳、可持续发展的法律法规体系,明确交通运输各领域、各环节的消耗、排放、污染等控制标准,促进各生产单位的理念更新和技术装备升级换代,明确规划、建设、运营、养护等各环节的技术标准、规范、规程中有关绿色循环低碳的技术条款规定,保障绿色交通的法律、法规、规章、政策、方针的有效落实。

1.7.1.4　平安交通

出行安全是人民对交通行业的基本要求之一。发展平安交通,就是要通过法规强制、责任监管、奖惩严明、宣传教育等措施贯穿于交通行业建设、生产、运营和管理的各领域、全过程,实现大幅度降低运输生产责任事故、交通事故率、交通事故死伤人数和财产损失的目标。主要遵循以下发展原则:

(1)注重制度建设,发挥法律法规的强制作用,确保从事运输的各企事业单位在法律、法规、规章、政策的框架下组织经营和生产;

(2)注重系统优化,发挥防控体系的整体作用,确保安全责任落实到底、安全监管全覆盖、安全隐患零容忍,有效防范和坚决遏制重特大事故的发生;

(3)注重底线思维,发挥安全红线的威慑作用,严厉惩罚玩忽职守渎职行为,确保筑牢安全生产的思想防线和责任防线;

(4)注重宣传教育,发挥主观能动的根本作用,确保从业人员、司乘人员自觉遵守安全生产和安全通行的各项法律法规和制度,提高全民风险防范意识,主动消除安全隐患于未然。

1.7.1.5　人文交通

交通发展的宗旨归根结底是为人服务的,人文交通是交通发展的根本。发展人文交通,就是要突出"以人为本"的服务宗旨,就是要以为人民提供安全、便捷、公平、和谐的交通服务为根本出发点,在建立与现代交通相适应的规划、建设、运营、管理体制机制的过程中,贯彻"服务于人"的基本理念,在一切交通活动中切实落实"关心人,爱护人,尊重人,发展人"的人文思想。主要遵循以下发展原则:

(1)遵循建章立制发展原则,在交通行业的各项法律、法规、规章、政策、制度、技术规范等文件中均应落实人文思想,逐步建立和落实交通行业的人文制度;

(2)遵循公平协调发展原则,在综合交通系统规划、建设、运营、管理全过程中,逐步解决区域间、城市间、城乡间、乡村间、社区间、种族间、群体间的交通出行的公平性问题,关注各层次交通需求的发展协调性问题,切实落实交通行业的人文关怀;

(3)遵循长期渐进发展原则,在综合交通系统规划、建设、运营、管理全过程中,逐步形成以管理文明、服务文明、出行文明为主要内涵的交通文明,逐步建立以交通行为、交通文化、交通精神、交通法规为主体的人文交通体系;

(4)遵循以人为本发展原则,交通行业不仅能为国家和社会的发展起到基础性、战略性、先导性、服务性的作用,更是能通过提供良好的交通环境为人的生存与发展创造无限生机,以人为本、服务于人的根本目的还是在于发展人,既要发展交通人,也要发展得益于交通服务的人。在交通行业发展的全过程中,应深刻体现发展人的理念,落实发展人的途径和措施。

1.7.2 中国交通发展愿景

1.7.2.1 发展战略

建设交通强国是国家发展战略目标之一。交通强国的建设目标是要建设"满足国家发展战略需要,世界前列,人民满意"的具有中国特色的现代化综合交通运输系统。

为实现交通强国战略目标,初步确定了分两步走的发展策略:第一步,从2020年到2035年,奋斗15年,基本建成交通强国,进入世界交通强国行列;第二步,从2035年到21世纪中叶,奋斗15年,全面建成交通强国,进入世界交通强国前列。

1.7.2.2 发展目标

为实现交通强国战略目标,必须紧紧围绕建设现代化经济体系的要求,着力构建与交通强国相适应的框架体系(不含管道运输)。

(1)构建综合交通基础设施网络体系。统筹推进铁路、公路、水运、航空、邮政、物流等基础设施网络建设,全面建成布局完善、互联互通、绿色智能、耐久可靠的综合交通基础设施网络体系。支撑区域协调发展战略、乡村振兴战略等国家重大战略实施,优化完善以综合运输大通道为骨架,以综合枢纽为关节,以高品质的快速交通网和高效率的普通干线网、广覆盖的基础服务网为主体的更高质量互联互通的交通基础设施。把握自动驾驶等新需要,推动交通基础设施数字化、网联化、智能化发展,加快建设和形成装备与设施协同的数字化交通基础设施。

(2)构建交通运输装备体系。加快构建自主研制、先进精良、绿色智能、标准协同的交通运输装备体系。推动加强装备研发,瞄准世界科技前沿,提升关键装备技术自主研发水平,促进装备与工程、研发与应用协同创新,力争在超级高铁、自动驾驶、无人船舶、大飞机等战略前沿技术领域占领制高点。推动加强装备制造,推动运输装备智能化、清洁化、高端化、标准化、轻量化发展,推动工程设备自动化、智能化发展。推动加强装备应用,逐步推进自动驾驶、新能源、北斗导航等新技术、新装备规模化应用,大力推广应用集装化运输装备,统筹推进各种运输方式装备标准协同应用,有序推进运输装备升级换代。

(3)构建交通运输服务体系。加快发展现代运输服务业,全面建成安全便捷、优质高效、绿色智能、一体畅联的运输服务体系。着力推进现代物流业发展,推动物流运输智能化、精细化、集约化、协同化、绿色化、全球化发展,打造一站式物流生态圈和一体化物流运输链,真正实现货畅其流。着力推进绿色出行,推动出行服务绿色化、智能化、共享化、品质化、差异化、定制化发展,推广"出行即服务"的理念和模式,真正实现人便其行。着力推进联程联运,形成新一代智能化旅客联程运输和货物多式联运系统,推动时间和空间两个"零距离",实现全程一站式、客运一票制、货运一单制。着力推进跨界融合,推动交通运输服务与制造业、农业、旅游业、商贸业、信息业等关联产业深度融合,促进新业态、新模式健康发展,培育发展新动能。

(4)构建交通运输创新发展体系。加快建立以科技创新为引领、以智慧交通为主攻方向、以人才为支撑的创新发展体系。加快建设创新型行业,实施科技创新引领战略,突出关键共性技术、前沿引领技术、现代工程技术、颠覆性技术创新,构建以企业为主体、市场为导向、政产学研用深度融合的科技创新体系。推动互联网、大数据、人工智能同交通运输深度融合,加快车联网、船联网建设,构建以数据为关键要素的数字化、网络化、智能化的智慧交通体系。加强人才支撑体系建设,造就一大批具有国际水平的战略科技人才、科技领军人才、青年科技人才、高素质技能人才和高水平创新团队。提前研究自动驾驶等新技术的就业替代效应,培养一支知识型、技能型、创新型的劳动者大军,培育合格的交通强国建设者。

(5)构建交通运输现代治理体系。加快推进行业治理体系和治理能力现代化,积极构建政府、市场、社会等多方共建共治共享的现代治理体系。着力构建政府部门治理体系,加快形成与交通强国相适应、有利于推动高质量发展的法律法规、发展战略、规划计划、产业政策、标准规范、绩效评价、统计指标等体系。要推动形成各种运输方式深度融合的综合交通运输管理体制,构建发展要素双向流动、设施装备共建共享的交通军民融合发展体系,完善智能高效的运营管理体系。着力构建交通市场体系,进一步开放铁路、民航以及工程建设、养护等市场,逐步放开竞争性业务和竞争性环节价格,积极稳妥推进公路货运、内河水运等市场主体集约化、联盟化、平台化发展,大力推进信用、科技等新型监管模式,营造统一有序、公平竞争的市场环境。

(6)构建交通运输开放合作体系。打造互联互通、互利共赢的开放合作体系。以"一带一路"建设为重点,建成遍及城乡、通达全国、连通世界的全球运输供应链,打造若干个与贸易强国、制造强国相适应的世界级交通枢纽和物流中心,有效支撑中国全球配置资源。积极参与全球交通治理体系建设,提供更多高水平的中国方案,推动中国标准国际化,不断增强中国在国际运输规则制定、全球交通治理中的话语权和影响力。

(7)构建交通运输安全发展体系。坚持生命至上、安全第一,着力构建有效维护行业安全运行、有效支撑国家总体安全的交通运输安全发展体系。完善安全生产责任制,压紧落实企业安全生产主体责任和政府安全生产监管责任。加强应急救援体系建设,强化深远海搜救能力建设,统筹规划建设全国联动、水陆空协同、军民融合的应急救援体系。

(8)构建交通运输支撑保障体系。围绕核心任务,构建强有力、可持续、高效能的支撑保障体系。加强干部队伍建设和政策研究、组织保障,加强行业软实力支撑,加快构建以新型智库为支撑、以大数据和人工智能为辅助的决策支持体系。

1.7.2.3 蓝图展望

中国交通运输基础设施拥有量、客货运输及周转量、交通科技水平、交通治理水平等将在全球全面领先,绿色交通比例将达到90%,物流成本降低至占GDP的7%以下,赶超发达国家的物流成本水平。

公路总里程将达到600万km,高速公路总里程将达到18万km,建成"十纵十横"公路运输大通道和"71118"高速公路运输大通道。将全面建成智能化道路运输体系,提供多样性、个性化、体验型服务,出行服务完全智能化,新能源车辆、无人驾驶、共享交通全面普及,交通拥堵不再出现,"红绿灯"被放进博物馆。

铁路总里程将达到 20 万 km,高速铁路总里程将达到 4.5 万 km,形成"十纵十横"铁路运输大通道和"八纵八横"高速铁路客运大通道。城市轨道交通总里程将达到 1.1 万 km。智慧动车组将实现无人驾驶、工作状态自感知、运行故障自诊断、导向安全自决策,运输服务将实现全面电子客票、全程刷脸畅通出行、站车 5G 覆盖、智能引导等时速 600km 以上的高速列车将成为主流,超级高铁将率先规模化工程化应用,并为世界提供具有中国特色的新型铁路交通解决方案。

水路内河航道里程达到 12.7 万 km,国家高级航道将达到 2.7 万 km,形成"四纵三横"内河航道主干线。内河主要港口将达到 32 个,地区重要港口和一般港口 330 个。全面建成安全畅通、绿色经济、智能高效的现代化内河水运体系和海运综合服务与管控平台,环渤海、长三角、东南沿海、珠三角、西南沿海等五大现代化沿海港口群综合服务效率位居世界先进水平,海运服务贸易出口位居世界前列,形成具有网络化、核心竞争力和引领性的全球码头运营商。

民航运输机场达到 450 个,建成京津冀、长三角、粤港澳大湾区、成渝等世界级机场群,形成一批以机场为核心的现代化综合交通枢纽,民航服务能力、创新能力、治理能力、可持续发展能力和国际影响力均位于世界前列。打造一批世界领先、服务全球的超级航空公司。飞机无人驾驶、智能空域管理、智能机场、智能出行服务将得到普及,形成由普通飞机、超音速飞机、甚至超高速飞机等构成的新飞行器体系。通用航空体系完整、功能完善,通用航空服务将深入生产生活各个方面,机场数量将成倍增长,城市群低空域交通体系将逐步建成。

到 2035 年,基本建成交通强国。现代化综合交通体系基本形成,人民满意度明显提高,支撑国家现代化建设能力显著增强;拥有发达的快速网、完善的干线网、广泛的基础网,城乡区域交通协调发展达到新高度;基本形成"全国 123 出行交通圈"(都市区 1 小时通勤、城市群 2 小时通达、全国主要城市 3 小时覆盖)和"全球 123 快货物流圈"(国内 1 天送达、周边国家 2 天送达、全球主要城市 3 天送达),旅客联程运输便捷顺畅,货物多式联运高效经济;智能、平安、绿色、共享交通发展水平明显提高,城市交通拥堵基本缓解,无障碍出行服务体系基本完善;交通科技创新体系基本建成,交通关键装备先进安全,人才队伍精良,市场环境优良;基本实现交通治理体系和治理能力现代化;交通国际竞争力和影响力显著提升。

到 21 世纪中叶,全面建成人民满意、保障有力、世界前列的交通强国。基础设施规模质量、技术装备、科技创新能力、智能化与绿色化水平位居世界前列,交通安全水平、治理能力、文明程度、国际竞争力及影响力达到国际先进水平,全面服务和保障社会主义现代化强国建设,人民享有美好交通服务。

复习思考题

(1) 交通运输系统是由哪些系统构成的？
(2) 交通运输工程学科都包含哪些主要研究方向？
(3) 五大运输系统是由哪些要素构成的？各有什么优缺点？
(4) 五大交通发展理念是什么？它们之间具有怎样的相互关系？
(5) 为什么说中国已经成为交通大国？有哪些标志性指标或事件？
(6) 我国交通发展的战略目标是什么？
(7) 勾画一幅你所理解的交通强国蓝图。

第 2 章
CHAPTER TWO

交通特性与路网规划

车辆特性、交通参与者交通特性、交通量特性、车速特性、交通流参数特性等交通特性,以及交通供需关系分析、道路通行能力和服务水平分析等,均是进行交通规划、设计、运营和管理的前提和基础。公路网规划或城市道路网规划等路网规划工作,是对一个国家或地区的公路建设发展、一个城市的城市道路建设发展所做出的全面、长远的安排,其主要解决的问题是建设什么道路、什么时候建设、在什么地方建设以及建设多少合适等问题,路网规划是道路建设的前提和基础。

2.1 交通特性

2.1.1 车辆特性

2.1.1.1 车辆静态特性及其用途

车辆的静态特性包括车辆外廓尺寸、汽车质量和轴荷两个方面。

车辆外廓尺寸包括车辆长度、宽度、高度、轴距、前悬、后悬等,如图 2-1 所示,是道路几何设计的重要依据。车道宽度、道路建筑限界等均取决于设计车辆的外廓尺寸,见示例 2-1。

【示例 2-1】 车道宽度及道路建筑限界的确定

（1）车道宽度的确定

一条车道的宽度由设计标准车(小客车、大型客车、铰接列车等)的车身宽度和两侧横向安全距离构成,如图 2-2 所示。图中 a_1、a_2、a_3 就是三种设计标准车的车身宽度,其中,由于从外侧开始的第2和第3条车道上的设计标准车是同一种车型,因此,$a_2 = a_3$。各种横向安全距离取决于车辆行驶时的摆动、偏移宽度,以及车身与相邻车道或路侧边缘必要的安全距离。图中,X为本方向行驶车辆与对向行驶车辆之间的横向安全距离,d为两同向行驶车辆之间的安全距离,c为车辆与路缘石之间的安全距离。依据波良科夫模型,横向安全距离计算公式为:$X = 0.7 + 0.02(V_1 + V_2)^{3/4}$(m),$d = 0.7 + 0.02V^{3/4}$(m),$c = 0.4 + 0.02V^{3/4}$(m);式中,$V_1$、$V_2$为对向行驶车辆的各自车速,$V$为本方向道路的设计车速。确定出设计车标准宽度及各种横向安全距离,即可得到每条车道的设计宽度,即图中的B_1、B_2和B_3。

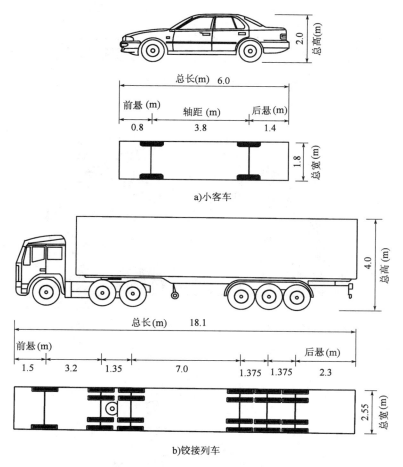

图 2-1 设计标准车的外廓尺寸(尺寸单位:m)

(2)道路建筑限界的确定

为了保证道路内各种交通的正常运行和安全,而规定在一定高度和宽度范围内不得有任何障碍物的空间范围,称为道路建筑限界。显然,道路建筑限界的大小直接取决于设计标准车的尺寸。公路隧道内的建筑限界如图2-3所示,图中,H为净空高度、W为行车道宽度、$L_左$ 或 $L_右$ 为隧道内左侧或右侧侧向宽度、$E_左$ 或 $E_右$ 为建筑限界左侧或右侧顶角宽度、J 为检修道宽度、R 为人行道宽度。净空高度 H 是由设计标准车高度（4.0m）加上上部安全高度构成的。同理，在凹形竖曲线路段立交桥下的规定净空高度要低于有效净空高度，如图 2-4 所示。

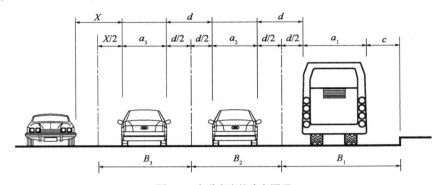

图 2-2　车道宽度的确定原理

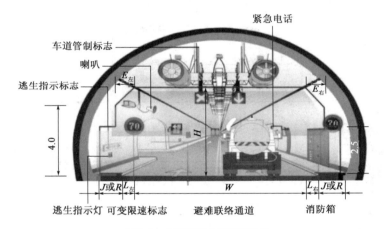

图 2-3　公路隧道内的建筑限界

图 2-4　凹形竖曲线路段立交桥下的净空高度

　　汽车质量和轴荷是道路路基工程、道路路面工程及桥梁工程的重要设计依据（见示例 2-2），同时有时也是路基路面破坏、桥梁坍塌的主要原因之一（见示例 2-3）。

【示例 2-2】 沥青路面的设计轴载及路面结构所承受的交通荷载

沥青路面设计采用轴重为 100kN 的单轴—双轮组轴载作为设计轴载,这就是通常所说的设计荷载 BZZ-100,如图 2-5 所示。图中,d 为单轮传压面当量圆直径(单位 cm),两轮中心距(单位 cm)为 $1.5d$,轮胎接地压强为 0.7MPa。沥青路面结构所承受的设计交通荷载等级分为极重、特重、重、中等和轻五个级别,所对应的设计使用年限内设计车道累计大型客车和货车的交通量($\times 10^6$ 辆)分别为大于等于 50、50~19、19~8、8~4、小于 4。

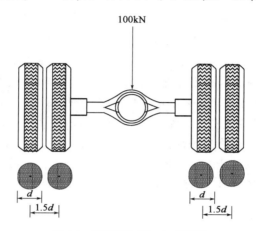

图 2-5 设计荷载 BZZ-100 示意图

【示例 2-3】 哈尔滨阳明滩大桥垮塌事故

2012 年 8 月 24 日早晨,通车仅 10 个月的哈尔滨阳明滩大桥发生垮塌事故(图 2-6),造成 3 人死亡 5 人受伤。24 日 5 时 30 分左右,哈尔滨机场高速由江南往江北方向,即将进入阳明滩大桥主桥的最后一段被四辆重载货车压塌,四辆货车冲下桥体。阳明滩大桥是一座超大型跨江桥,于 2011 年 11 月 6 日通车,全长 15.42km,桥宽 41.5m,双向 8 条车道,设计速度 80km/h,最大可满足高峰期每小时 9800 辆机动车通行。

图 2-6 阳明滩大桥垮塌现场图

对于这次大桥垮塌的原因,最初争议还是比较大的,焦点是桥梁结构设计是否有问题、施工质量是否有问题、工程监理是否到位等诸多方面。但最终认定的事故直接原因是大货车严重超载而导致的桥梁倾覆,事故的间接原因是交通执法存在疏漏。

2.1.1.2 车辆动态特性及其用途

车辆的动态特性包括车速特性、制动性能、爬坡能力、行驶稳定性、燃料经济性等,这些特性影响着道路交通的方方面面,如道路设计、交通效率、道路交通安全、交通环境保护以及交通经济性等。

(1)车速特性

车速特性中两个主要的指标是汽车的最高速度和最小稳定速度,见示例2-4。

【示例2-4】 汽车的最高速度和最小稳定速度

汽车的牵引特性曲线如图2-7所示,其中,P_t为汽车的牵引力,V为车速,P_{ti}为第i个挡位的牵引特性曲线。汽车的最高速度是指油门全开、汽车满载,在路面平整坚实的平直路段上,稳定行驶时所能达到的最大速度,即图2-7中的V_{max}。汽车的最小稳定速度是指汽车满载,在路面平整坚实的平直路段上,以最低挡行驶时的临界速度,即图2-7中的V_k。汽车的最高速度和最小稳定速度是评价汽车动力性能的主要指标。两者的差值越大,表明汽车对道路阻力的适应性能越强。因此,在进行道路设计时,应对行驶在道路上的主要车型的这两项指标加以了解,以便在设计时控制道路阻力的变化范围。

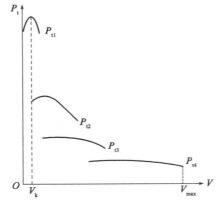

图2-7 汽车的牵引特性曲线

(2)制动性能

汽车的制动性能直接关系到汽车的行驶安全。制动距离是衡量汽车制动性能的关键性参数之一,是指汽车在一定的初速度下,从驾驶员急踩制动踏板并使车辆制动生效开始,到汽车完全停住为止所驶过的距离。制动距离越小,汽车的制动性能就越好。但就停车距离而言,在制动距离的基础上还应包括反应距离,见示例2-5。

【示例2-5】 停车距离中的反应距离和制动距离

汽车在行驶中,当驾驶员发现紧急情况直至踩下制动踏板发生制动作用之前的这段时间称为反应时间,反应时间内车辆行驶的距离称为反应距离。此距离的长短,取决于行驶速度和反应时间,行驶速度越高或反应时间越长,反应距离越长。反应距离$S_{反应} = V \times$

$1000 \times 2.5/3600$,其中,V为紧急制动前的车速,2.5为反应时间(s)。制动距离($S_{制动}$)的简化计算公式为,$S_{制动} = 0.10V + V^2/130$。按照上述公式,计算得到的各车速下的反应距离、制动距离及停车距离如图2-8所示。安全行车常识里有一个保持车距的原则,即保持车距为车速的千分之一,若车速为50km/h,保持车距为50m;若车速为120km/h,保持车距为120m。

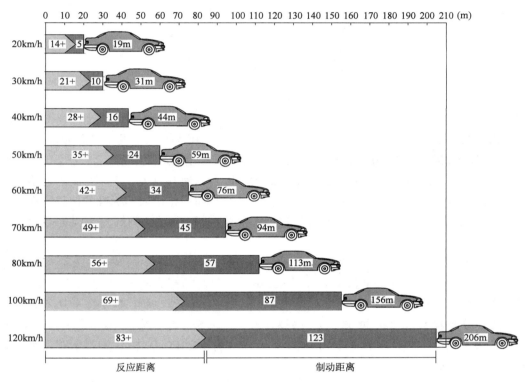

图2-8 停车距离中的反应距离和制动距离

(3)爬坡能力

爬坡能力是指汽车克服坡度的能力,通常用汽车最大爬坡度来评定。但在实际行驶时,汽车通常在上坡之前加速,让汽车得到较高的车速,然后采用动力上坡的方式冲坡。动力上坡是指在上坡前使汽车加速,让汽车得到较高的速度,然后利用上坡时减速所产生的惯性力来提高汽车的上坡能力。分析汽车动力上坡时的坡度与坡长的关系,是道路纵断面设计中对陡坡坡长进行限制的主要依据,见示例2-6。

【示例2-6】 汽车的动力上坡

如图2-9所示,假定汽车用一个挡位动力上坡,以速度V_1驶入坡段,并以速度V_2驶出坡段。此时,车辆可能克服的道路坡度i_1和坡长S_1的计算公式为:$S_1 = \delta(V_2^2 - V_1^2)/\{254[(D_1+D_2)/2 - f - i_1]\}$,$i_1 = (D_1+D_2)/2 - f - \delta(V_2^2 - V_1^2)/(254S_1)$,其中,$\delta$为汽车回转质量换算系数,$D_1$和$D_2$分别为上坡前和上坡后该挡位的动力因素,$f$为滚动阻力系数。显然,当 i_1 值大时,S_1 值小;反之,i_1 值小时,S_1 值大。在道路纵坡设计中,为了控制纵坡坡度不过大或控制陡坡坡长不过长,通常要求上坡前的车速为设计车速,而到达坡顶时的车速不能小于设计车速的一半。

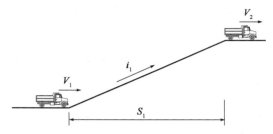

图 2-9　汽车的动力上坡示意图

(4) 行驶稳定性

汽车行驶稳定性是指汽车在行驶过程中,在外力作用下不至于发生纵向滑移、横向滑移、纵向倾覆、横向倾覆的能力,这种能力除了与车辆的重心高度、轮距、轴距等车辆参数有关外,还与道路的纵坡大小、平曲线半径的大小以及车速等有关。汽车行驶的稳定性是确定道路最大纵坡、最小平曲线半径、超高横坡度及平曲线路段限速标准的依据。在小半径的平曲线路段,若车速较高,则极易发生横向滑移或横向倾覆(侧翻)等车辆失稳现象,见示例 2-7。

【示例 2-7】　平曲线上车辆的行驶状态

小半径平曲线上事故率较高的原因是,在小半径平曲线上行车时驾驶难度增大了。若车速过快、道路横向摩擦系数不足或平曲线超高不足(或过渡),都可能导致驾驶员在行车过程中出现割线行驶、摇摆行驶、漂移行驶等不正常的行车现象,因而危及行车安全。平曲线上常见的车辆行驶状态如图 2-10 所示,其中,ZH、HY、QZ、YH、HZ 分别为曲线的直缓点、缓圆点、曲中点、圆缓点和缓直点。

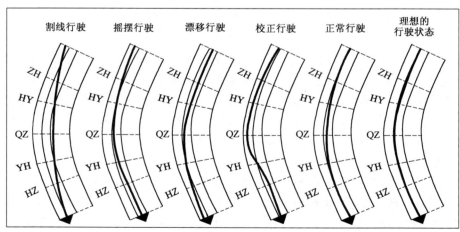

图 2-10　平曲线上车辆的行驶状态

(5)燃料经济性

汽车燃料经济性,是指汽车消耗单位燃料所完成的运输工作量,或完成单位运输工作量所消耗的燃料数量,通常用每100km行程的燃料消耗量或每公斤燃料的行驶里程来评价。燃料经济性是汽车的重要使用性能之一。汽车的燃料费用在运输成本中占有很大比重,一般约为20%~30%。由于汽车行驶时燃料的消耗与汽车发动机的形式,以及汽车的行驶条件(如车速、公路阻力等)有关,所以一条公路的行程燃料消耗量亦是评定公路质量的重要指标之一。

2.1.2 交通参与者交通特性

交通参与者交通特性主要包括驾驶员的交通特性、乘客的交通特性以及行人交通特性。

2.1.2.1 驾驶员的交通特性

在道路交通要素中,驾驶员具有特别重要的作用。驾驶员既要保证将旅客和货物迅速、顺利、准时送到目的地,又要保证旅客安全、舒适及货物的完好。因此,要求驾驶员具有高度的社会责任感,良好的职业道德、身体素质、心理素质,熟练的驾驶技术。

驾驶员在驾驶车辆过程中,首先通过自己的感官(主要是眼、耳)从外界环境接受信息,产生感觉(视觉和听觉),然后通过大脑一系列的综合反应产生知觉。知觉是对事物的综合认识。在知觉的基础上,形成所谓的"深度知觉",如目测距离、估计车速和时间等。最后,驾驶员凭借这种"深度知觉"形成判断,从而指挥操作。在汽车驾驶控制系统中,起控制作用的是驾驶员的生理、心理素质(见示例2-8),此外还涉及视力、视野、色觉等视觉特性,以及听觉特性、触觉特性、反应特性等。许多交通设施的设计需要考虑驾驶员的知觉反应特性、视觉特性,见示例2-9和示例2-10。

【示例2-8】 驾驶员心理素质与交通安全

驾驶员的心理因素包括心情、情绪、品质、性格、注意及其转移等多个方面。1962年,马贵蒂·费恩调查美国6名连续20年以上获全国安全驾驶奖的卡车驾驶员,结果如下:从智商方面看,感觉能力、运动能力与普通驾驶员平均状况没有多大区别;从家庭表现上看,是一个忠实、可靠、节俭和谨慎的丈夫和父亲;从工作表现上看,是一个可靠、忠实和勤奋的职工;开车时或在别的场合时,几乎都没有攻击性,比如,上电梯时让别人先进去,再回头看看是否还有人上,最后才跨进电梯。从整个观察结果来看"驾驶如其为人"。

【示例2-9】 信号控制交叉口中的两难区

信号控制交叉口的两难区是指,当车辆行驶至交叉口前的某一区域处(尚没有到达停车线处,更未进入交汇区),信号灯显示已经是黄灯或刚好由绿灯变为黄灯,此时,驾驶员面临着一个继续直行通过交叉口还是在交叉口前停车线处紧急停车的两难选择,进入交叉口前的这段区域称为两难区。两难区发生交通事故的风险较高,是交通信号控制中需要认真考虑和解决的问题。两难区的形成过程如图2-11所示,其中,x_c为车辆能够安全停车的最短距离,x_0为指定速度下在黄灯时间内车辆能安全通过交叉口的最短距离。显然,当x_c小于x_0时,不存在两难区,如图2-11a)所示;当x_c大于x_0时,即产生了两难区,如图2-11b)所示。

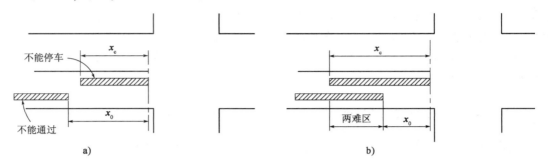

图2-11 两难区示意图

【示例2-10】 交通标志的设置

(1) 交通标志中字母的高度

正常视力是指在光线充足的环境下,在20英尺(1英尺≈30.48cm)的距离内,一个人可以认出大约1/3英寸(1英寸≈2.54cm)高的字母,这个人的视力就是20/20。视力较差的人必须靠得更近些才能认出同样高度的字母来。这种相对视力是由20/40这样的比率来指定的,这意味着当40英尺的距离对于视力正常的人来说足够时,视力较差者需要在20英尺的距离上才能清楚地看到这个物体。

假定具有20/20视力的驾驶员可以从90英尺的距离上读取字母大小为2英寸的标志。对于正常视力的给定定义,则具有20/60视力的驾驶员可以从90英尺和36英尺的距离上读取的字母高度分别为2英寸×60/20=6英寸和6英寸×36/90=2.4英寸。

(2) 交通标志的横向位移

如图2-12所示,当给定车辆速度、纵向距离l和视角变化率o时,驾驶员可以估计到物体(图中交通标志T)的横向位置,以此判断其是否位于车辆路径中。如果物体直接位于车辆路径中(即$a=0$),则驾驶员无法检测到任何角度的变化。根据人为因素模型,每个驾驶员的视角都有一个主观视角变化率的临界值,低于这个临界值,驾驶员就会主观地认为车辆处于碰撞路径中。因此,在交通标志的设置中要有横向位移要求。但同时,在横向位移的范围内又不能有影响驾驶员视线的障碍物,如图2-13所示。

2.1.2.2 乘客交通特性

人们总是抱着某种目的(如上班、上学、购物、公务、社交、娱乐等)才去乘车的,为乘车而乘车的旅客几乎是没有的。乘车过程本身意味着时间、体力、金钱的消耗。因此,人们在乘车过程中总是希望省时、省钱、省力,同时希望安全、方便、舒适。道路设计、车辆制造、汽车驾驶、交通管理等都应考虑到乘客的这些交通心理要求。不同的道路等级、线形、路面质量、汽车行驶平稳性、车厢内气氛、载客量、车外景观、地形等对旅客乘车的生理、心理反应都有一定的影响。乘车安全性、舒适性、满意度不仅对乘客个人的生理、心理有影响,同时也可能对社会产生预想不到的影响。上下班时间过长、多次换乘、过分的拥挤会给乘客造成旅途疲劳、心理压力、情绪烦躁,从而产生过激行为、对公交服务系统不满、对政府工作不满,甚至是影响家庭和睦。在世界范围内,现代大城市的交通拥堵日益成为一个令人关注的社会问题。

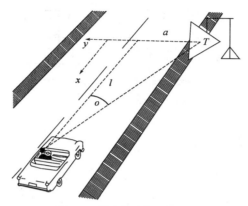

图 2-12　横向位移的几何关系

图 2-13　交通标志的视距区域

2.1.2.3　行人交通特性

行人交通特性表现在行人的速度、对个人空间的要求、步行时的注意力等方面。这些与行人的年龄、性别、教养、心境、体质及出行目的等因素有关,也与行人所处的区域、周围的环境、街景、交通状况等有关。为了满足步行者的生理、心理和社会需要,并保证他们不消耗过多的体力、不受车辆或其他行人的干扰、不发生交通事故,就必须提供必要的设施。这些设施的规划、设计、实施需要对行人交通的特性有很好地理解和认识,见示例 2-11。

【示例 2-11】　盲道设置

专门为盲人设置的盲道包括行进盲道和提示盲道两种。行进盲道宜与人行道走向一致,布置在人行道上无障碍、无空间伤害、行人较少的地方,其设置应连续,避开井盖铺设,中途不得有电线杆、拉线、树木等障碍物。行进盲道的起终点处、转弯处、广场入口处、地下铁道入口处以及人行道中有台阶、坡道等障碍物时,应设提示盲道。地铁入口处的行进盲道和提示盲道设施示意如图 2-14 所示。

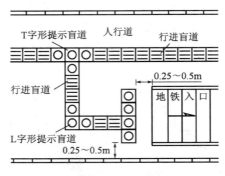

图 2-14 地铁入口处的盲道设置

2.1.3 交通量特性

2.1.3.1 交通量的分类及用途

交通量又称流量,是指特定时间段内,通过道路上某一地点、某一车道或某一断面上的交通实体数。调查交通量或分析交通量的变化规律,对进行交通规划、交通管理与控制、交通设施规划与设计、交通经济分析等,均具有重要意义。

(1)年平均日交通量(AADT)

将全年统计的日交通量总和除以全年总天数所得到的平均日交通量,即为年平均日交通量。它是确定道路等级、评价道路项目的经济可行性、确定收费标准、评估道路收费收益、确定项目改建及养护管理方案、计算交通事故率的依据和基础。

(2)平均日交通量(ADT)

平均日交通量是指多于 1 天少于 1 年的一些天的日交通量的平均值,通常有月平均日交通量(MADT)和周平均日交通量(WADT)两种平均日交通量。平均日交通量可以用来规划道路交通活动、测算当前交通需求或评价现状交通流量状态。

(3)高峰小时交通量(PHV)

高峰小时交通量是指一天中通过某一断面的连续 60 分钟的最大车辆数(或其他交通实体数)。高峰小时交通量是道路功能分级的依据、道路几何设计(如车道数的确定、交叉口信号配时或渠化方案)的依据,可用于分析道路通行能力、制定交通运行管理方案(如单行道系统或交通路径规划),同时也是停车规划的依据。

(4)分车型的交通量(VC)

分车型的交通量是指小客车、双轴卡车或三轴卡车等不同车型的交通量。分车型的交通量是道路几何设计的依据,尤其是转弯半径、最大纵坡、车道宽度等指标取值的依据,同时也是路面、桥梁等结构设计的依据。另外,在道路通行能力分析中,也涉及将货车交通量等价换算为小客车交通量的问题。

(5)车辆里程数(VMT)

车辆里程数是平均日交通量和道路长度的乘积,主要用来分配公路养护资金和公路改扩建资源等。

2.1.3.2 交通量的时空分布特性

交通量是一个随机数,不同时间、不同地点的交通量都是变化的。交通量随时间和空间变化的现象称为交通量的时空分布特性。

(1) 交通量的时间分布特性

由于社会经济活动对交通的需求以及当地季节与气候的影响,同一道路同一年中各月的交通量并不相同,呈现出逐月变化的规律,这称之为月变化[图2-15a)],通常用月变系数来描述。同理,交通量在一周中的每一天以及一天中的每个小时也是不同的,呈现出日变化[图2-15b)]和时变化[图2-15c)]。

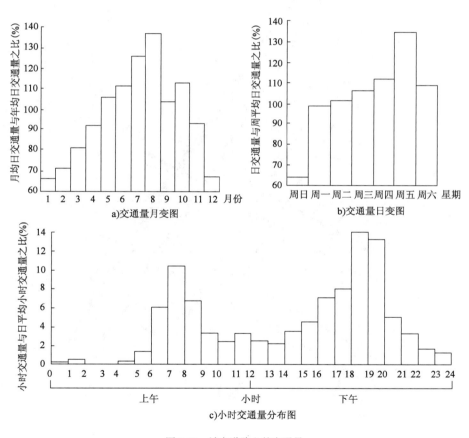

图2-15 城市道路上的交通量

(2) 交通量的空间分布特性

由于道路功能、等级的不同以及每段道路周边土地利用性质的不同,在道路网中每条道路以及同一条道路上的不同时段,交通量均是有较大差异的,如图2-16所示。一条道路往返两个方向上的交通量,在很长时间内,可能是平衡的,但在某一时段内如一天中的某几个小时,两个方向的交通量也会有较大的不同,这种不同可用方向分布系数来描述。另外,对于单向有多条车道的道路,各个车道上的交通量也会有所不同。在具体的某个平面交叉口上,不同流向的转向流量也是不尽相同的,而这往往是交叉口设计的重要依据,见示例2-12。

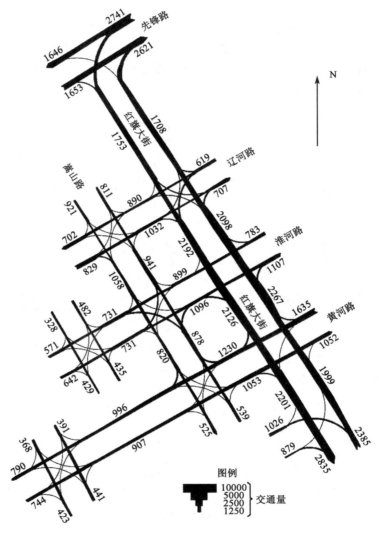

图2-16 路网流量分布图

【示例2-12】 互通式立体交叉的形式选择

某T形平面交叉口交通拥堵严重,现拟对其进行交通改造。为此,首先调查了该交叉口分方向、分车型的高峰小时交通量,将所有车型换算为标准小客车后的分方向交通量如图2-17a)所示。依据交叉口相交道路的等级、分方向高峰小时交通量的大小以及通行能力分析与计算结果,最终采用了将T形平面交叉口改造为喇叭型互通式立体交叉的交通改造方案,如图2-17b)所示。

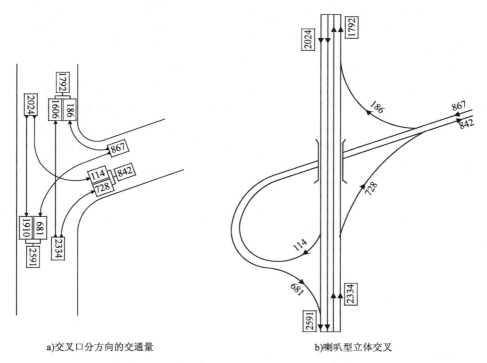

a) 交叉口分方向的交通量　　　　　b) 喇叭型立体交叉

图2-17　依据交叉口转向流量确定出的立体交叉形式

2.1.4　车速特性

不论是对于道路交通主管部门、道路交通规划设计人员、交通执法者,还是交通出行者,速度都是一个十分重要的指标。它不仅涉及出行时间节约、燃油消耗、尾气排放、交通噪声污染等问题,更是与交通安全密切相关。因此,速度经常被用来评估不同交通方式之间的交通运行效果、机动化程度和交通安全水平。道路交通中常用的速度有行程速度、平均行程速度、平均速度、设计速度、运行速度、指定设计速度、推断设计速度、法定限速值、标牌限速值、推荐限速值以及超速值等,这些速度指标在道路交通中均有着不同的用途。

(1) 行程速度和平均行程速度

行程速度是指个体车辆驶过一段道路时的速度,是道路长度与行驶时间之比,可用来描述某段道路的行驶难易程度。

平均行程速度是指在特定的一段时间内,如交通早高峰、晚高峰、平峰等,在道路路段上所有车辆的行驶距离之和与所有车辆的行驶时间之和的比值,可用来评价特定时间段内该路段上的交通服务水平和使用成本。

(2) 平均速度和速度分布

平均速度是指在道路的特定位置上，所有车辆的地点车速或瞬时车速之和与观测到的车辆数之比值，通常用来度量车速的总体趋势。车速的大小主要是由驾驶员来决定的，而不同的驾驶员也会针对具体的道路交通条件来选择不同的车速，因此，没有哪一个速度值能准确地描述道路上的所有车速。但是，车速分布会提供一些有用的信息。道路上的车速一般都会服从正态分布，也就是钟形分布，如图 2-18 所示。在图 2-18 中，虽然 A 类车和 B 类车的速度分布都是正态分布，但有理由相信 B 类车的速度要普遍高于 A 类车。在图 2-19 所示的车速分布中，虽然道路 A 和道路 B 上车辆的平均速度大体相当，但道路 B 上车速的离散程度要大于道路 A。一般而言，在同时存在上限、下限限速控制的高速公路和一级公路上，车速会趋于集中；而在仅有上限限速控制或无限速控制的三、四级公路上，车速会趋于离散。

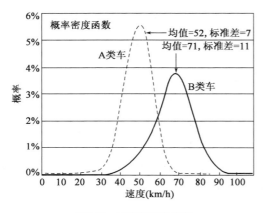

图 2-18 速度的正态分布

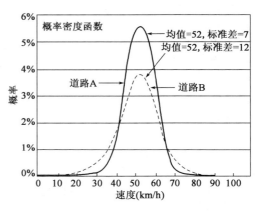

图 2-19 均值相同而标准差不同的速度分布

(3) 85%位车速和 15%位车速

85%位车速（V_{85}）表示全部车辆的 85%是在该车速及以下行驶的，而 15%位车速（V_{15}）则表示全部车辆的 15%是在该车速及以下行驶的，如图 2-20 所示。85%位车速是确定运行速度和最高限速值的依据，在高速公路上 15%位车速可用来作为确定最低限速值的依据。

(4) 设计速度

设计速度是道路几何设计中的一项重要控制性指标，最早于 1936 年提出，当时的定义是"设计速度是车速较快的驾驶员群体可接受的最大合理车速"，1938 年美国的 AASHTO 将设计速度修改为"车速较快的驾驶员群体可能采用的最大车速"，1954 年的公路几何设计政策又将设计速度的定义修订为"道路交通条件良好时，在道路几何受限地点上，车辆可安全行驶的最高车速，即最大安全车速"。从 1997 年的美国公路合作组织报告之后，设计速度最终被定义为"设计速度是道路几何设计的控制性指标"，此时，"最大安全车速"的概念已不再被使用。

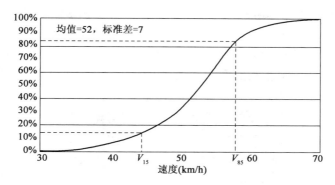

图 2-20　85%位车速和15%位车速

(5) 运行速度

运行速度是指在良好的气候和天气条件下,中等技术水平的驾驶员根据实际的道路条件和交通条件所采取的行车速度。通常采用在道路特定地点上实测出的自由流条件下的85%位车速作为运行速度,即运行速度就是自由流下的85%位车速(可用 V_{85} 表示)。运行速度能很好地反映出驾驶员个体对道路几何线形的理解,也能真实地描述出驾驶员实际的速度选择结果。

(6) 指定设计速度与推断设计速度

为了更明晰设计速度的用途,近些年来美国及其他部分西方国家更倾向于使用指定设计速度来代替设计速度。指定设计速度就是用来确定道路几何设计中的一些临界值或控制性指标的,如最小视距长度、最小平曲线半径、最大纵坡坡度、最小竖曲线半径、最小车道宽度、最短加减速车道长度等。

当道路几何设计中实际采用的设计指标值不同于规范或指南等给定的临界指标(如最大值或最小值)时,此时的速度可用推断设计速度来描述。比如,当平曲线半径大于设计速度或指定设计速度所给定的最小值时,推断设计速度可由曲线内侧驾驶员行车位置距曲线内侧障碍物的横向距离来确定。再比如,竖曲线上的推断设计速度就是在竖曲线上通过可获得的停车视距来确定出的最大车速。推断设计速度可大于、等于甚至是小于设计速度。

(7) 限速

限速是指在一条道路或道路的局部特殊路段上,法律或交通法规所允许的交通个体的最高车速,高速公路上还包括最低车速。限速值主要有标牌限速值、法定限速值和推荐限速值三种。

标牌限速值是指在一条道路或路段上,根据道路交通条件并通过交通工程研究所确定出的限速值,如图 2-21 所示。该限速值适用于整条道路或较长的一段道路,并通过多次重复设置的限速标志来提示驾驶员要按规定的车速行车。

当道路上没有设置限速标志来规定车速时,即在无标牌限速的情况下,道路上默认的限速值就是法定限速值。比如,我国高速公路上的法定限速值是,最低限速不得低于60km/h,最高车速不得超过120km/h。

当道路前方为急弯曲线路段、连续转弯曲线路段、长大下坡路段或存在窄路窄桥等设施时,对这样的特殊路段,在标牌限速的基础上,还可能设置推荐限速,此时车辆应按推荐限速要求行车,过了这样的路段之后再按标牌限速行车。在限速标志设置上,推荐限速与标牌限速的不同之处在于,推荐限速的限速标志上必须明确告之限速的原因,如图2-22所示。

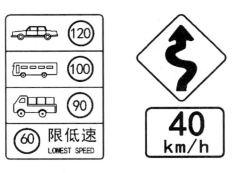

图2-21　标牌限速　　　图2-22　推荐限速

(8)超速

当驾驶员的个体车速超过了限速值时,称之为超速。在道路交通管理中,超速比例以及超速者的平均车速是两个比较有用的指标,如图2-23所示。

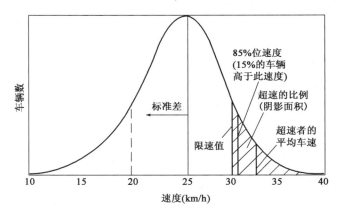

图2-23　超速比例及超速者的平均车速

(9)各种速度的关系

设计速度、推断设计速度、平均速度、85%位速度等速度指标有着各自不同的用途,但又是相互关联的,这些速度的关系如图2-24所示。

2.1.5　交通流参数特性

(1)时间距离图

交通流在道路上的运行是不断变化的,其演化过程是车辆随着时间的变化,不断地在空间上发生位移变化。用来表示交通流变化的传统图就是时间距离图(即时空图),如

图 2-25 所示。车辆排队行驶的过程也可用时间距离图来直观描述,见示例 2-13。

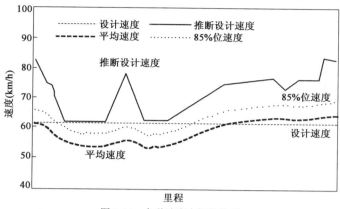

图 2-24 各种速度之间的关系

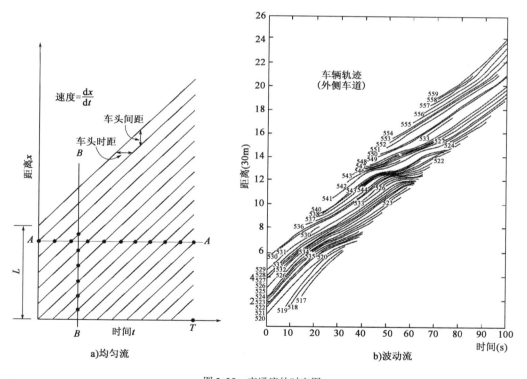

a) 均匀流   b) 波动流

图 2-25 交通流的时空图

【示例 2-13】 车辆排队行驶的形成过程

图 2-26 示出了车辆形成排队的动态过程。当 $t=0$ 时,图中编号为 1 的车辆正常行驶。但此时,1 车前的卡车因某种原因减速到了每小时 10km。不久之后,卡车又前进了一段距离,如图 2-26b)所示,很明显 1 车已经减速至与卡车相同的速度并随卡车跟驰行

驶,此时,形成了由两辆车组成的排队。稍后,如图所示,其他车辆又加入到了移动的排队中。图 2-26d)显示,卡车前方的道路已经清空(没有车辆),而卡车后面的车辆还在不断地加入排队中,此时排队长度增至四辆车(也可用 AA 断面与 BB 断面之间的长度来度量)。图 2-27 的时间距离图描述出了同样的排队形成情形。

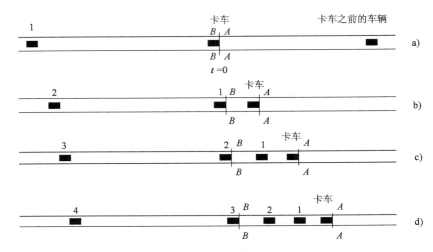

图 2-26 车辆排队行驶的形成过程

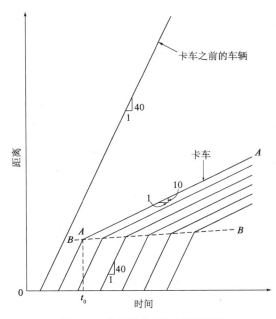

图 2-27 排队形成时的时间距离图

(2)交通流三参数的关系

交通流的三个宏观参数是交通流流量、交通流速度和交通流密度。研究交通流三参数的关系能更好地解析交通现象及其本质,使道路发挥最大功效,见示例2-14。交通流三参数的基本关系为 $Q = K \cdot V$。其中,Q 为平均流量,单位为 pcu/h;K 为平均车流密度,单位为 pcu/km;V 为平均车速,单位为 km/h。

【示例2-14】 交通流三参数的关系

交通流流量、交通流速度和交通流密度三者的关系如图2-28所示。

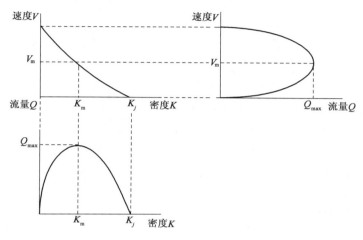

图2-28 交通流参数的关系图

交通流三个参数之间的关系是:交通流流量为交通流速度和交通流密度的乘积。道路上车辆很少时,驾驶员可选择较高的速度,这时交通流速度较大,但因交通流密度小,所以交通流量也比较小。随着路上的车辆增多,交通流密度增大,车辆的行驶速度会受到前后车辆的约束而有所下降,流速降低,但交通流量还是增加,直到在某一种条件下,流速和密度的乘积达到最大值,即交通流量最大时为止。这时的流速称为最佳速度,密度称为最佳密度。如果路上车辆再增加,密度继续增大,流速继续下降,尽管密度较大,但因流速较小,所以流量反而下降,直到密度为最大值(这时称之为拥堵密度),造成道路阻塞,车辆无法行驶,流速等于零,交通流量也等于零为止。

2.2 交通需求与交通服务

2.2.1 交通运输与社会活动的供需关系

2.2.1.1 供需系统结构

交通运输系统是一个十分复杂的系统,由运输对象(人和货物)、运输工具(各种车辆)、交通设施等诸多要素构成,其交通方式种类较多且各种方式之间既存在竞争关系又存在互补、协调关系。另外，交通系统、交通模式与社会活动系统、资源系统等外部系统之间也存在着紧密的联系和互动，供需系统的结构如图2-29所示。

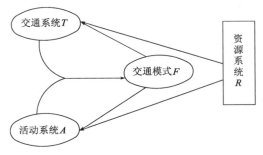

图 2-29　供需系统结构图

交通系统 T 是交通供应方，社会活动系统 A 是交通需求方，表示交通网络上人与物移动方式的交通模式 F 则是交通需求与交通服务平衡的结果。供需系统的基本关系是：交通模式 F 是由交通系统 T 和社会活动系统 A 决定的；交通模式 F 又通过其所提供的服务以及提供服务时所消耗的资源 R 使社会活动系统 A 发生变化；交通模式 F 又与资源系统 R（投资政策、环境保护、资源控制等）一起使交通系统 T 发生变化；社会活动系统 A（即交通需求方）与交通系统 T（交通供给方）经常出现短期的平衡，而这种平衡又是动态的。一般而言，交通拥堵产生的重要原因之一，就是交通需求大于交通供给，见示例2-15。

【示例2-15】　交通拥堵及其产生原因

(1) 交通拥堵

交通拥堵，又称交通堵塞、交通拥挤、塞车或堵车，是指车多拥挤且车速缓慢的现象，通常在特殊假日或上下班高峰时刻出现。此情形常出现于世界上各大都市区、连接两都市间的高速公路，及汽车使用率高的地区。人们经常把容易塞车的道路，称为交通瓶颈。

(2) 交通拥堵产生的原因

交通拥堵产生的主要原因是交通负荷大于交通系统承载量，交通系统设计存在缺陷及其他意外也是交通拥堵的致因之一。社会车辆数量过多或区域间资源分配差异过大均会导致交通负荷大于交通系统承载量。交通系统设计存在缺陷主要表现在道路容量不足、路网结构设计不合理、道路交汇处过多等方面。受修路、天然因素或交通意外而封路等其他意外原因也可导致交通拥堵。

(3) 交通拥堵的解决方法

增加道路容量。此方法是解决交通堵塞最为基本的方法，包括拓宽道路或新建道路。

减少道路交叉。此种方法包括建设高架道路、地下行车道、既有铁路立体化等，这也是增加容量的一种方式。

限制车辆驶入。在一些城市会实施单双号车牌的制度，限制当天只准单号（奇数）或双号（偶数）的车牌车辆可驶入，有些城市会限制特定车辆如大型货车的进入。

交通信息服务。是指为交通参与者提供的各种交通信息服务，包括出行前交通计划服务、给途中驾驶员提供实时交通信息服务、交通工具和路线导航等。

发展公共运输系统。相较于兴辟道路,发展公共运输系统以及调高私人小汽车的驾驶成本都可以改变出行者的交通方式,来减少私人汽车的数量。公交和城市轨道交通两种公共运输系统,都能解决交通拥堵问题。

交通堵塞收费。用收费以抵制驾驶人的开车意愿,而减少汽车量的方法,称为"塞车费"。除了塞车费之外,在易交通堵塞的地区收取较高额的停车费也是减少汽车驶入的方法之一。

2.2.1.2 供需关系模型

供需关系模型包括交通服务模型、出行需求模型和供需平衡模型。

交通系统的运输供应可用其服务水平 S 来表示:

$$S = J(T,V) \tag{2-1}$$

式中:J——服务函数;

T——交通系统;

V——出行量。

服务水平不仅与交通系统 T 本身有关,还与出行量 V 有关。当交通系统的交通设施越好时,交通服务水平就越高,此时 T 与 S 是正向相关关系。当交通系统不变(T 保持 T_0)时,出行量越大,拥挤程度就越高,此时出行量 V 与服务水平 S 呈反向相关关系,如图 2-30a)所示。

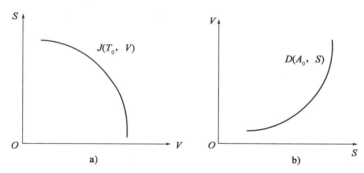

图 2-30 服务函数和需求函数

活动系统 A 的出行需求可用需求量 V 来表示:

$$V = D(A,S) \tag{2-2}$$

式中:D——需求函数;

其他符号同上。

出行量是由社会活动系统 A 和交通服务水平 S 共同决定的。出行活动越频繁,出行量就越大,此时 A 与 V 是正向相关关系。当活动系统不变(A 保持 A_0)时,服务水平越高,人们就越愿意出行,出行量也就越大,即服务水平 S 与出行量 V 也是正向相关关系,如

图 2-30b)所示。

服务水平 S 与出行量 V 之间的平衡关系可用交通模式上的流量 F 来表示：

$$F = f(S, V) \tag{2-3}$$

式中：f——流量函数。

交通模式上的流量 F 与出行量 V 是不同的，前者是具体交通方式在具体交通线路上的交通量，而后者是空间意义下起讫点之间的出行需求量。当交通系统 T 和社会活动系统 A 为常数时，令：$T=T_0$，$A=A_0$。由式(2-1)和式(2-2)可知，只有一个唯一解 S^*、V^*，从而由式(2-3)得出一个确定的流量 $F^* = f(S^*, V^*)$，图 2-31 描述出了这种关系。

2.2.1.3 供需平衡的动态关系

随着时间的推移和社会经济规模的增大，社会活动的强度、交通设施的质量和数量都会发生变化，而这种变化往往不是同步进行的，而是交替出现的。许多城市的演变过程是这样的：在区域旧平衡点的基础上，人口增加、土地开发增强，于是 $A_0 \to A_1$，使平衡点从 F_0 变成 F_1 点，此时出行量又增加了 ($V_0 \to V_1$)，当出行量达到或超过旧交通设施的承受能力时，迫使人们采取改进措施，使 $T_0 \to T_1$，于是又得到一个新的平衡点 F_2，如图 2-32 所示。总体而言，活动系统与交通系统的相互作用关系，可用图 2-33 来描述。

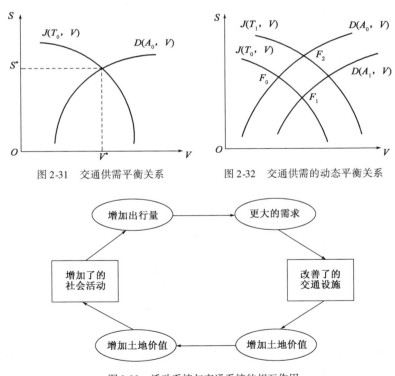

图 2-31 交通供需平衡关系　　图 2-32 交通供需的动态平衡关系

图 2-33 活动系统与交通系统的相互作用

2.2.2 四阶段交通需求预测方法

(1) 交通分区的划分

交通分区是交通调查的基本单元,更是交通规划的基本单元。交通分区的划分是人为确定的,划分的恰当与否将直接关系到交通数据调查、分析、预测的精度和整个交通规划的成败。地区交通规划中的交通分区划分一般与行政区划是一致的,但同时也应考虑交通节点的吸引范围。城市交通规划中交通分区划分的原则是:分区内土地使用、经济、社会等特性尽量使其一致;尽量以铁路、河川等天然屏障作为分区界限;尽量不打破行政区的划分,以便能利用行政区政府现成的统计资料;考虑路网的构成,区内质心可取为路网中的节点;分区数量适当,中等城市一般不超过50个,大城市最多不超过100~150个;分区中人口适当,约10000~20000人,靠市中心的分区面积小些,靠市郊的面积大些。交通分区的划分案例,见示例2-16。

【示例2-16】 交通区划分案例

本项目源于某高速铁路的客流需求预测项目。根据项目建成后对各地区影响程度的不同,将项目影响区划分为直接影响区和间接影响区两大类。直接影响区一般具备以下特点:①项目承担的大部分运量来自这些地区,即交通量发生源或集中点多位于这些地区内;②项目实施后,会使这些地区公路、铁路或其他运输方式显著分流,交通条件大为改善;③从地理位置看,该地区一般距项目很近或是项目直接通过的地区。根据上述项目影响区划分依据,可确定直接影响区为拟建高铁线路沿线的8个地区市及其所辖县区。为便于全面了解交通源及交通源之间的交通流并将交通需求的产生、吸引同区域内的社会经济指标联系起来,需要将项目影响区域继续划分为若干交通小区。交通小区划分的依据和原则是:同质性、均匀性和由中心向外逐渐增大原则、尽量不打破行政区划分、考虑区域公路网的构成。首先在项目影响区内划分出了8个交通中区,再将8个交通中区按其所辖县市进行划分,最终划分出了49个交通小区,如图2-34所示。

(2) 土地利用与社会经济指标预测

土地利用、社会经济与交通之间有着不可分割的互动关系。城市中的居住用地、公共设施用地、工业用地、仓储用地等是城市活动的基本空间,是交通的主要发生源。而社会经济活动与交通需求之间也呈现出了明显的因果关系和相互影响的关系。土地利用与社会经济指标预测主要包括人口预测、家庭规模及结构预测、就业岗位预测、交通运输工具保有量预测、经济水平预测及经济结构预测等。社会经济指标预测案例,见示例2-17。

【示例2-17】 社会经济指标预测案例

该项目源于某国全国公路网规划项目。根据公路网规划需求,应对社会经济发展中的人口规模、经济发展指标及未来年交通工具的拥有状况等进行预测研究,并掌握对交通运输发展具有重要影响的经济社会指标的总量和发展趋势,从而提高公路交通发展预测的准确性和可靠性。因此,社会经济发展预测的主要内容包括:人口预测、社会经济指标预测、机动车保有量预测等。

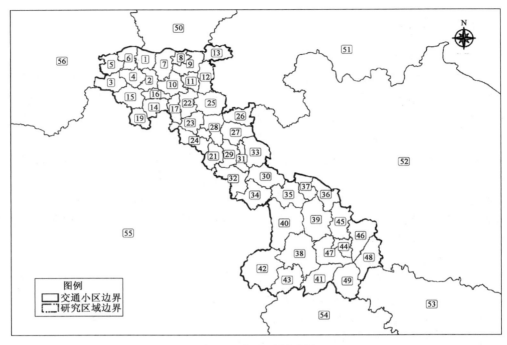

图 2-34 交通区划分实例

该国人口历史数据表明,全国人口在经历了缓慢增长后近二三十年来一直呈现高速增长趋势(自然增长率均在 2% 以上),非常符合生长曲线式(即 S 形曲线式)发展规律。因此,利用生长曲线来标定人口预测模型是适宜的。为此,应用该国全国人口历史数据标定了 Logistic 人口预测模型(生长曲线模型中的常用形式),并据此得到了规划特征年的人口数,如图 2-35a)所示。依据该国全国及各省市历年来的国内生产总值(GDP)数据,标定了国内生产总值回归曲线,进而得到了全国及各省规划特征年的国内生产总值,如图 2-35b)所示。

(3) OD 矩阵与出行期望线

OD 矩阵也称为"OD 表",是指反映交通小区间出行分布量(交换量)的表格,有矩形表和三角形表两种表现方式。OD 矩阵不仅反映了交通小区间的流量大小,也反映了流向。现状 OD 矩阵主要通过 OD 调查获得,规划特征年的 OD 矩阵主要通过交通分布预测获得。由于交通小区间有多条路线相同,用 OD 矩阵不易直观掌握各区之间的交通交换量。所以按照人们选择最短和最通畅路线的意愿,在交通规划地图上用线条宽度与交通交换量大小成一定比例的粗直线将各区的形心连接,即绘成 OD 矩阵所要求的期望线图。OD 矩阵与出行期望线案例,见示例 2-18。

【示例 2-18】 OD 矩阵及出行期望线案例

某城市在进行综合交通规划时,调查得到居民步行出行 OD 矩阵和期望线图(图 2-36)。由步行出行期望线图可知,由于河流的分隔,新老城区分别位于河流的南北两岸,而居民步行出行主要集中在两个城区内,远距离跨城区的步行出行量很少,出行规律明显。

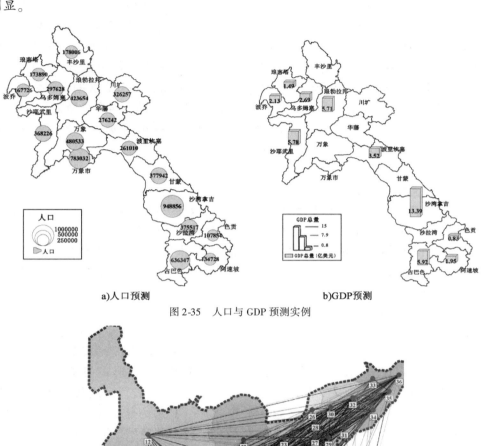

a)人口预测　　　　　　　　　　b)GDP预测

图 2-35　人口与 GDP 预测实例

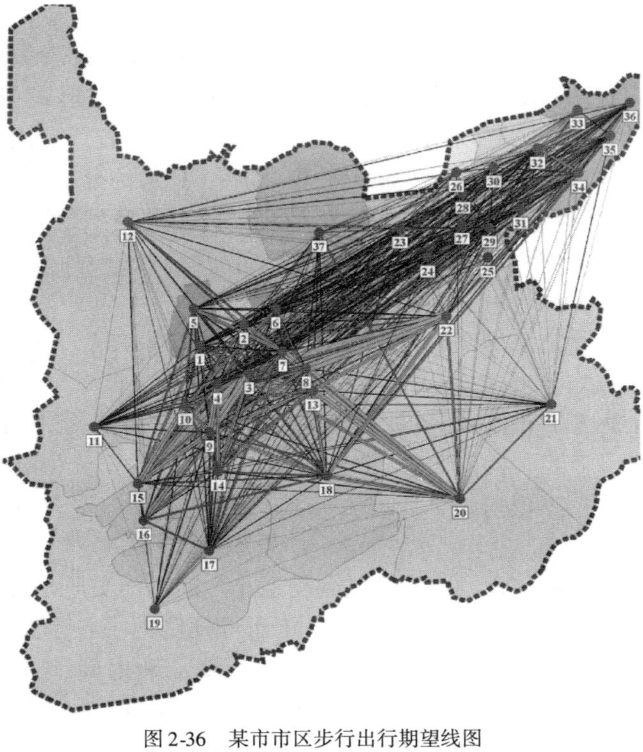

图 2-36　某市市区步行出行期望线图

(4)四阶段交通需求预测步骤

四阶段交通需求预测方法是在土地利用与社会经济发展预测的基础上,预测规划路网方案中各路段及节点上的交通量。其预测步骤为:第一,预测规划特征年规划区域内各交通小区的交通生成量;第二,以规划区域内交通现状 OD 资料为基础,分析预测规划特征年各交通小区间的交通分布量;第三,在交通小区间交通分布量预测结果的基础上,进一步分析确定各种运输方式所承担的运量;第四,将交通小区间分方式的交通分布量分配到具体的交通网络上,从而得到路网方案中各路段及节点上的交通量。简言之,四阶段交通需求预测方法就是按照交通生成、交通分布、交通方式划分、交通分配等四个先后有序的步骤,来预测规划路网方案上的交通量。

(5)交通生成预测

交通小区交通生成量(交通产生量或吸引量)是土地利用、社会经济发展对交通运输需求的具体反映。交通产生量或吸引量与区域(或交通小区)的经济水平、人口、土地利用、交通工具保有量等密切相关。为了预测各小区将来的产生或吸引量,就需要建立现在条件下两者的数学关系,并且假定这种关系在将来也不会有实质性的改变。交通产生、吸引量预测常用的方法有原单位法、交叉分类法、增长率法、相关分析法和强度指标法等。

(6)交通分布预测

交通分布预测是把交通产生、吸引预测得到的各小区的出行量转换成小区间的空间OD 量,即 OD 矩阵。交通分布预测的方法一般可分为两类:一类是增长系数法,另一类是综合法。前者假定将来 OD 量的分布形式与现有 OD 表的分布形式相同,在此假定的基础上预测规划特征年的 OD 量,常用的方法包括常增长系数法、平均增长系数法、底特律法、福莱特法等;后者从交通分布的实际分析中,剖析 OD 量的分布规律,并将此规律用数学模型表现,然后用实测数据标定模型参数,最后用标定的模型预测交通分布量,其方法包括重力模型法、介入机会模型法、最大熵模型法等。

(7)交通方式划分预测

交通方式划分就是把总的交通分布量分配给各种交通方式。建立交通方式划分模型的依据是观测的交通划分方式、居民出行特征和各种交通方式的运营特性。影响出行者对交通方式选择的因素有很多,如各种交通方式的可靠性、舒适性、安全性和方便性,出行者的社会经济特征及其出行的意向、出行类型等。交通方式划分预测方法主要包括转移曲线法、回归模型法、概率模型法等。

(8)交通分配预测

交通分配预测就是将前面预测得到的各交通小区间不同交通方式的交通分布量分配到具体的交通网络上(道路网、公交线网等),从而得到路网中各个路段及节点上的交通流量。交通分配时需要考虑的因素包括交通方式类型、行程时间、路段上速度与流量之间的变化关系等。交通分配方法主要有全有全无分配法、容量限制分配法、多路径概率分配法等。某市市区道路系统规划中的机动车流量分配案例,见示例2-19。

【示例 2-19】 交通分配案例

某城市市区道路系统规划时,对规划远景年的路网进行了机动车流量分配,结果如图 2-37 所示。由分配结果可知,规划路网基本能满足未来该市市区的机动车出行需求,除个别路段外,全网的服务水平均在 C 级以上,交通运行状况较好,并且城市快速路的建设有效地缓解了城市东西向的交通压力,承担了大量的交通运输任务。

图 2-37 某市市区道路系统规划中的机动车流量分配结果

2.2.3 道路通行能力和服务水平

道路的通行能力和服务水平从不同的角度反映了道路的性质与功能,通行能力主要反映道路服务数量的多少或能力的大小,服务水平主要反映了道路服务质量或服务的满意程度。严格地说,没有无通行能力的服务水平,也没有无服务质量的通行能力,两者是不能分开的。

2.2.3.1 道路通行能力

(1) 道路通行能力概念

道路通行能力是道路设施能够疏导或处理交通流的能力,是指道路上某一点某一车道或某一断面处,单位时间内可能通过的最大交通实体(车辆或行人)数,用"辆/h、辆/h 或辆/s"或"人/h、人/d"等表示,车辆多指小客车,当有其他车辆混入时,可采用等效通行能力的当量小客车为单位(pcu)。

(2) 道路通行能力影响因素

影响道路通行能力的主要因素是道路条件、交通条件和交通外环境因素等。道路条件指的是道路几何组成状况,如车道数、车道宽度、侧向余宽、行车视距、纵坡、路面状况、沿线街道化状况等;交通状况指的是交通流的车辆组成和分布规律特性,如交通量大小、混合车种、行人与非机动车干扰等;交通外环境指的是道路交通以外的自然条件,如沿线地形、地物、景观、气候等。这三方面因素组合起来直接影响行车速度和道路通行能力。

(3)道路通行能力的作用

道路通行能力是道路与交通工程中一个十分重要的指标,是道路设计、交通规划、交通管理的基本依据之一,也是评价各种道路、交通设施及管理措施交通效果的基本依据之一。通行能力的分析和计算,在道路设计中有着十分重要的作用,一是可利用通行能力资料正确选定道路类型和车道数(见示例2-20)、交织长度等,用以适应交通需求;二是可用于评估现有路网对当前交通的承受能力和充分程度,预测将来交通量增长可能超过道路通行能力的时间,以及早作出改善交通的措施;三是可用于对多种目的交通运行分析(如瓶颈路段),并提出改善交通运行状况的方案。

【示例2-20】 城市道路机动车车道数的确定

经交通需求预测,某拟建城市道路设计年限末期重交通方向(单向)的高峰小时交通量为3600辆/h。现已知该类城市道路一条车道的可能通行能力为1320辆/h,由路中心起第1条车道的通行能力折减系数 f_1 假定为1.0,第2条 f_2 为0.85,第3条 f_3 为0.7,第4条 f_4 为0.6,试确定该城市道路的车道数。

①初估车道数 N_0(单向)

$N_0 = 3600/1320 = 2.7$(条),取 $N_0 = 3$ 条。

②通行能力检验

考虑车道的通行能力折减系数后,单向3条车道能提供的通行能力为:$1320 \times f_1 + 1320 \times f_2 + 1320 \times f_3 = 1320(1.0 + 0.85 + 0.7) = 3366$(辆/h)$< 3600$ 辆/h。

③最终确定的车道数 N(单向)

因 3366 辆/h $<$ 3600 辆/h,故还应增加1条车道,即最终确定的单向车道数 N 为4条,双向车道数为8条。

(4)道路通行能力的类别

类别包括:较长路段畅通无阻的车流连续行驶的通行能力,一般称为路段道路通行能力,是所有道路交通系统都必须要考虑的;在有横向干扰的条件下,时通时断、不连续车流的通行能力,如具有平面信号交叉口的城市道路的通行能力;在合流、分流或交叉运行状态下的通行能力,如各类匝道、收费口及其附近连接段的通行能力;交织运行状态下的通行能力,如立体交叉的各类匝道、常规环道上车流的通行能力。

2.2.3.2 道路服务水平

(1)道路服务水平概念

道路服务水平是用路者在不同的交通流状况下,所能得到的速度、舒适性、经济性等方面的服务程度,亦即道路在某种交通条件下为驾驶者和乘客所能提供的运行服务质量。服务水平通常由速度、交通密度、行驶自由度、交通中断情况、舒适性和便利程度等来描述和衡量。

(2)道路服务水平分级

我国《公路工程技术标准》(JTG B01—2014)(以下简称《标准》)将公路服务水平分

为一、二、三、四、五、六6个服务等级。

一级服务水平，交通流处于完全自由流状态。交通量小、速度高、行车密度小，驾驶员能自由地按照自己的意愿选择所需速度，行驶车辆不受或基本不受交通流中其他车辆的影响。在交通流内驾驶的自由度很大，为驾驶员、乘客或行人提供的舒适度和方便性非常优越。较小的交通事故或行车障碍的影响容易消除，在事故路段不会产生停滞排队现象，很快就能恢复到一级服务水平。一级服务水平的交通实况如图2-38a)所示。

二级服务水平，交通流状态处于相对自由流的状态。驾驶员基本上可按照自己的意愿选择行驶速度，但是开始要注意到交通流内有其他使用者，驾驶人员身心舒适水平很高，较小交通事故或行车障碍的影响容易消除，在事故路段的运行服务情况比一级差些。二级服务水平的交通实况如图2-38b)所示。

三级服务水平，交通流状态处于稳定流的上半段。车辆间的相互影响变大，选择速度受到其他车辆的影响，变换车道时驾驶员要格外小心，较小交通事故仍能消除，但事故发生路段的服务质量大大降低，严重阻塞并形成排队车流，驾驶员心情紧张。三级服务水平的交通实况如图2-38c)所示。

四级服务水平，交通流状态处于稳定流范围下限。车辆运行明显地受到交通流内其他车辆的相互影响，速度和驾驶的自由度受到明显限制。交通量稍有增加就会导致服务水平的显著降低，驾驶人员身心舒适水平降低，即使较小的交通事故也难以消除，会形成很长的排队车流。四级服务水平的交通实况如图2-38d)所示。

五级服务水平，交通流处于拥堵流的上半段，其下是达到最大通行能力时的运行状态。对于交通流的任何干扰，例如车流从匝道驶入或车辆变换车道，都会在交通流中产生一个干扰波，交通流不能消除它，任何交通事故都会形成长长的排队车流，车流行驶灵活性极端受限，驾驶人员身心舒适水平很差。五级服务水平的交通实况如图2-38e)所示。

六级服务水平，交通流处于拥堵流的下半段，是通常意义上的强制流或阻塞流。这一服务水平下，交通设施的交通需求超过其允许的通过量，车流排队行驶，队列中的车辆出现停停走走现象，运行状态极不稳定，可能在不同交通流状态间发生突变。六级服务水平的交通实况如图2-38f)所示。

我国《标准》规定的二、三、四级公路路段服务水平分级标准，见表2-1。

二、三、四级公路路段服务水平分级标准　　　　表2-1

服务水平等级	延误率（%）	设计速度80km/h				设计速度60km/h				设计速度≤40km/h			
		速度（km/h）	v/C			速度（km/h）	v/C			速度（km/h）	v/C		
			禁止超车区(%)				禁止超车区(%)				禁止超车区(%)		
			<30	30~70	≥70		<30	30~70	≥70		<30	30~70	≥70
一	≤35	≥76	0.15	0.13	0.12	≥58	0.15	0.13	0.11	0.14	0.12	0.10
二	≤50	≥72	0.27	0.24	0.22	≥56	0.26	0.22	0.20	0.25	0.19	0.15
三	≤65	≥67	0.40	0.34	0.31	≥54	0.38	0.32	0.28	0.37	0.25	0.20
四	≤80	≥58	0.64	0.60	0.57	≥48	0.58	0.48	0.43	0.54	0.42	0.35

续上表

服务水平等级	延误率(%)	设计速度80km/h 速度(km/h)	v/C 禁止超车区(%) <30	v/C 禁止超车区(%) 30~70	v/C 禁止超车区(%) ≥70	设计速度60km/h 速度(km/h)	v/C 禁止超车区(%) <30	v/C 禁止超车区(%) 30~70	v/C 禁止超车区(%) ≥70	设计速度≤40km/h 速度(km/h)	v/C 禁止超车区(%) <30	v/C 禁止超车区(%) 30~70	v/C 禁止超车区(%) ≥70
五	≤90	≥48	1.00	1.00	1.00	≥40	1.00	1.00	1.00		1.00	1.00	1.00
六	>90	<48	—	—	—	<40	—	—	—		—	—	—

注：1. 设计速度为80km/h、60km/h和40km/h时，路面宽度为9m的双车道公路，其基准通行能力分别为2800pcu/h、2500pcu/h和2400pcu/h。
2. v/C是在基准条件下，最大服务交通量与基准通行能力之比，基准通行能力是五级服务水平条件下对应的最大小时交通量。
3. 延误率为车头时距小于等于5s的车辆数占总交通量的百分比。

a) 一级服务水平

b) 二级服务水平

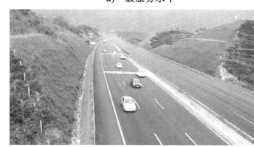

c) 三级服务水平

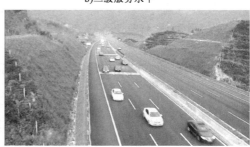

d) 四级服务水平

e) 五级服务水平

f) 六级服务水平

图2-38 高速公路交通服务水平实况图

2.3 路网规划

2.3.1 城市道路网布局规划

2.3.1.1 城市道路发展演变过程

城市内部人员和货物的流动是一个特殊的交通领域,有其独特的特点。交通运输是城市基础设施的重要组成部分,是保证城市活力的必要条件。为了支持城市内复杂的活动模式,需要一个有效的交通服务网络。此外,交通运输和城市发展之间有着密切的联系,交通可以促进城市发展,反之亦可阻碍城市发展;也就是说,蓬勃发展的城市需要扩大或实施新的交通设施和服务。城市的历史演变表明,人口首先聚集在可通达的港口、湖泊、运河和河流附近。这些定居点逐渐发展成城市。

通过城市及其交通网络的历史发展,可以更好地了解交通与城市发展之间的密切互动关系。图 2-39 显示了城市和城市网络的并行演变过程。最初的城镇由一条主要的街道组成,大多数商业和服务都在这里,居民分散在次要道路上。

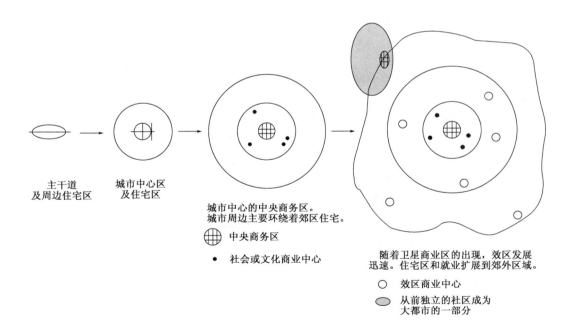

图 2-39

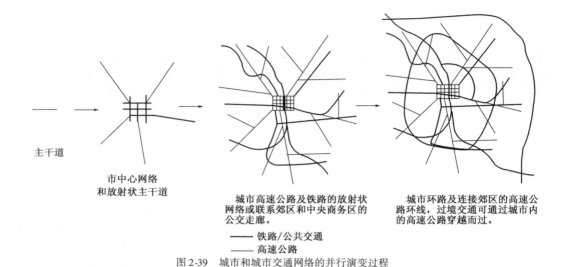

图 2-39 城市和城市交通网络的并行演变过程

随着时间的推移,尤其是在工业化之后的扩张,形成了一个集中了多数企业的中心城市。在许多后工业化的城市中,服务于城市核心的是一个网格状的道路网络,上面有马车和有轨电车在滚动。城市核心被与城市核心相连的居民区包围。工业区通常位于市中心附近,劳动力和交通便利。随着城市的扩张,附近郊区开始与中心城市的圈地进行法律战,从而限制了中心城市的扩张,这是建立城市界限的普遍方法。

进化的下一个阶段使城市更加接近今天所承认的形状。城市核心变成了一个专属的商业中心(中央商务区:CBD),包括高层写字楼。交通便利程度的提高、土地价格的相对低廉以及对空气质量的担忧,工业区被推到了城市郊区。在北美地区,种族和社区商业中心在城市范围内占据了一席之地。

对于欧美等西方国家,这一阶段的主要趋势是大量富裕的居民涌向郊区,郊区被视为安静的卧室社区,为养育家庭提供了一个理想的环境。交通网络既促进了这一趋势,也顺应了这一趋势。公共交通和高速公路的辐射走廊被开发出来,把郊区的工人带到市中心的工作场所,那里是大多数雇主的所在地。市中心开始出现交通堵塞问题、人口问题和缺乏足够的停车位。富裕家庭纷纷迁往郊区,使得中心城市失去了税基。没有必需的资源,城市的基础设施日益恶化,贫民窟地区的条件日益恶化,较不富裕的人被困在那里。下一个阶段代表了当前城市仍在重塑和调整以适应人口、社会和经济趋势的时代。中心城市日益恶化的污染、密度、服务和安全水平进一步鼓励人们搬到郊区。在 20 世纪 80 年代,一个高速发展的外围郊区开始出现。在这一阶段,商人和雇主都跟随居民逃往郊区。因此,卫星商务区在郊区外围发展起来。更重要的是,大都市范围的扩张吞没了过去独立的小城镇,并使相邻的大都市之间的距离最小化。

2.3.1.2 城市道路网结构形式

(1)方格式道路网

方格式道路网又称"棋盘式道路网"。由互相垂直的平行道路组成的方格网状道路系统,即每隔一定距离设置近于平行的干道,在干道之间再布置次级道路。其优点是布局整齐,有利于建筑布置和方向识别,交通组织便利。缺点是对角线方向的交通不方便,道路非直线系数较大(1.2~1.4)。适合地势平坦的中小城市或大城市的局部地区(尤其是商业中心)。我国西安、洛阳、太原(图2-40)、石家庄、苏州等城市的道路网属于此类型。

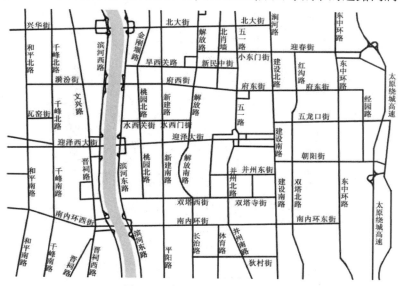

图2-40　太原市主城区的道路网

（2）环形放射式道路网

环形放射式道路系统是由环路与放射干线组成的城市道路网络,大多指干道网,一般由旧城中心向外逐步发展演变而成。其特点是有利于市中心对外联系,非直线系数较小(1.1~1.2),对多中心大城市的交通量分布均衡十分有利。环路可以分散市内交通,放射干线使市区与郊区城镇的交通便捷。其缺点是规划不当时,易导致市中心交通过于集中。国内外许多大城市如莫斯科、巴黎、伦敦、东京以及国内的上海、成都(图2-41)、天津等多采用这种形式。

（3）自由式道路网

自由式道路系统通常是由于地形起伏变化较大,道路结合自然地形呈不规则状布置而形成的。这种类型的路网没有一定的格式,变化很多,非直线系数较大。如果综合考虑城市用地的布局、建筑的布置、道路工程及创造城市景观等因素精心规划,不但能取得良好的经济效果和人车分流效果,而且可以形成活泼丰富的景观效果。我国山区和丘陵地区的一些城市也常采用自由式道路系统,道路沿山脉或河岸布置,如青岛、重庆等城市。

（4）混合式道路网

混合式道路系统是由棋盘式、环形放射式或自由式路网组合而成的道路系统。其特点是适应大城市的改建和扩建规划,逐步形成,如规划合理可以扬长避短。中国大多数城市采用方格网和环形加放射的混合式,如北京(图2-42)、上海、南京许多城市保留原有旧城棋盘式格局,为减少城市中心交通压力和便利与周围新区和邻近城镇的联系而设置环路及放射路。

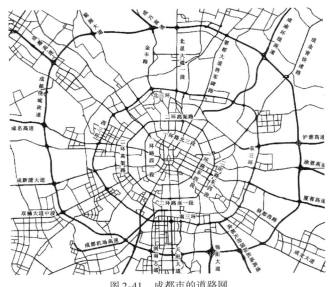

图 2-41 成都市的道路网

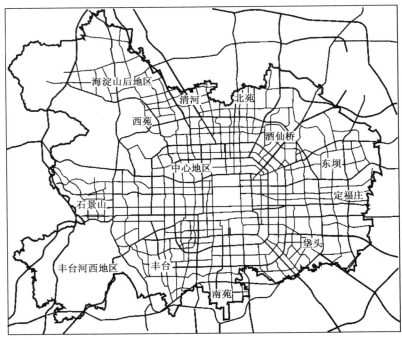

图 2-42 北京市的道路网

(5)线形或带形道路网

线形道路网是以一条干道为轴,沿线两侧布置工业与民用建筑,从干道分出一些支路联系每侧的建筑群。还有一种和线形道路网布局相似的带形城市道路网,这种布局往往以中间的干道为主轴,两侧各有一条和主轴平行的道路作为辅助干道,这样以三条道路为主要脉络和一些相垂直的支路,组成类似方格形的道路网,如兰州(图2-43)、深圳等。

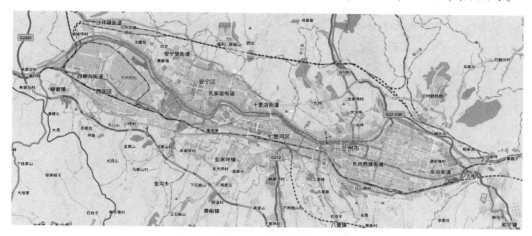

图2-43 兰州市的道路网

(6)方格环形放射式道路网

这种道路网中心区为方格形,向四周呈环形放射式发展。由于历史原因,我国城市道路网多采用这种布局形式。随着城市化进程加快,区域之间交往增加,过境交通增大,编制总体规划中的道路网络,自然需要利用并改造原有的放射线和发展新的放射线,同时为了便利各条放射线之间的联系,缓解疏散中心区的交通环路便应运而生,大城市一般都建几个环路,至于放射线的数量,随着城市大小、地理位置以及和相邻城市的关系而有所不同,大体上内地城市放射线较多,沿海城市放射线较少。

(7)手指状道路网

如图2-44所示,这种道路网以多条放射线呈手指式发展,市区以外沿着手指状的道路两侧规划一些重点建设区,每个重点建设区规划一个行政办公及商业服务业为主的副中心,各重点建设区之间以楔形绿带分隔,手指式放射线通过几条环路联系起来。

(8)星状放射式道路网

星状放射式道路网是和子母城市的布局(即城市由市区和卫星城所组成)相配套的,道路网从城市中心起呈放射状联系多个卫星城市,而城市由几个层次的同心圆所组成。

(9)交通走廊式道路网

城市中心区道路网形成后,城市沿着放射干道发展,形成交通走廊式道路网。

2.3.1.3 城市道路网规划指标

(1)空间指标体系

空间指标体系包括人均道路用地面积、车均行车道面积、道路网密度、道路网等级结构、道路网连接度、非直线系数等。

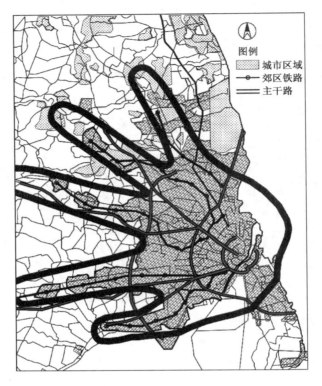

图 2-44　手指状道路网

人均道路用地面积又称"人均道路占有率",以城市道路总面积与城市人口总数之比表示。其大小可以衡量城市道路基础设施的发达程度,国外发达国家一般可达 20%～25%,中国目前许多大城市此项指标约为 10%～15%。道路用地应包括广场、停车场及其他道路交通设施的用地。

车均行车道面积是指以不同车型常速行驶时占用的道路面积与其高峰小时平均出车率之积为基础,然后对所有车型根据其交通量大小进行加权处理得到的平均每辆车占用的行车道面积,即为车均行车道面积。

道路网密度指在一定区域内道路网的总里程与该区域面积的比值,又可细分为快速路路网密度、主干路路网密度、次干路路网密度及支路路网密度等。城市道路路网密度是反映城市道路建设数量与水平的重要指标之一。

道路网等级结构是指城市道路网中各等级道路里程所占的比重,从数量和质量两个方面反映了城市道路网的发展水平。城市道路网合理等级结构的确定,是城市道路网规划的重要内容之一,也是城市道路网布局优化的重要内容之一。

道路网连接度是路网中所有节点邻接的边数总和与路网节点总数之比,反映了道路网络的成熟程度,其值越高,表明路网中的断头路越少,成环成网率越高,反之,则成网率越低。

非直线系数是指道路网中两节点间的实际道路长度与两点间空间直线距离之比,如果以时间或费用为标准,则非直线系数为两节点间的实际出行时间或费用与两节点间空间直线距离所消耗的时间或费用之比。

(2)质量指标体系

质量指标体系包括可达性、出行耗时及道路交通服务水平等。

可达性是描述两交通小区间交通联系程度的指标,与交通小区的土地利用强度和交通小区间的行程时间或行程距离有关。路网可达性是一定形式道路网在网络布局、交通方式和土地利用影响下的通达程度,一般用时间来表示。路网可达性可用路网服务区域内各交通小区间的加权平均交通时间来表达。

出行耗时是指人们用于出行的时间。城市居民出行耗时的多少与交通方式的选择和出行距离有关。不同城市规模、不同出行目的下居民能忍受的最大出行耗时存在明显差异,城市规模越大,人们出行能容忍的最大出行耗时也相对越大。一般可将居民90%的出行耗时定义为居民可接受的最大出行耗时。

道路交通服务水平是衡量道路为驾驶员、乘客所提供的服务质量,其范围从自由运行、高速、舒适、方便、完全满意的最高水平到拥挤、受阻、难以忍受的最低水平。主要采用道路网平均饱和度、主干道平均车速、平均行车延误和交叉口五级、六级服务水平比重来评估道路网服务水平。

2.3.1.4 城市道路网布局规划过程

遵循道路网规划指标的确定、道路网空间布局形式的确定、道路网系统性分析、道路网布局的检验与调整等四个步骤进行城市道路网布局规划。

道路网规划指标的确定。道路网布局规划中首先需要明确的是规划指标,主要包括人均道路用地面积、车均行车道面积、道路网密度、道路网等级结构、道路网连接度、非直线系数等。

道路网空间布局形式的确定。道路网空间布局形式的确定就是根据社会经济、自然地理等因素确定城市道路网的结构形式,这是一个定性分析和定量分析相结合的过程。规划中应尊重已经形成的道路网格局,考虑原有道路网的改造和发展,从城市地理条件、城市布局形态、客货运流向及强度等方面确定城市的道路网布局,不应套用固定的模式。

道路网系统性分析。道路网的系统性表现在城市道路网与城市用地之间的协调关系、与对外交通系统的衔接关系以及道路系统内部各组成要素之间的协调配合关系三个方面。道路网系统性分析的具体内容包括:城市各相邻组团间和跨组团的交通解决情况,主要道路的功能是否与两侧的用地性质相协调,各级各类道路的走向是否适应用地布局所产生的交通流以及是否体现对用地发展建设的引导作用,城市道路网与公路网的衔接关系,城市对外交通枢纽与城市交通干道的衔接关系,道路网中不同道路的功能分工、等级结构是否清晰、合理,各级各类道路的密度是否合理等。

道路网布局的检验与调整。检验的标准是拟定的道路网是否能满足道路交通需求和环境质量要求。检验的基础是道路交通需求预测技术、道路网络分析技术和道路交通环境分析技术。当道路服务水平质量和环境质量状况不符合规划要求时,首先要调整道路网布局规划方案,对调整后的道路网布局规划方案重新进行检验,如经过多次调整后仍不能满足规划要求时,应对城市总体交通结构进行反馈,提出修改意见。

2.3.2 公路网布局规划

(1)公路网的主要形式

公路网的主要形式有三角形(星形)、棋盘形(格网形)、并列形、放射形(射线形)、扇形、树权形及条形等,如图2-45所示。

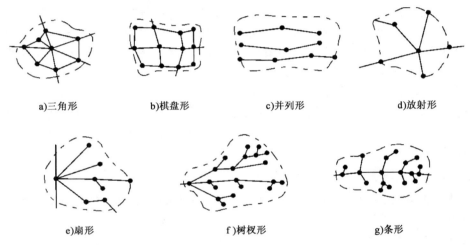

图2-45 公路网的主要形式

由于公路网中运输节点的地理位置具有特定性,且影响公路走向的因素众多,因此,公路网的形式不可能千篇一律。一般而言,平原区及微丘区的公路网,形式多为三角形、棋盘形和放射形;在重丘区及山区,由于受到山脉和河川的限制,公路网往往形成并列形、树权形或条形;当区域内的主要运输节点偏于区域边缘时,有可能会产生扇形或树权形公路网;条形公路网是特例,有可能在狭长地带的地方公路网中出现。

(2)公路网的合理发展规模

公路网的合理发展规模是指,依据区域经济发展状况、规划节点分布状况以及交通发展状况,从量上确定公路网的总里程及其各等级公路里程所占的比重。公路网的合理发展规模指标还包括公路网密度、公路网通达深度、交通出行距离或出行时间等。公路网合理发展规模的确定方法包括基于弹性系数法、结构类比法、期望密度法、国土系数法、公路网车辆密度法等的经济分析方法,以及公路周转量分析法、时间序列趋势外推法、线性规划法等。

(3)公路网节点选择

公路网节点的选择是公路网布局规划的重要内容和基础性工作。

对于国家高速公路网、国道主干线公路网等全国性的干线公路网,一般遵循以城市为节点的原则,强化和完善省会城市之间以及区域经济中心城市之间的相互连接,建立完善的综合运输体系,连接重要交通枢纽。因此,选择的节点一般为大、中城市,重要的沿海和内河港口,航空港,铁路及公路运输枢纽,其他重要的客货集散地,重要军事战略要地和军事敏感区,重要旅游城市和陆路边贸口岸。

对于省域干线公路网,可遵循以省内各中心城市(县)为节点的原则,强化和完善省会城市与各中心城市(县)之间以及各中心城市(县)之间的相互连接,建立完善的综合运输体系。因而,选择的节点一般为省会城市,省内的重要市、县,铁路及公路运输枢纽、港口、机场、重要的客货集散地等。对于县乡公路网等局部公路网,一般选择中心县、各乡镇、行政村屯作为公路网节点。

(4)公路网布局规划方法

主要有基于交通量四阶段预测的布局方法、总量控制法、交通区位法、节点布局法、动态规划法等。

基于交通量四阶段预测布局方法的核心内容是采用四阶段预测法预测区域路网交通量,以此作为路网布局设计的主要依据。其主要步骤为:建立初始路网、预测交通需求、优化调整初始路网、形成路网布局方案。

总量控制法是以路网规模总量为约束条件,根据路段重要度,求解最优路网的方法。其主要步骤为:确定路网的合理规模、建立初始网络、计算路段重要度、逐层展开布局、形成路网布局方案。

交通区位法是从经济地理出发,研究规划区域内的交通区位线,即交通现象在地理上的高发地点的原理线,并转化为公路布局方案的方法。其主要步骤为:分析交通区位线、形成基础网络、补充完善基础网络、形成路网布局方案。

节点布局法是通过分析路网节点和选择节点间路线形成规划路网的布局方法。其主要步骤为:确定路网节点、划分节点层次、研究节点间连接路线、形成路网布局方案。

动态规划法是通过建立优化模型、优化求解,形成路网布局方案的方法。

我国国家高速公路网的建设经历了"五纵七横"国道主干线建设、"7918"国家高速公路网建设和国家公路网规划(2013~2030年)三个重要建设和规划阶段,见示例2-21。

【示例2-21】 我国国家高速公路网规划与建设

①"五纵七横"国道主干线建设

20世纪80年代,随着改革开放的推进和经济社会的发展,社会对交通的需求迅速增加,大多数干线公路、城市出入口和沿海发达地区堵车、压港现象严重。交通部于20世纪80年代末提出了"五纵七横"12条路线(含支线)的规划布局方案,1992年得到国务院认可,并于1993年正式部署实施。其中,"五纵"包括了同江至三亚公路、北京至福州公路、北京至珠海公路、二连浩特至河口公路、重庆至湛江公路5条大通道,总里程约为15590km;"七横"包括了绥芬河至满洲里公路、丹东至拉萨公路、青岛至银川公路、连云港至霍尔果斯公路、上海至成都公路、上海至瑞丽公路、衡阳至昆明公路7条大通道,总里程约20300km。原计划从1991年开始到2020年,用30年左右的时间,建成12条长35000km的国道主干线,将全国重要城市、工业中心、交通枢纽和主要陆上口岸连接起来并逐步形成一个与国民经济发展格局相适应、与其他运输方式相协调、主要由高等级公路组成的快速、高效、安全的国道主干线系统。

实际上在2007年国道主干线已经全部贯通,连接了全国所有的省会级城市、城镇人口超过50万的大城市以及城镇人口超过20万的中等城市,覆盖全国10多亿人口;连接了全国所有重要的交通枢纽城市,包括铁路枢纽50个、航空枢纽67个、公路枢纽140多个和水路枢纽50个,形成综合运输大通道和较为完善的集疏运系统;实现了东部地区平均30分钟上高速,中部地区平均1小时上高速,西部地区平均2小时上高速的快速出行;构筑了我国区域和省际横连东西、纵贯南北、覆盖全国的国家公路骨架网络,具有全国性政治、经济、国防意义;促进产业结构优化升级和经济发展方式转变,成为引导产业空间布局优化的主轴线,促进了产业链条的延伸和生产环节的跨区域配置;实现南北大通道的贯通,使天堑变通途。

② "7918" 国家高速公路网规划

2004年国务院审议通过了《国家高速公路网规划》,这是中国历史上第一个"终极"的高速公路骨架布局,同时也是中国公路网中最高层次的公路通道。国家高速公路网覆盖10多亿人口,其直接服务范围,东部地区超过90%、中部地区达83%、西部地区近70%,覆盖地区的GDP将占到全国总量的85%以上;实现东部地区平均30分钟上高速,中部地区平均1小时上高速,西部地区平均2小时上高速。国家高速公路网将连接全国所有的省会城市、83%的50万以上人口的大型城市和74%的20万以上人口的中型城市;连接全国所有重要的交通枢纽城市,其中包括铁路枢纽50个、航空枢纽67个、公路枢纽140多个和水路枢纽50个,形成较为完善的集疏运系统和综合运输大通道。

国家高速公路网采用放射线与纵横网格相结合布局方案,由7条首都放射线、9条南北纵线和18条东西横线组成,简称为"7918"网,总规模约8.5万km,其中主线6.8万km,地区环线、联络线等其他路线约1.7万km。国家高速公路网规划总体上贯彻了"东部加密、中部成网、西部连通"的布局思路,建成后在全国范围内形成了"首都连接省会、省会彼此相通、连接主要地市、服务全国城乡"的高速公路网络。

③ 国家公路网规划(2013—2030年)

国家公路网规划(2013—2030年)是公路交通基础设施的中长期布局规划,体现了国家发展综合交通运输的战略方针,是指导国家公路长远发展的纲领性文件。规划目标是形成布局合理、功能完善、覆盖广泛、安全可靠的国家干线公路网络,实现首都辐射省会、省际多路连通、地市高速通达、县县国道覆盖。1000km以内的省会间可当日到达,东中部地区省会到地市可当日往返,西部地区省会到地市可当日到达;区域中心城市、重要经济区、城市群内外交通联系紧密,形成多中心放射的路网格局;有效连接国家陆路门户城市和重要边境口岸,形成重要国际运输通道,与东北亚、中亚、南亚、东南亚的联系更加便捷。

其中,普通国道全面连接县级及以上行政区、交通枢纽、边境口岸和国防设施;国家高速公路全面连接地级行政中心,城镇人口超过20万的中等及以上城市,重要交通枢纽和重要边境口岸。

国家公路网规划总规模40.1万km,由普通国道和国家高速公路两个路网层次构成。普通国道网如图1-2所示,由12条首都放射线、47条北南纵线、60条东西横线和81条联络线组成,总规模约26.5万km。按照"主体保留、局部优化,扩大覆盖、完善网络"的思路,调整拓展普通国道网:保留原国道网主体,优化路线走向,恢复被高速公路占用的普通国道路段;补充连接地级行政中心和县级节点、重要的交通枢纽、物流节点城市和边境口岸;增加可有效提高路网运行效率和应急保障能力的部分路线;增设沿边沿海路线,维持普通国道网相对独立。国家高速公路网如图1-3所示,由7条首都放射线、11条北南纵线、18条东西横线,以及地区环线、并行线、联络线等组成,约11.8万km,另规划远期展望线约1.8万km。按照"实现有效连接、提升通道能力、强化区际联系、优化路网衔接"的思路,补充完善国家高速公路网:保持原国家高速公路网规划总体框架基本不变,补充连接新增20万以上城镇人口城市、地级行政中心、重要港口和重要国际运输通道;在运输繁忙的通道上布设平行路线;增设区际、省际通道和重要城际通道;适当增加有效提高路网运输效率的联络线。

2.4 交通工程研究内容与发展史

交通特性与路网规划是交通工程学的基础性研究方向,其研究内容及其发展必然与交通工程学科的发展密切相关。

2.4.1 交通工程研究内容

(1)交通特性分析

交通特性分析是交通工程学的一个基本组成部分,是进行交通规划、设计、运营、管理的前提和基础。交通特性分析既要研究交通系统各组成要素的特性,如驾驶人的交通特性、行人交通特性、乘客交通特性、车辆交通特性、道路特性,又要研究交通流的特性以及交通组成要素与环境因素之间的相关特性。

(2)交通调查与分析

交通调查与分析是指通过统计、实测与分析判断,掌握交通状态发展趋势及有关交通现象的过程。交通调查与分析涉及人、车、路与环境等综合交通系统中的各个方面,包括交通量、速度、密度、车头距、占有率等交通流要素的调查与分析,土地利用、交通生成、出行OD、居民出行特征、交通分配特性等交通出行的调查与分析,交通事故次数、伤亡情况、事故发生地点、事故原因等交通事故的调查与分析,以及交通对环境造成的污染、交通对生态与景观造成的影响等交通环境方面的调查与分析。

(3)交通流理论

作为交通工程学理论基础的交通流理论是运用物理学和数学的方法来描述交通特性的一门科学,它用分析的方法阐述交通现象及其机理,使我们能更好地理解交通现象及其本质,并使城市道路与公路的规划设计和运营管理发挥最大的功效。交通流理论探讨的交通现象包括:交通流量、速度和密度的相互关系,交通流的统计分布特征,排队论的应用,跟驰理论的应用,驾驶人处理信息的特性,交通流的流体力学模拟理论,交通流模拟技术等。

(4)道路通行能力和服务水平

道路通行能力和服务水平从不同的角度反映了道路的性质和功能,道路通行能力主要反映道路服务数量的多少或能力的大小,服务水平主要反映了道路服务质量或服务的满意程度。通行能力、服务水平的分析和计算,在道路设计中有着十分重要的作用,一是可正确选定道路类型和车道数、交织长度等,以适应交通需求;二是可用于评估现有路网对当前交通的承受能力和充分程度,预测将来交通量增长可能超过道路通行能力的时间,以及早作出改善交通的措施;三是可用于对多种目的的交通运行进行分析和评价(如瓶颈路段),并提出改善交通运行的方案。

(5)交通规划

交通规划是指根据特定交通系统的现状与特征,用科学方法预测交通系统交通需求的发展趋势及交通需求发展对交通系统交通供给的要求,确定特定时期交通供给的建设任务、建设规模及交通系统的管理模式、控制方法,以达到交通系统交通需求与交通供给之间的平衡,实现交通系统的安全、畅通、节能、环保的目的。交通规划可分为区域交通系统规划和城市交通系统规划两大类。区域交通系统规划主要是指五大运输方式的发展规划,包括公路交通系统规划、铁路运输系统规划、航空运输系统规划、水路运输系统规划与管道运输系统规划。城市交通系统规划一般指综合交通系统规划(重点是道路交通系统规划),特大城市、大城市往往还要进行各种专项交通规划,如城市道路交通系统规划、城市公共交通系统规划、城市轨道交通系统规划、城市道路交通系统管理规划、城市智能交通系统发展规划等。

(6)道路交通安全

道路交通安全既是一个严重的社会问题,更是一个需要多学科参与解决的技术问题,甚至是一个已上升为国家战略层面上的问题。道路交通安全属于"4E"科学的范畴,涉及工程(Engineering)、教育(Education)、执法(Enforcement)和救援(Emergency Medical Services)4个方面,研究方向则包括提升交通安全水平的道路设计技术研究、车辆安全水平与性能研究、事故数据系统与分析方法研究、事故防治技术研究、道路交通安全评价技术研究、道路安全审计研究、道路交通安全规划与战略研究、交通安全教育与宣传研究、交通法规与执法研究、紧急医疗救助及非政府机构参与等。

(7)道路交通环境保护

道路交通环境保护是指,贯彻以防为主、以治为辅、综合治理的原则,设法减少或预防道路交通对人类生态平衡的破坏。道路交通环境保护研究的内容包括道路交通噪声的污染与控制、道路交通排放的污染物及其预防、道路交通震动的防治、道路交通环境影响评价的内容与方法等。

(8)交通管理与控制

交通管理就是按照国家制定的法规和道路交通的实际情况,运用各种手段、方法、设施、工具、措施等科学合理地疏解、协调、禁限、约束、组织和指挥交通。交通控制就是运用现代化的遥测、遥控、监控、传感、检测装置采集信息,并用电子设备、光缆、通信设施、信号系统、电脑及相关软件传送信息、处理信息,从而达到对运行中的车辆进行准确的组织、引道、诱导和调控,并极大地降低交通事故,保障行车与行人的安全畅通。交通管理与交通控制有机结合起来就构成了现代交通管理与控制系统。

(9)道路绿化与景观设计

道路绿化是指在道路路域范围内利用植物构造出的一个具有光、形、色、体等可被人感知的,具有一定社会文化内涵及审美价值的,并能满足道路交通功能要求的空间景物。道路绿化通过减弱建筑物对道路的压抑感、美化街景、丰富道路线形、减少道路开挖对环境的负面影响等作用,改善了道路景观;通过吸尘防噪净化空气、防止水土流失、防晒遮阳等作用,改善了道路环境;通过视线诱导、防眩遮光、引导车流、防风、防雪、防火等作用,提高了道路交通安全。道路景观是指用路者在道路上以一定的速度运动时,视野中的道路及环境四维空间形象。如果用路者的速度为零,视野中看到的则是道路与环境的三维空间形象。道路景观也包含路外人视觉中对道路及其环境配合的宏观印象。

2.4.2 交通工程学的产生和发展

(1)交通工程学发展初期

现代交通工程是伴随着汽车工业的发展而发展起来的。交通工程学创立的初期,主要是交通管理,诸如给驾驶人发执照、设计交通标志、安装手动信号机、进行路面画线等。20世纪40年代,交通工程人员开始意识到,只靠简单的交通管理无法根治交通问题,于是开始研究交通调查、交通规划,并根据交通调查及远景交通量的预测进行合理交通设计,研究提高路面质量及交叉口通行能力的计算方法。同时,考虑交通管理方案,配备必要的交通设置并就提高投资效益进行技术经济论证。20世纪50年代以后,各工业发展国家为了尽快恢复第二次世界大战期间遭到破坏的经济,开始大规模修建公路,推动相关行业的发展。同时重点研究高速道路线形设计、通行能力计算、立体交叉设计、停车存放等问题。

(2)交通工程学发展中期

进入20世纪60年代,交通工程学的发展步入中期。由于汽车数量激增,交通拥堵现象严重,交通事故与日俱增,越来越严重地威胁着人们的生命安全。为了疏导交通,减少交通事故,提高道路通行能力,开始研究车流特性、城市综合调查与交通渠化、交通规划及使用计算机控制交通等技术。在此期间,开始在一个地区或一个城市进行交通规划,并按照规定的格式,做出行调查,用出行产生、交通分布、交通方式划分、交通分配的程序进行交通预测,从供需平衡的角度布设路网、枢纽和场站等交通设施。

20世纪70年代,爆发了能源危机,同时大量的汽车尾气、噪声、振动也在威胁着人们的身体健康。这一阶段交通工程研究的重点是,如何通过合理的交通规划,减少不必要的人流和车流,缩短行程,倡导步行,恢复并优先发展公共交通,给汽车选择最佳运行路线,从根本上改变交通组成,降低交通拥挤程度和交通事故,同时加强交通对环境污染的防治力度。

20世纪80至90年代,大规模进行交通规划的时代已经过去,交通工程的研究问题多集中于交通管理方面。在人的交通特性方面,开展了对驾驶员和行人的心理、生理特征的研究,汽车行驶性能以及汽车碰撞时如何保证乘车人及驾驶员安全的研究,人机系统的研究和应用范围也进一步扩大。在公路几何设计方面,过去主要是以汽车运动力学平衡原则作为线形设计的基础,现在发展到要考虑驾驶员的驾驶心理和生理要求,线形组合要考虑对驾驶员的视觉诱导等方面。在交通规划方面,研究经济发展对交通的定量需求和交通对经济发展的适应性问题,并体现在交通规划和道路网设计上。在交通管理与控制方面,开展了在主要干道上设置自动信号控制系统的研究以及反光标注、标线、可变标志的应用研究。在交通设备方面,交通控制与车辆检测、调查分析的自动化程度大大提高。在交通环境保护方面,进行了汽车交通噪声控制和限制尾气排放标准等的研究。

(3)交通工程学发展近期

20世纪90年代至21世纪初,是交通工程学的近期发展阶段。重点研究智能交通系统,主要服务领域包括先进的交通管理系统、先进的出行者信息系统、先进的公共交通系统、先进的车辆控制系统、营运车辆调度管理系统、电子收费系统、应急管理系统等。世界各工业发达国家均集中大量人力、物力、财力,采用各种高新技术,研究智能运输系统(Intelligent Transportation Systems,ITS),或称智能车路系统(Intelligent Vehicle Highway Systems,IVHS)。

(4)交通工程学在我国的发展

在我国,交通工程学的研究始于20世纪70年代初。1973年,交通部公路科学研究所设置了交通工程研究室。20世纪70年代末,交通、城建和公安交通管理等有关部门开展了交通工程学的理论学习和交通调查工作。1978年以来,以美籍华人交通工程专家张秋先生为代表的美、日、英、加等国的交通工程专家,先后在上海、北京、西安、南京、哈尔滨等城市讲学,系统地介绍西方发达国家在交通规划、交通管理、交通控制及交通安全方面的建设与管理经验。我国也派出了多个代表团出国参加由英、美、日、澳、德等国举办的国际交通工程学术会议,这些活动推动了我国交通工程学科的产生和发展。1980年上海市率先在国内成立了交通工程学会,1981 年中国交通工程学会宣告成立,20 多个省、市、自治区也相继成立了省级交通工程学会或交通委员会,有些早先成立的国家级专业学会也设立了交通工程分会。哈尔滨建筑大学、东南大学、同济大学、北京工业大学、北京交通大学、西南交通大学、西安公路交通大学等院校相继设立了交通工程本科专业,并出版《中国交通工程》《中国交通报》《交通安全报》《交通工程》《道路交通管理》《红绿灯下》等杂志和一批交通工程方面的报刊,广泛宣传交通工程方面的知识。标志着我国的交通工程学进入正规、全面、系统的科学研究阶段。我国交通工程学从无到有,已经在交通规划、交通设计、交通管理、交通监控、交通安全等领域取得了较大的发展,形成了一个独立的学科体系。

自 1979 年开始,按交通部的统一部署,各地公安部门在所有国道和主要省道上设置了交通调查站,构成了全国公路交通调查网,对分车型的交通量、车速、运量、起讫点等动态数据进行了长期观测调查,取得了大量的统计资料,基本上掌握了国家干线路网的交通负荷与运行状况,并定期汇编《全国交通量手册》,为公路规划、交通构成、交通量变化规律等分析提供了基础资料。2005 年年底,全国拥有国道交通量观测站点 4688 个,其中连续式观测站点 383 个,间隙式及其他观测站点 4305 个,观测里程 10.93 万 km,占国道总里程的 82.3%。大中城市也于 1982 年开始了居民出行调查、道路交通调查,掌握了大量的城市客、货运出行资料,这些资料给道路与交通的规划、设计、管理和领导部门的决策等提供了可靠的数据。

在进行交通工程基础理论研究和交通数据调查的同时,我国已开始将相关学科的新理论、新技术与交通工程理论和我国交通实际相结合,以发展和完善交通工程学。此外,近年来国际往来的增加,国外先进技术的引进,更促进了我国交通工程学科的发展,现在"交通工程学"已成为我国一门新兴的独立学科。

2.4.3　交通前沿技术与智能运输系统

(1)交通前沿技术

在当今世界科技革命和信息化发展的大趋势下,大数据、云计算、移动互联网等技术不断地涌现,智能交通行业得到飞速地发展。传统的交通技术和手段已经不适应交通行业发展的要求,"智慧交通"已成为交通行业未来发展的必然选择。

智慧交通是指在交通领域中充分运用物联网、云计算、人工智能、自动控制、移动互联网等先进技术,对交通管理、交通运输、公众出行以及交通建设管理等全方面、全过程进行参与和支持,使交通系统在区域、城市甚至更大的时空范围具备感知、互联、分析、预测、控制等能力。

在智慧交通的背景下,交通前沿技术包括感知与识别技术的应用、网络与通信技术的应用、云计算及大数据处理技术的应用、移动互联网技术的应用、人工智能技术的应用等。

①感知与识别技术

感知与识别技术是交通物联网的基础,用以实现交通信息的感知和识别,包括多种发展成熟度和差异性较大的技术,如无线射频识别(RFID)、条码、无线传感器网络(WSN)、雷达、摄像头、红外线等多种标识手段。其中,RFID已被公认为是物联网构建的基础和核心,并且在交通运输行业有着广泛的应用,如电子车牌系统、ETC不停车收费系统、城市智能公交系统、智能物流等。另外,自动驾驶技术的飞速发展也受益于感知与识别技术的进步,例如:自动驾驶汽车利用搭载的雷达设备(激光雷达、毫米波雷达或超声波雷达)来探测、感知并识别周围环境。

②网络与通信技术

网络与通信是交通物联网信息传递和服务支撑的基础设施平台,主要由Internet、3G/4G/5G移动通信网络、Wi-Fi/WiMAX等构成。随着宽带移动通信和专用短程通信技术的成熟和应用成本的下降,智能交通中的智能终端、车辆、基础设施之间能够实现低成本和高可靠度的互联,参与交通的车辆、人、设施成为宽带网中可以相互交换信息和相互作用的单元。其中,车联网是网络与通信技术在交通领域的典型应用之一。通过车联网技术,可以有效实现车与X(车、路、人、云等)的实时信息传输、信息交换与信息共享,从而进一步提高交通运输系统的效率与安全性能。

③云计算及大数据处理技术

针对交通运输行业数据信息量大、信息实时处理要求高、数据共享的高可用性以及高稳定性等需求,通过云计算技术搭建统一的数据处理平台,实现数据信息的共享与协同,并通过大数据挖掘技术实现对海量多源交通信息数据进行动态、实时处理。同时,交通云计算平台通过虚拟化技术,整合服务器、存储、网络等硬件资源,优化系统资源配置比例,为交通大数据处理提供弹性可扩展的处理平台。城市道路智能信号控制、智能导航系统、交通流实时诱导系统、交通实况视频监控系统、高速公路紧急事件响应系统等均会应用云计算及大数据处理技术。

④移动互联网技术

随着"互联网+"上升为国家战略,互联网将与交通行业深度渗透融合,对相关环节产生深刻变革,并将成为建设智慧交通的提升技术和重要思路。服务是交通运输的本质属性,随着移动互联网、智能移动终端大范围应用,信息服务向个性化、定制化、多样化方向发展。信息服务系统与交通要素的信息交互更加频繁,系统对用户的需求跟踪、识别更加及时准确,能够为用户提供交通出行或货物运输的全过程规划、实时导航和票务服务,基于位置的信息服务和主动推送式服务水平大大改善。网约车、定制公交、网上订票系统、公交移动支付等均是移动互联网在交通行业的成功应用。

⑤人工智能技术

人工智能(AI)涉及的领域包括机器人、语言识别、图像识别、专家系统等,它已经逐渐融入现代生活,而且也在交通领域得到了广泛研究和应用。在面对各类城市问题时,我们拥有布满天空的卫星、充分的气象信息、无处不在的摄像头、大量的无线通信终端、海量的移动通信数据,收集所有可能的与交通有关的数据,从而使大数据成为向人工智能技术发展的重要推手。无人驾驶汽车将是未来汽车演化的重要方向,而人工智能技术在其中又将扮演不可或缺的角色。人工智能系统能够实现语音识别、文字信息朗读、直接操作、手势变化、人眼动作识别和跟踪等功能,在无人驾驶汽车中相当于人的"大脑",能够为其环境感知、智能决策和控制执行模块提供可靠的技术支持。例如,通过采用深度学习算法能够迅速处理无人驾驶汽车实时收集的环境图像,准确识别出建筑、道路、车辆、行人等多种物体位置和运动状态。此外,增强显示、抬头显示、三维显示和接近头盔显示器的解决方案也将被用到智能汽车显示上,从而为驾驶员提供轻松、舒适及安全的驾驶环境。

(2)智能运输系统

智能运输系统(Intelligent Transportation System,ITS)目前尚无统一的定义。一方面是由于各国在研究智能运输系统时出发点不同,对其理解各异;另一方面是由于智能运输系统本身是一系列新兴的技术集成和服务形式,并且正处于快速发展的时期,其内涵和外延都处于不断发展和变化中。一般而言,可以认为智能运输系统是道路交通运输领域内各种现代高科技技术应用组成的一个系统。凡是应用现代高新科学技术手段,以改善道路交通运输状况、缓解各种交通问题为目的而规划、建设的系统,都属于智能运输系统。狭义的智能运输系统指交通运输系统的运营管理与生产组织的智能化;广义的智能运输系统是指整个交通运输系统的规划、设计和运营管理的智能化。

目前智能运输系统研发的范围包括先进的出行信息服务系统(Advanced Traveler Information Systems,ATIS)、先进的交通管理系统(Advanced Traffic Management Systems,ATMS)、先进的公共交通系统(Advanced Public Transportation Systems,APTS)、先进的车辆控制系统(Advanced Vehicle Control Systems,AVCS)、商用车运营系统(Commercial Vehicle Operation Systems,CVOS)、电子收费系统(Electronic Tool Collection,ETC)、紧急事件管理与救援系统(Emergency Management Systems,EMS)等。

①先进的出行信息服务系统

先进的出行信息服务系统是建立在完善的信息网络基础上的,利用交通信息采集设备以自动或人工方式获得各种交通信息,并通过传输设备传送到交通信息中心;交通信息中心得到这些信息后通过处理,实时向交通参与者提供道路交通信息、公共交通信息、换乘信息、停车信息、气象信息等;出行者可以根据这些信息确定自己的出行计划、方式和路径。

②先进的交通管理系统

先进的交通管理系统面向交通管理者,通过对交通运输系统中的交通状况、交通事故、天气状况、交通环境等进行实时的数据采集和分析,对交通进行管理和控制。

③先进的公共交通系统

先进的公共交通系统主要用来收集公共交通实时运行情况,实施公共交通优先通行措施,并通过向公共交通经营者与使用者提供基础数据或公共交通信息,提高经营管理效率与公共交通的利用率。

④先进的车辆控制系统

先进的车辆控制系统利用先进的传感、通信和自动控制技术,给驾驶人提供各种形式的驾驶安全保障措施。系统具有对障碍物的自动识别和报警,自动转向、保持行驶安全距离、自动避撞等功能,并且目前还在不断努力研发车辆全自动驾驶功能。

⑤商用车运营系统

商用车运营系统通过接收各种交通信息,对商用车辆进行合理调度,包括为驾驶人提供路况信息、道路构造物(桥梁、隧道)信息、限速、危险路段信息等,辅助驾驶人驾驶车辆;特别是对危险品运输车辆,提供全程跟踪监控、危险情况自动报警、自动救助等服务。

⑥电子收费系统

电子收费系统应用领域是针对现行交通收费中人工收费、现金收费等方式效率低下、容易出错、对车流干扰大等问题,而提出的利用先进电子信息技术,以非现金、非手工方式,自动完成与交通相关的收费交易工作。电子收费系统通过和安装在车辆上的电子卡或电子标签进行通信,实现计算机自动收取道路通行费、运输费和停车费等,以减少使用现金带来的时间延误,提高道路通行能力和效率,同时可利用该系统自动统计车辆数,作为交通数据的来源予以利用。

⑦紧急事件管理与救援系统

紧急事件管理与救援系统主要利用多种技术手段对突发交通事件进行管理和救援,包括处理预案的生成、救援车辆的调度、现场处理、现场交通调度及事后恢复等。

智能运输系统已成为世界各国解决交通问题的热门技术,是21世纪新的经济增长点。未来智能交通运输系统将围绕以下4个方面开展研发工作,即探测与识别技术——探知行驶在道路设施上的车辆位置和速度;通信技术——提供车辆与车辆间、车辆与道路间、道路与控制中心间以及车辆与管理部门间的信息交换;计算机技术——处理交通系统运行过程中的大量数据和通信信息;算法和模型——自动控制动态运输系统,具体来说主要有运用车路协同提升交通安全水平、运用信息技术提升交通管理水平、基于信息共享实现多种运输方式协同和效能提升。同时,未来智能交通运输系统将迅速发展,以进一步实现交通工程学科的基本目标,即安全、高效、经济、舒适和环保。我国交通运输部提出的"四个交通"(综合交通、智慧交通、绿色交通和平安交通)仍将在未来具有较为广阔的市场发展与应用空间,且将智能化、先进化的技术综合应用于综合交通、智慧交通、绿色交通和平安交通方向上将是未来交通发展的必然趋势。

复习思考题

(1)与交通有关的车辆特性包括哪些方面,这些特性在道路工程、桥梁工程、交通工程中的用途是什么?

(2)试述年平均日交通量、平均日交通量、高峰小时交通量、车辆里程数的定义,并举例说明这些交通量的用途。

(3)道路交通中常用的速度指标有哪些,它们在交通管理、交通规划设计、交通执法及交通出行中都有哪些用途?

(4)试述产生交通拥堵的原因以及缓解拥堵的方法。

(5)四阶段交通需求预测方法包括哪四个步骤,预测的最终目标是什么?

(6)试述道路通行能力的定义、影响因素及其用途。我国公路服务水平是如何分级的?

(7)城市道路网的结构形式有哪几种,各自的优缺点及适用条件是什么?公路网的主要形式有哪几种?

(8)交通工程的研究内容包括哪些方面,智能运输系统的狭义定义和广义定义分别是什么?

第 3 章
CHAPTER THREE

道路工程

道路工程是指道路建设与运营过程中所涉及的规划、勘测、设计、施工、养护、管理等的实体物及科学技术的统称。主要内容包括道路网规划、道路工程可行性研究、路线勘测设计、路基工程、路面工程、道路排水工程、桥涵工程、隧道工程、附属设施工程、养护工程和管理工程等。

3.1 道路的分类与分级

道路的作用是为机动车、非机动车、行人提供陆路通行服务,为其他交通方式提供接驳服务,促进并引领区域社会经济实现可持续的发展。由于路网中处于不同地位的道路,其设置的目的、功能和作用都有明显的区别,因此也就具有不同的技术属性和行政属性。

3.1.1 道路的分类

按照道路属性的不同,道路可分为公路、城市道路、厂矿道路、旅游道路、林区道路、乡村道路及其他道路等。

(1)公路

公路是指连接城市、城镇、乡村等,主要供汽车行驶的、具备一定技术条件和设施的道路,也是所占比例最大的道路。设置依据是公路工程技术标准。

(2)城市道路

建在城市区域内(包括市区和市郊),为机动车、非机动车、行人提供通行服务的、具有一定技术条件和设施的道路,称为城市道路。设置依据是城市道路工程技术标准。

(3)厂矿道路

建在大型工厂、矿山、港口码头等管辖范围内,为内部生产、生活提供运输服务的道路,称为厂矿道路。设置依据是相关的厂矿道路技术规范。

(4)旅游道路

建在旅游区内部的游览公路,一般由景区游览干线、景点游览支线和步行游览小道组成,以游览干线为主干,分别向各景点敷设游览支线和步行游览小道,像树枝状一样联系所有景点。设置依据是公路工程技术标准。

(5)林区道路

修建在林区,主要为林业生产和林区生活提供各种运输服务的道路,具有独特的行业特点。设置依据是相关的林区道路技术标准。

(6)乡村道路

建在乡村、农场,为了方便农业生产和农民生活,主要供行人及各种农业运输工具通行的道路,称为乡村道路。

(7)其他道路

在某些特殊地区或有特殊用途的道路,例如汽车试验道、汽车赛道、机场服务道路等。

3.1.2 公路行政等级

公路按行政等级可分为:国家公路、省级公路、县级公路和乡级公路(简称为国、省、县、乡道)以及专用公路,如图 3-1 所示。

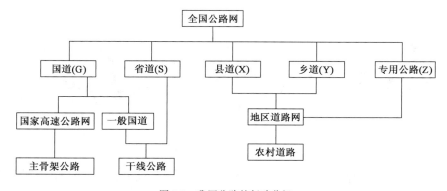

图 3-1 我国公路的行政分级

(1)国道是指具有全国性政治、经济、国防意义的国家主要干线公路,包括重要的国际公路、国防公路,联结首都与各省(自治区、直辖市)省会或首府的公路,及联结各大经济中心、生产基地、战略要地和交通枢纽的公路等。

(2)省道是指具有全省性(自治区、直辖市)政治、经济意义的,联结省内中心城市各主要经济区的干线公路,及不属于国道的省际重要公路等。

(3)县道是指具有全县性(县级市)政治、经济意义的,联结县城和县内主要乡镇、生产基地和集散地的公路,及不属于国道、省道的县际间公路等。

(4)乡道是指服务于乡镇的经济、文化与行政发展的公路,及不属于县道及以上公路的乡与乡之间、乡与乡外部联络的公路等。

(5)专用公路是指专供或主要供厂矿、林区、农场、油田、旅游区、军事要地等与外部联系的公路。

不同行政等级的道路,我国东部、中部、西部地区的投资渠道有较大的差别。以中部地区为例,国道中由国家出资的比例是高速公路约30%、一级公路约40%~50%、二级公路约60%~70%,省道、县道、乡道中由国家出资的比例约10%~20%,其余的资金则由地方政府财政收入出资。由于经济发达程度不同,新建公路的国家出资比例,东部地区会下浮20%~40%,西部地区会上浮20%~40%。交通运输部代表国家主要监测国道网路况及交通运行状况,各省、自治区、直辖市的交通运输厅及地方交通运输局除了负责监测辖区的国道、省道、县道、乡道的路况及交通运行状况外,还负责这些道路的养护和管理。我国公路网中各行政等级公路的里程分布情况见【资料1-3】。

3.1.3 公路技术等级

依据国家经济发展、远景交通量、公路网规划和交通功能等要求,我国公路分为干线公路、集散公路和地方公路三类。干线公路又细分为主要干线公路和次要干线公路,集散公路又细分为主要集散公路和次要集散公路,如图3-2所示。

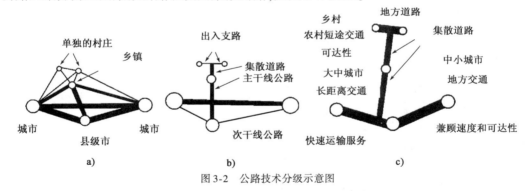

图3-2 公路技术分级示意图

我国将公路划分为高速公路、一级公路、二级公路、三级公路、四级公路五个等级。一般而言,主要干线公路应选用高速公路,次要干线公路应选用二级及二级以上公路,主要集散公路宜选用一、二级公路,次要集散公路宜选用二、三级公路,支线公路宜选用三、四级公路。

高速公路为专供汽车分方向、分车道行驶,全部控制出入的多车道公路,年平均日设计交通量宜在15000辆小客车以上。一级公路为专供汽车分方向、分车道行驶,可根据需要控制出入的多车道公路,年平均日设计交通量宜在15000辆小客车以上。二级公路为专供汽车行驶的双车道公路,年平均日设计交通量宜为5000~15000辆小客车。三级公路为专供汽车、非汽车交通混合行驶的双车道公路,年平均日设计交通量宜为2000~6000辆小客车。四级公路为专供汽车、非汽车交通混合行驶的双车道或单车道公路,年平均日设计交通量双车道的宜在2000辆小客车以下,单车道的宜在400辆小客车以下,示例如图3-3所示。

图3-3 各等级公路的工程示例

公路的技术等级不同,要求达到的服务水平不同,设计标准也有较大的区别。表3-1给出的各级公路的设计服务水平标准,表3-2给出的各级公路的设计速度标准等都反映了公路技术等级的差异。在国家公路网中,各技术等级的公路长度一般需要具有合理的比例关系,才能保证路网具有较高的服务水平、较大的覆盖率、较高的社会经济效益等。我国公路网中各技术等级公路的里程分布情况见【资料1-3】。

各级公路的设计服务水平 表3-1

公路等级	高速公路	一级公路	二级公路	三级公路	四级公路
服务水平	三级	三级	四级	四级	—

各级公路的设计速度 表3-2

公路等级	高速公路		一级公路		二级公路		三级公路		四级公路	
设计速度(km/h)	120	100	80	100	80	60	80	60	40	30	30	20

3.1.4 城市道路技术等级

根据道路在城市道路网中的地位、作用、交通功能以及对沿线建筑物的服务功能,目前我国将城市道路分为快速路、主干路、次干路及支路四个类型,如图 3-4 所示。每个类型又根据交通功能、交通量和控制条件分为Ⅰ、Ⅱ、Ⅲ三个等级。快速路、主干路组成城市道路的骨架网,次干路和支路则组成辅助性、疏散性的街区道路网。因此,快速路、主干路更重视道路的通行功能,次干路、支路则更重视道路的沿街近接功能,如图 3-5 所示。

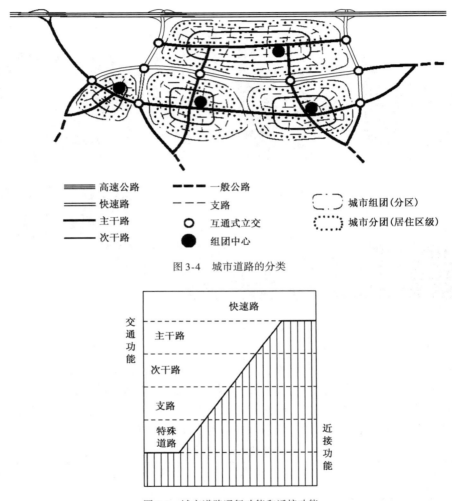

图 3-4 城市道路的分类

图 3-5 城市道路通行功能和近接功能

　　城市道路等级不同,其设计速度也会有一定的差别,道路通行能力也就不同。表 3-3 给出了城市道路不同等级的设计速度,表 3-4 给出了城市道路不同设计速度下的路段基本通行能力。由此可推算出城市快速路年平均日当量小客车交通量是双向四车道的为 40000~90000 辆、双向六车道的为 60000~13000 辆、双向八车道的为 80000~170000 辆。由于城市多种交通方式、道路交叉口等对交通流的干扰,每一条道路的车道数或有效车道差异较大,计算各等级道路的实际通行能力也是一个比较复杂的技术问题。

各等级城市道路的设计速度 表3-3

道路类型	快速路			主干路			次干路			支路		
道路等级	Ⅰ	Ⅱ	Ⅲ	Ⅰ	Ⅱ	Ⅲ	Ⅰ	Ⅱ	Ⅲ	Ⅰ	Ⅱ	Ⅲ
设计速度(km/h)	100	80	60	60	50	40	50	40	30	40	30	20

城市道路各设计速度下的基本通行能力 表3-4

设计速度(km/h)	100	80	60	50	40	30	20
基本通行能力(pcu/h 车道)	2200	2100	1800	1700	1650	1600	1400

3.2 道路几何线形

道路是一条三维空间的带状构造物,可通过空间地理坐标系来准确地描述道路空间几何形态。图3-6给出了道路的三维空间带状构造物形态示例。

图3-6 三维空间道路带状构造物示例

3.2.1 道路线形几何要素

道路几何线形设计就是按照一定的技术标准确定路线的空间位置。一般把它分解为路线平面设计、纵断面设计和横断面设计三个方面。图3-7给出了这三者的空间关系。随着新技术的不断涌现,现代道路路线设计已经开始由二维设计逐步向三维协调设计转变。

(1)道路平面线形是指道路中线在水平面上的投影形状,由直线、圆曲线、回旋线(即缓和曲线)三个基本要素按照某种规律组合而成。图3-8给出了道路平面线形三要素的关系,图3-9给出了平面线形的工程示例。

直线不宜过长,否则容易引起疲劳驾驶;也不宜过短,否则会影响行车的平顺性、舒适性和安全性。当设计速度大于或等于60km/h时,同向圆曲线间的最小直线长度不应小于设计速度的6倍;反向圆曲线间的最小直线长度不应小于设计速度的2倍。圆曲线半径最大值不应超过 10000m,最小值则应满足表 3-5 中的规定。回旋线是圆曲线与直线的过渡段,其设置长度应满足表 3-6 中最小长度的规定。对圆曲线规定最小半径,对回旋线规定最小长度,本质上都是为了保证行车的平顺性和安全性。

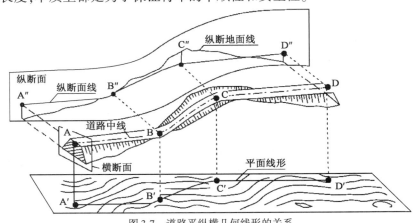

图 3-7 道路平纵横几何线形的关系

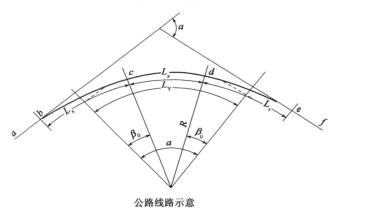

公路线路示意

ab、ef-直线段; bc、de-缓和曲线段; cd-圆曲线段; L_s-缓和曲线长度; L_Y-圆曲线长度; $β_0$-缓和曲线角

图 3-8 道路平面线形构成

a) 公路　　　　　　　　　　　b) 城市道路

图 3-9 道路平面线形示例

圆曲线的最小半径　　　　　　　　表 3-5

设计速度(km/h)		120	100	80	60	40	30	20
圆曲线最小半径(m)	一般值	1000	700	400	200	100	65	30
	极限值	650	400	250	125	60	30	15

注:"一般值"为正常情况下的采用值;"极限值"为条件受限时可采用的值。

回旋线的最小长度　　　　　　　　表 3-6

设计速度(km/h)	120	100	80	60	40	30	20
回旋线最小长度(m)	100	85	70	50	35	25	20

（2）道路纵断面是指沿道路中线处的竖向剖面。因自然因素影响和经济性要求,道路纵断面总是一条有起伏的空间线,将道路纵断面与平面结合起来,就能准确地定出道路中线的空间位置。

不同纵坡的转折处称为变坡点,为平顺过渡要设置竖曲线,按纵坡转折形式的不同,竖曲线有凸形、凹形之分。道路竖曲线的构成要素如图 3-10 所示,i 为坡度,上坡为"+",下坡为"-",ω 为变坡角,R 为竖曲线半径,图 3-11 给出了道路竖曲线的工程示例。

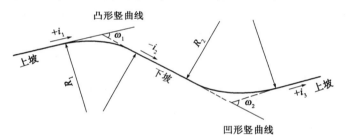

线路纵断面上、下坡及凹、凸形竖曲线示意

图 3-10　道路纵断面构成

道路的纵断面设计首先要根据表 3-7 中路基设计洪水频率要求确定路基的最低高程,其次是确定纵断面坡度、坡长和竖曲线半径。纵断面坡度应满足表 3-8 的最大坡度、表 3-9 的最小坡长和表 3-10 的最大坡长的规定。最大坡度、最大坡长都受限于车辆的爬坡能力和行驶稳定性,坡度越大,允许的最大坡长越小。竖曲线有凸形和凹形之分,其最小半径和长度也都有限制,见表 3-11。最小坡长、最小竖曲线半径、最小竖曲线长度都与行车舒适性、安全性有关,这几个值越小越容易引起行车发生超重或失重现象,也会影响行车安全性。

路基设计洪水频率　　　　　　　　表 3-7

公路等级	高速公路	一级公路	二级公路	三级公路	四级公路
设计洪水频率	1/100	1/100	1/50	1/25	视情况确定

a)凸形竖曲线　　　　　　　　　　b)凹形竖曲线

图 3-11　道路竖曲线的工程示例

最 大 纵 坡　　　　　　　　　　表 3-8

设计速度(km/h)	120	100	80	60	40	30	20
最大纵坡(%)	3	4	5	6	7	8	9

最 小 坡 长　　　　　　　　　　表 3-9

设计速度(km/h)	120	100	80	60	40	30	20
最小坡长(m)	300	250	200	150	120	100	60

不同纵坡的最大坡长　　　　　　　　表 3-10

设计速度(km/h)		120	100	80	60	40	30	20
纵坡坡度(%)	3	900	1000	1100	1200	—	—	—
	4	700	800	900	1000	1100	1100	1200
	5	—	600	700	800	900	900	1000
	6	—	—	500	600	700	700	800
	7	—	—	—	—	500	500	600
	8	—	—	—	—	300	300	400
	9	—	—	—	—	—	200	300

竖曲线半径与竖曲线长度　　　　　　表 3-11

设计速度(km/h)		120	100	80	60	40	30	20
凸曲线最小半径(m)	一般值	17000	10000	4500	2000	700	400	200
	极限值	11000	6500	3000	1400	450	250	100
凹曲线最小半径(m)	一般值	6000	4500	3000	1500	700	400	200
	极限值	4000	3000	2000	1000	450	250	100

续上表

设计速度(km/h)		120	100	80	60	40	30	20
竖曲线长度(m)	一般值	250	210	170	120	90	60	50
	极限值	100	85	70	50	35	25	20

注:"一般值"为正常情况下的采用值;"极限值"和"最小值"为条件受限时可采用的值。

(3)道路横断面是指道路中线上任意一点的法向切面,由横断面设计线和地面线组成,如图3-7中的AA′、BB′、CC′、DD′即为道路的横断面。公路与城市道路的横断面构成是有一定区别的。

公路横断面的主要组成有行车道(机动车道、非机动车道)、路肩(硬路肩、土路肩)、边沟、边坡、绿化带、分隔带、挡土墙等。公路横断面构成示例如图3-12所示。

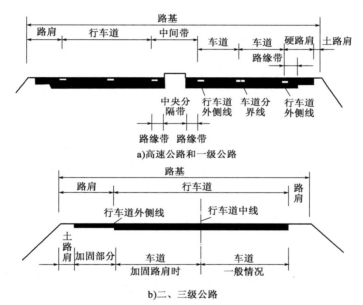

图3-12 公路横断面示意图

城市道路不仅是城市的交通线和生命线,也是城市街区的公共空间和防灾减灾通道,是城市水、电、气、通信等基础设施及绿化美化、休闲空间的共同载体。因此,城市道路横断面就要比公路考虑更多功能设施的空间布局问题。

城市道路横断面的组成有行车道(机动车道、非机动车道)、人行道、路缘石、绿化带、分隔带等,如图3-13所示。

(1)车行道。包括供汽车、电车、摩托车等行驶的机动车道和供自行车、三轮车、平板车、兽力车等行驶的非机动车道。

(2)人行道。专供行人步行交通的通行带。

(3)绿化带。布置在道路中央或道路两侧种植树木花草的地带,具有卫生、防护和美化的作用。

道路桥梁与渡河工程专业导论

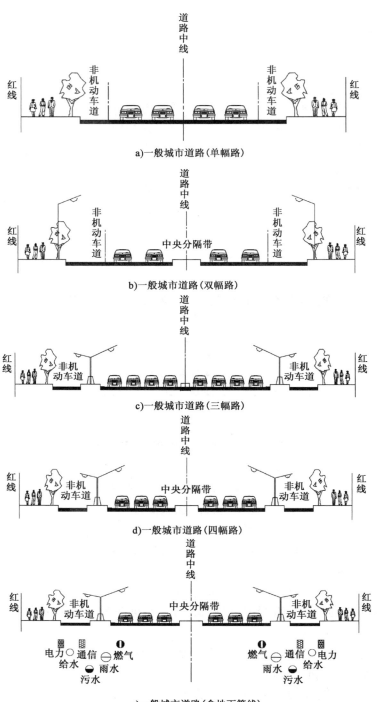

a) 一般城市道路(单幅路)

b) 一般城市道路(双幅路)

c) 一般城市道路(三幅路)

d) 一般城市道路(四幅路)

e) 一般城市道路(含地下管线)

图 3-13

(4)排水系统。用以排除地面水的街沟、边沟、排水管、雨水口等。

(5)公共停车场和公共汽车停靠站。

(6)交叉口和广场。供车辆和行人集散以及改变交通方式或方向的场所。

(7)地上设施。包括照明灯柱、架空电线杆、给水栓、邮筒、清洁箱、接线柱等。

(8)地下管线。包括电缆、煤气管、暖气管、给水管、污水管等。

(9)交通工程设施。包括交通信号灯、各种交通标志标线以及安全岛、护栏、隔离墩等。

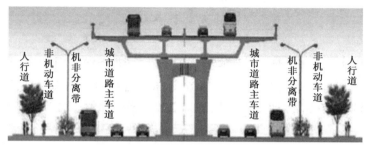

f)城市高架快速路

图 3-13　城市道路横断面示意图

3.2.2　道路线形与行车安全

道路线形最终是以平面线形、纵断面线形和横断面形式组合而成的立体线形映入驾驶员眼帘的。驾驶员在驾驶车辆过程中所选定的实际行驶速度,是由他对三维立体线形的判断做出的。道路的立体线形除必须满足车辆动力性能的最小值外,还应满足驾驶员视觉、心理等方面的连续性、舒适性的要求。因此,道路线形好坏将直接影响道路的交通安全水平。

通过分析大量交通事故发现,道路线形几何要素的不合理以及各种不良的线形组合,均可能导致交通事故的发生。最容易发生交通事故的有以下几个方面:

(1)平曲线半径。汽车在平曲线上行驶时,所承受的离心力与平曲线半径成反比,即平曲线半径越小,产生的离心力越大,越容易发生滑移、横向翻车事故等。有统计表明:10%以上的交通事故发生在平曲线上,特别是平曲线、陡坡和路面滑溜等不利工况叠加时,发生在弯道上的事故要比直线上多。图 3-14 给出了交通事故次数与平曲线半径之间的统计关系,当曲线半径 $R \leq 400$m 时,交通事故数随着半径减小急剧增加。

(2)纵断面坡度。统计分析表明,当纵坡度大于 4% 时,事故率将急剧增加,如图 3-15 所示。一般情况下,下坡行驶的交通事故数量要比上坡行驶的数量多出 1~2 倍。在平原地区、丘陵地区和山区道路上,发生于坡道部分的交通事故分别占 17%、18% 和 25%,下坡和上坡行驶事故比例分别为 64% 和 36%,下坡行驶发生事故的主要原因是司机熄火滑行导致紧急情况下来不及采取应对措施,及下坡频繁制动导致的制动力衰减或制动失灵等。

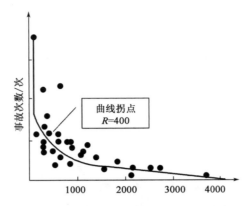

图 3-14　交通事故次数与平曲线半径 R 的统计关系

（3）横断面车道数。总体来说，行车安全性随车道数的增加而提高，即车道数越多，行车越安全，如图 3-16 所示。因此，道路的车道数和横断面形式对行车安全非常重要。

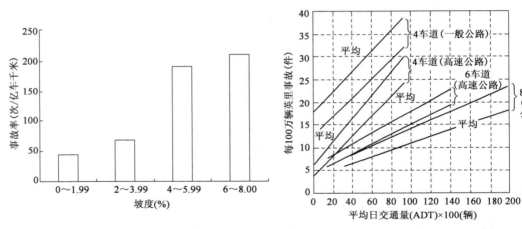

图 3-15　交通事故次数与坡度关系的统计图　　图 3-16　交通事故次数与车道数量关系的统计图

（4）长直线段。过长的直线段容易使驾驶员因景观单调而产生疲劳，注意力不集中，反应迟缓，一旦有突发现象出现，就会因措手不及而发生交通事故。另外，驾驶员在长直线段容易不自觉地加速行驶，致使车辆进入直线路段末段后的曲线部分速度仍然较高，若遇到弯道超高不足，往往容易导致倾覆或其他类型的交通事故。

（5）竖曲线半径。道路的凸形竖曲线半径过小时，会影响到驾驶员的视距，使其视野变小，导致驾驶员不易发现前方情况，容易发生碰撞事故。凸形竖曲线上的视距越短，则交通事故也越频繁。

（6）线形组合。行车安全性的大小与不同线形之间的组合是否协调有着密切的关系，下列不良的线形组合往往是导致交通事故发生的重要原因：

①线形的骤变，如长直线的末端设置急转弯曲线，尤其是长下坡（大于 1km）接小半径曲线是有危险倾向的设计，容易造成车辆在不自觉的高速情况下驶入平曲线，导致事故

隐患大为增加。

②在连续的高填方路段,如果没有良好的视线引导,驾驶员容易使车辆偏离车道中心线,可能冲出路面,酿成车祸。

③介于两个圆曲线之间的短直线,会形成断背曲线,容易使驾驶员产生错觉,把线形看成反向曲线,从而发生操作错误,甚至酿成车祸。

④在直线路段的凹形纵断面上,驾驶员在下坡时直接看到对面的上坡段,容易产生错觉,把上坡的坡度看得比实际的坡度要大。一方面,驾驶员有可能加速以便冲上对面的上坡路段;另一方面,在下坡路段看着上坡路段行驶,驾驶员觉察不出自己是在下坡,因而有可能发生交通事故。

⑤在凸形竖曲线与凹形竖曲线的顶部或底部插入急转弯的平曲线,前者因为没有视线引导而必须急打方向盘;后者因下坡高速行驶容易超出平曲线的设计速度而要急打方向盘,这些都是极易引发交通事故的。

3.2.3 道路选线与定线

由于城市道路建设要服从土地规划、城市规划及交通规划的布局,客观上不存在自主选线的问题。这与公路路线的确定方式具有明显的不同。

公路是在自然景观中嵌入大型的人工廊道而成的长距离、大规模的带状人工构造物,对所经过的自然资源和生态环境必然会造成不同程度的影响甚至破坏。所以,公路路线的选定一般要经历由面到带、由带到线、由轮廓到具体的反复优化论证过程,也要经历地质选线、环境选线、技术经济选线三个层次。

(1)全面布局。在路线起讫点及必须通过的中间点寻找可能通行的"路线带",将确定控制点连接起来即形成路线的基本走向。

(2)逐段安排。在路线基本走向已经确定的基础上,进一步加密控制点,确定路线的局部走向。即在主要控制点间,结合地形、地质、水文、气候等条件,逐段定出局部控制点。

(3)具体定线。在逐段安排的局部控制点间,综合考虑平、纵、横三方面控制因素,反复调整并最终具体定出路线的空间位置。

【示例3-1】 鹤大高速公路吉林段的路线方案

鹤大高速公路是国家高速公路规划网中南北纵线中的第一纵线,是我国东部边境国防建设的重要通道。由于路线处于季节性冻土区,且要穿越长白山生态敏感区、湿地保护区、植物保护区等生态环保区域,在路线的规划、设计、施工和运营期间就注重落实"绿色公路"设计理念。

(1)环保选线。长白山是吉林省乃至东北区的水系发源地。为保护水资源,在路线方案设计时采取"绕"的方式,选择了在哈尼河国家自然保护区、抚松县水源保护区、雁鸣湖国家自然保护区等外围通过的路线方案。对实在绕不开的通化市水源保护区、靖宇省级自然保护区、三湖国家自然保护区等,采取"穿"的方式,避开其核心区而选择在其缓冲区通过的路线方案,如图 3-17 所示。

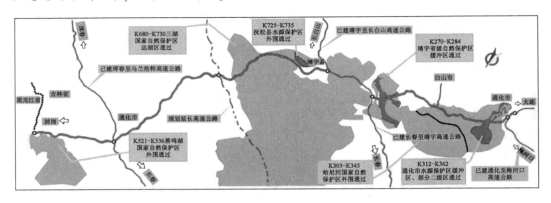

图 3-17　鹤大高速吉林段选线避让生态环境保护区方案(设计桩号断链)

(2)保护自然景观。鹤大高速公路沿线地形复杂,为保护长白山自然资源和自然环境,最大限度地减少公路建设过程中对水系、原生植被及湿地的破坏、节约占地、保护区域生态平衡,路线方案设计时在 K610~K625 区段选择随山就势的方式,既减少了对自然环境的破坏,少占了农田,又使路线走向与自然地形协调一致,如图 3-18 所示。在小沟岭和马当区段,选择以短隧道替代深路堑或绕越段等方式,既避免了对山体的破坏,又改善了路线设计指标,实现了降低运营成本、节能减排和保护生态的多重目标,如图 3-19 所示。

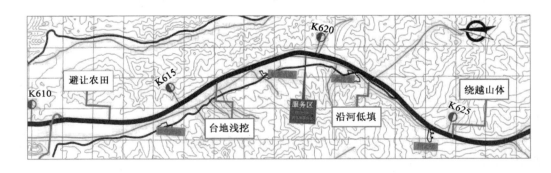

图 3-18　鹤大高速吉林段选线局部方案示例

(3)景观协调。鹤大高速公路吉林段长白山地区保存有欧亚大陆北半部十分完整的森林生态系统。在选线方案设计时,结合沿线自然景观特色开展了高速公路沿线景观与自然景观的协调设计,对松花江三湖保护区、山谷溪流景观特色区、水源地景观特色区、城镇景观特色区、田园景观特色区、雁鸣湖景观特色区等进行了分区段的景观设计,实现了沿线景观更加和谐自然的设计目标,如图 3-20 所示。

同时,在鹤大高速吉林段建设过程中,开展了长白山区湿地路基水系连通技术、废旧材料的循环利用技术、温拌阻燃技术、照明节能及智慧控制技术、绿色建筑保温技术,湿地营造、景观恢复、动植物保护、污水回用、桥面径流处置等技术的推广应用,提升了工程品质,实现了生态环境保护与公路建设的协调。2018年,该项目的技术成果获得了国家科技进步二等奖。

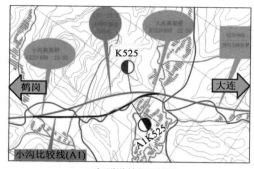

a)短隧道替代深挖段　　　　　　　b)短隧道替代绕越段

图3-19 鹤大高速吉林段局部路线比较方案

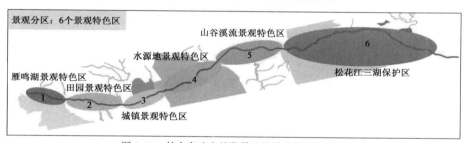

图3-20 鹤大高速吉林段景观设计路段划分示例

3.3 道路交叉

道路交叉口是公路网和城市道路网的重要组成部分,车辆一般只在交叉处才改变其行驶方向,完成转向功能,道路交叉的存在完善了道路网的交通功能,增加了路网的活力,使道路网成为一个有机整体。按照相交道路的空间位置不同,道路交叉可分为平面交叉和立体交叉两种基本类型。

3.3.1 道路平面交叉

平面交叉是指道路与道路在同一平面内的交叉,一般分为十字形、T形、Y形、X形、错位和环形等交叉形式。平面交叉根据相交道路的等级、相对功能地位及交通量等的不同可采用无优先交叉、主路优先及信号交叉三种不同形式的交通管理方式。由于进出交汇处的车辆之间存在相互干扰,形成许多冲突点、分流点和合流点(见示例3-2),平面交叉容易造成交通拥挤、增加行车延误并易发生交通事故。因此,当道路等级较高且交通流量较大的道路交叉时应修建立体交叉。

【示例3-2】 平面交叉口中的交通特征点

平面交叉口中的交通特征点包括分流点、合流点和冲突点,如图3-21所示。其中,直行车与直行车之间、直行车与左转车之间以及左转车与左转车之间形成的冲突点对交通干扰最大。冲突点数量 N 与相交道路条数 n 的关系为 $N = n^2 \times (n-1) \times (n-2)/6$,当平面交叉为3路交叉时(即 $n=3$),此时冲突点数量 N 为3个;当平面交叉为4路交叉时,冲突点数量为16个;当相交道路条数为5条时,冲突点数量达到了50个。显然,随着相交道路条数的增加,冲突点数量迅速增加,这也是为什么要尽可能采用3路交叉、4路交叉而避免设置多路交叉的原因所在。降低冲突点交通影响的主要方法是"时空分离",即"时间分离"和"空间分离","时间分离"的主要措施是通过交警指挥交通或通过信号控制将冲突的车流在不同时间驶过冲突点;而"空间分离"是指通过设置立体交叉将冲突的车流在空间上分开。

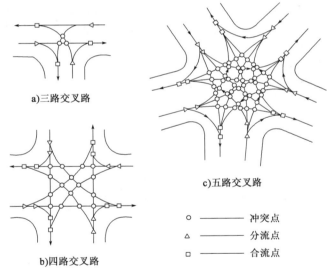

图3-21 道路平面交叉口中的交通特征点

3.3.2 道路立体交叉

立体交叉是指相交道路建在不同的高程上,不同流向的车辆可以全部或部分进行转向过渡的交叉形式,它有效克服了平面交叉所普遍存在的道路通行能力不足、车辆需周期性停车等待、行车安全性较差等问题。当然,立体交叉也存在着造价高、占地多等突出问题。因此,也只能在城市快速路、城市间高速公路以及等级较高且交通量较大的道路交叉处建设立体交叉。立体交叉能使行车速度和通行能力大大提高,使行车安全得到更好的保障。

立体交叉可分为分离式立体交叉和互通式立体交叉两种,一般场景下所说的立体交叉均指互通式立体交叉。互通式立体交叉按照其交通流线之间的位置关系不同,可分为完全互通型立体交叉、交织型立体交叉和不完全互通型立体交叉(即立体交叉中存在平面冲突区);按照平面几何形状的不同,可分为苜蓿叶式立体交叉、喇叭型立体交叉、环形立体交叉、菱形立体交叉等;按照左转弯匝道布置形式的不同,可分为非定向式立体交叉、定向式立体交叉和半定向式立体交叉;按照服务对象的不同,又可分为公路立体交叉、城市道路立体交叉等。立体交叉一般由正线、跨越构造物、匝道、变速车道、出(入)口以及斜带组成。匝道是立体交叉中不同流向的车辆进行驶向过渡的道路设施,是立体交叉的重要组成部分。基本的立体交叉形式及组成如图 3-22、图 3-23 所示。

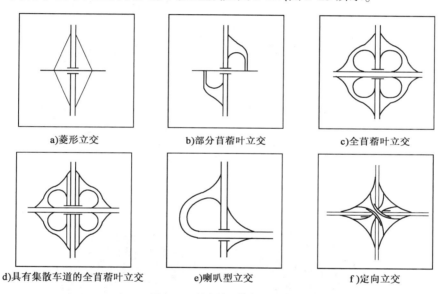

图 3-22 基本的立体交叉形式

城市立交不仅涉及城市道路系统的现状和发展,还需要考虑城市交通系统所起的核心疏散作用,更应该突出时间和空间方面的功能和特性,为连续交通创造最佳的时空条件。在一些山地城市,由于受地形条件及用地限制,城市立交建设难度极大,不得不在有限的空间内采用复杂的立交形式。

【示例3-3】 重庆市立体交叉示例

重庆是山城,所有的道路交通设施都依山势修建,错综复杂的道路立交桥系统,如同这个城市输送车流的血管一样,描画着这座城市的绚烂,展示着这座城市独一无二的秉性,所以重庆也有"立交桥展览馆"之称。由于重庆市的独特地貌,重庆立交桥设计无时不考验着设计师们的想象力。

八字形立交桥——杨公桥立交就是一个典型复杂立交的代表,如图3-24所示。杨公桥立交于1999年竣工通车，是一座五路交叉的特大型全定向互通式立交，连接着重庆的主要高校、商业区和西永工业区，处于连接多条高速的内环高速的节点上，在很大程度上承担着各区经济发展的纽带作用。由于是五路交叉，并且交叉平面线形并不规则，因此杨公桥立交合理选择了匝道曲线，匝道构成了"8"字形匝道。立交桥由上层匝道桥(6 座)、中层匝道桥(5 座)、跨线桥(1 座)、利用改造旧桥(1 座)、人行桥(1 座)和10 个人行通道构成。

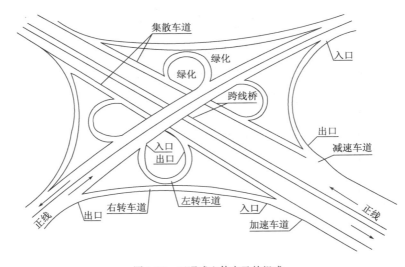

图 3-23　互通式立体交叉的组成

图 3-24　重庆市杨公桥立交

重庆市鹅公岩立交桥的外观设计非常漂亮，在夜幕下似跳动的音符，桥上的灯光与桥下的公园相互映衬，被誉为"重庆主城最美立交桥"，如图 3-25 所示。鹅公岩立交的地形十分复杂,北面地形较低,南面地形较高,东侧临江,西侧靠近鹅公岩大桥西桥头广场。该立交最终采用了双喇叭型组合立交的紧凑形式,由西引道的4个左转和4个右转通过8条定向匝道相连。鹅公岩立交匝道围合区域形成了一个斜坡状空间,以西侧崖壁的洞室以及崖壁下的围合空间为中心,以现有自然山体及崖壁为背景,充分利用历史文化遗存,充分利用桥下空间,配置了较好的绿化以及完善的人行设施,打造了重庆独特的山城休闲空间。

图3-25 重庆鹅公岩立交桥

重庆市黄桷湾立交桥由上下5层,15条匝道和30个出口构成,因此被称为"重庆主城区最复杂的立交桥"。第一层(地面)是弹子石至广阳岛道路,第2层是大佛寺大桥与茶园方向的快速干道,第3层分布着各个方向的匝道,第4层是机场专用高速匝道,第5层是连接朝天门大桥与慈母山隧道的快速干道。由于出口和方向众多,也被称之为开导航都要迷路的立交桥,如图3-26所示。

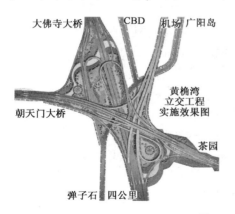 

图3-26 重庆市黄桷湾立交桥

3.4 道路工程构造物

3.4.1 构造物类别

道路是一条三维空间的带状工程结构,涵盖了路基、路面、桥梁、隧道、涵洞、排水系统、防护工程、特殊构造物、沿线设施、交通服务设施等构造物,也统称为道路基础设施。每种构造物虽然都有其特殊性,但共同点是都涉及了工程结构、工程材料和使用功能问题。道路基础设施全寿命周期可划分为规划、设计、施工、养护运营、大修、改建等多个阶段,如图3-27所示。

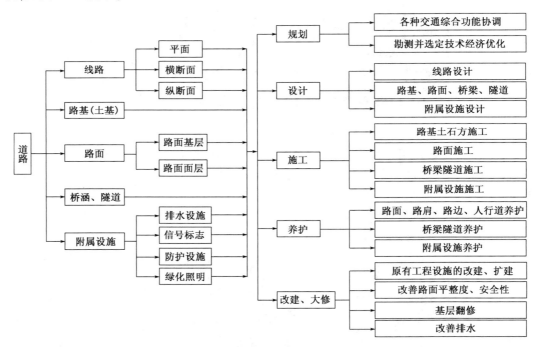

图3-27 道路工程构造物及技术内容图示

(1)路基。路基是指沿着路线位置修筑的带状空间构造物,是在天然地表面依据道路线形(位置)和横断面(几何尺寸)的技术要求,按照一定工艺开挖或堆填而成的岩土构造物。

(2)路面。路面是指在路基顶面,按照一定的技术和工艺要求,用各种混合料铺筑而成的层状构造物。

(3)桥涵。桥涵是桥梁和涵洞的统称,是道路跨越河流、沟谷和其他障碍物时所使用的构造物。大型桥梁是道路工程的控制性节点工程。

(4)隧道。隧道是在地层内开挖或打造的工程构造物,是人类利用地下空间开辟通路、缩短通路里程的一种技术手段,是道路工程的控制性节点工程。隧道可分为交通隧道、水工隧道、市政隧道、矿山隧道。

(5)道路排水系统。道路排水系统是由一系列拦截、疏干或排除危及道路稳定性的地表水和地下水的排水设施,结合沿线水文地质条件,按照系统性规划原则建成的完整、畅通的排水体系。

(6)道路防护工程。道路防护工程是为防止降水或水流侵蚀、冲刷及温度、湿度、风化作用造成的路基及其边坡失稳而修建的保护性构造物。

(7)道路沿线设施。道路沿线设施是为保障道路运营安全,有效实施道路交通管理、服务、环保等设置的辅助性功能设施。

3.4.2 道路路基及其破坏形态

3.4.2.1 路基类型

路基是道路承受荷载的主体,其质量的好坏,将直接影响道路的使用寿命和使用品质。路基按照横断面的形式,一般可分为三种类型:

(1)路堤。全部用岩土填筑而成的路基形式,按填土高度可划分为矮路堤、一般路堤和高路堤三类,如图3-28所示。

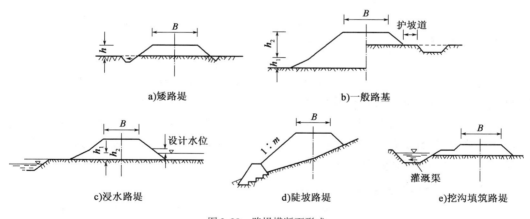

图3-28 路堤横断面形式
B-路基宽度;h-填土高度

(2)路堑。全部在天然地面开挖而成的路基形式,按开挖形式一般划分为全挖式路基、台口式路基和半山洞路基三类,如图3-29所示。

(3)半填半挖式。半填半挖式是指一侧开挖、另一侧填筑的路基形式,可分为多种工况类型,如图3-30所示。

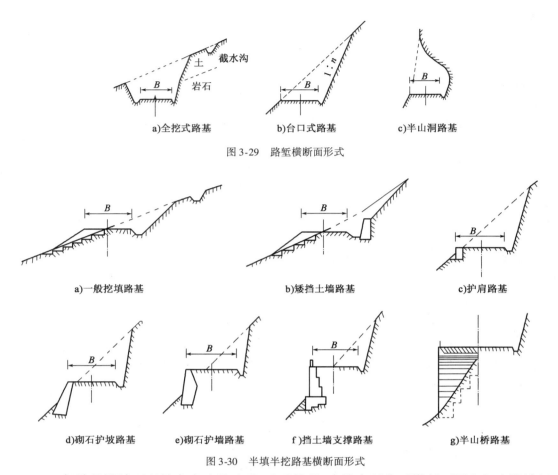

图 3-29 路堑横断面形式

图 3-30 半填半挖路基横断面形式

一般路基设计可以结合当地的地形、地质情况,直接参照典型横断面图和相应设计规范的规定,不必进行特殊设计和稳定性验算。

对于工程地质特殊路段和高度/深度超过规范规定的路基,应进行特殊设计和稳定性验算,包括路基基身设计、路基排水设计、坡面防护与加固设计、附属设施的设计、专项工程设计(边坡稳定性/软基处理)等。

3.4.2.2 路基的主要破坏形态

路基是路面的基础,除了承受本身土体自重和路面结构的重量之外,还承受有路面传递下来的行车荷载作用。因此,路基须保持长期的稳定性,防止产生病害。随着路基服役时间的增加,大气降水、地下水位、温差变化等都会引起路基湿度状况的变化,引起路基承载能力和水温稳定性的衰减。此外,设计不合理、施工质量不佳或其他偶发因素也都会引发各种各样的路基破坏形态,如路基沉陷、滑坡、塌方、泥石流、水毁、冻胀、翻浆、雪崩、雪阻、涎流冰等,直接影响车辆行驶的稳定性、舒适性和安全性,严重的病害会使路面结构丧失通行功能,造成交通中断。图 3-31 给出了滑坡、坍塌、泥石流、融沉、雪阻、沙埋等路基病害的工程示例。

a)滑坡　　　　　　　　　　b)坍塌

c)泥石流　　　　　　　　　d)融沉

e)雪阻　　　　　　　　　　f)沙埋

图 3-31　路基病害的工程示例

3.4.2.3　特殊路基处置案例

道路所经过的区域是一个狭长地带,会遇到一些如多年冻土、淤泥软土、沙漠、湿陷性黄土、沼泽地、盐碱土、膨胀土等特殊的水文地质条件路段,需要对路基采取特殊的处理措施。

【示例3-4】　多年冻土地区特殊路基的处置措施

凡是温度等于或低于零摄氏度、且含有冰的土(石)统称为冻土,这种状态保持三年或三年以上者,称为多年冻土。我国多年冻土分为高纬度和高海拔多年冻土。高纬度多年冻土主要集中分布在我国东北的大小兴安岭地区,高海拔多年冻土分布在青藏高原、阿尔泰山、天山、祁连山、横断山、喜马拉雅山等地区。

青藏公路路基的多年冻土处理是世界性难题。历经50年建设和长达30多年的连续跟踪观测,在保护多年冻土方面积累了丰富的经验,验证了一些比较成熟的技术方案。图3-32采用块石路基和块石、碎石护坡路堤的技术措施,主要是利用块石、碎石孔隙较大的特点,使之在夏季产生热屏蔽作用,阻止热量进入多年冻土地基,冬季产生空气对流,加强多年冻土地基与大气的热交换过程,以此保护多年冻土地基的温度场不发生改变或只发生较少改变,从而起到了保护多年冻土状态稳定的作用。

 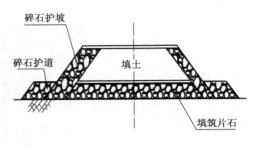

图3-32 青藏公路路基稳定技术措施

图3-33采取在路基路肩两侧埋设高效导热的热棒、热桩的技术措施,也是通过加强热交换来保护多年冻土地基温度场不变化或较少变化的有效途径。其原理是热棒内部的不冻液,在冻土层内因吸收热量而汽化后,自然上升到热棒露出地表的顶端,并将热量与大气进行热交换后冷凝成液体,沿着热棒壁自然流回到冻土层内热棒底部,将冷量传导给冻土。如此周而复始地形成了热交换循环,有效地保护多年冻土地基温度场不变化或较少变化,达到了防止冻土融化的目的。

 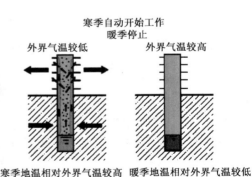

图3-33 青藏公路的热棒稳定技术

图3-34采取了在路基中铺设通风管的技术措施,在通风管的一端设计、安装了自动温控风门,当温度较高时风门会自动关闭,当温度较低时风门会自动打开。即夏季避免热

量进入通风管,防止路基土体温度升高,冬季让冷风自由进入通风管,可以进一步降低路基土体的温度,从而有效地保护多年冻土地基温度场不变化或较少变化,达到了保护多年冻土状态不变的目的。

图 3-34 青藏公路的通风管路基稳定技术

3.4.3 道路路面及其破坏形态

路面结构是为实现安全、舒适、快捷的通行服务而修建的,直接承受着交通荷载和环境荷载的共同作用。路面结构应具有足够的承载力、耐久性,路面表面还应具有较好的平整性、较高的安全性(抗滑)、较快的排水速度、较小的噪声及防眩、美观等功能。

3.4.3.1 路面结构与类型

路面是由多层种材料铺筑而成的多层结构,主要有面层、基层、底基层和垫层等组成,如图 3-35 所示。按面层材料特点路面可分为沥青路面、水泥混凝土路面、砂石路面、块石路面等,如图 3-36 所示;按路面结构力学特性可分为刚性路面、柔性路面、半刚性路面等。目前我国高速、一级公路中约 90% 的采用了沥青路面(柔性路面),约 10% 的采用了水泥混凝土路面(刚性路面),低等级公路中采用水泥路面的占大多数。沥青路面的优点是平整度好、行车舒适性高、噪音小、易养护维修,缺点是耐久性差、易产生车辙;水泥路面的优点是承载力强、耐久性好,缺点是平整度差、噪音大、不易维修。

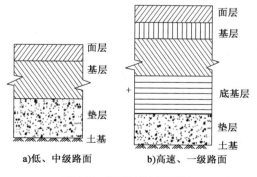

图 3-35 路面结构层示意图

a) 沥青路面（黑色路面、柔性路面）

b) 水泥混凝土路面（白色路面、刚性路面）

c) 砂石路面　　　　　　　　　　　　d) 块石路面

图 3-36　路面类型

路面结构之所以是由多层组成的，主要原因有三个。一是为了降低造价。由于路面结构的造价十分昂贵，往往会超过道路工程总费用的 30%，如何节省造价就变得尤为重要。根据路面结构的受力特点，即路面表面承受荷载应力最大、路表以下各层的荷载应力逐渐变小的特点，在满足受力要求的前提下，对各层材料的技术要求也采取了逐层降低的策略，使得各层材料更容易获得，价格也更便宜。二是便于修建。对路面结构各层最基本的技术要求就是密实，采取分层修建可以保证各层达到规定的密实度，从而保证路面达到所要求的建设质量。三是路面结构各层在功能上各有分工，即面层是表面功能层，要求材料性能耐久、稳定、抗滑、抗疲劳，水泥路面混凝土面层还要求承重能力强；基层是主要承重层或支撑层，要求材料性能整体性好、强度和刚度高、抗疲劳；垫层是水温调节和受力过渡层，要求材料性能不易受水温变化的影响；土基是基础层，要求材料性能稳定、不易受水温变化的影响。

3.4.3.2 路面的破坏形态

无论是水泥混凝土路面还是沥青路面,在通车使用一段时间之后,都会陆续出现各种损坏、变形及其他缺陷,统称为路面的破坏或病害。

(1)沥青路面的破坏形态

从路面表面上看,沥青路面破坏时产生各式各样的裂缝,如横向或纵向裂缝、块状裂缝和网状裂缝(龟裂)等,也有各种类型的变形,如沉陷、车辙、搓板、推移和拥起等,有时可能还有露骨、松散、剥落、坑槽和泛油等破坏的出现,典型破坏形态如图 3-37 所示。

a)路面沉陷　　　　　　　　　　b)路面车辙

c)路面裂缝(块状和网状裂缝)

d)松散与坑槽

图 3-37　沥青路面的破坏形态

(2) 水泥混凝土路面的破坏形态

水泥混凝土路面破坏或病害包括：裂缝类（纵向、横向和斜向裂缝、破碎板或交叉裂缝等）；变形类（错台、沉陷、唧泥、隆起、拱起等）；接缝类（接缝处开裂、断裂或破碎）；松散类（剥落、坑洞、麻面、裂纹）和修补损坏五大类，如图3-38所示。

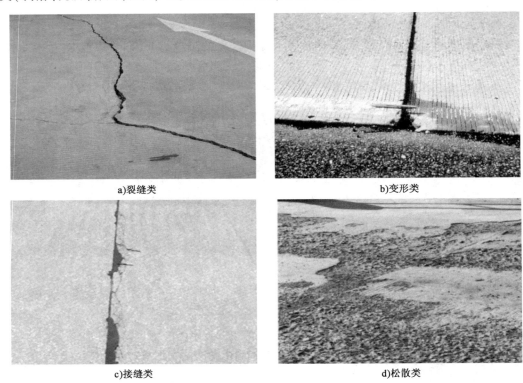

图 3-38 水泥混凝土路面的破坏形态

由于路面结构和材料类型的不同,在重复荷载和自然环境（温度、湿度、降雨、冰冻等）作用下,路面表现出各种各样的破坏或病害形式,究其原因都与路面结构与材料特征密切相关。对于沥青路面,其横向裂缝主要与材料低温收缩开裂有关,纵向裂缝主要是与路基处理质量差有关,网裂和龟裂主要与荷载疲劳有关,车辙主要与沥青混合料高温性能较差有关。对于水泥混凝土路面,其裂缝主要与温度作用及车辆荷载疲劳有关,边角断裂、错台主要是由于雨水通过工作缝进入混凝土板底,在荷载重复作用下出现的唧泥脱空后导致混凝土板受力断裂或出现较大的沉降。

3.4.4 路基路面结构的稳定性

路基路面是道路工程构造物的重要组成部分。由于长期裸露在大气中,其稳定性与所在位置的自然条件密切相关。因此,道路工程从规划-设计-建设-运营的全寿命周期都需要解决自然因素对路基路面稳定性的不利影响。

（1）地理条件：平原微丘区、山岭重丘区、重山区等道路沿线的地形、地貌、地物都会有较大的差别，导致路线起伏变化不同，直接影响了路基的填挖高度变化，从而影响路基路面的整体稳定性。

（2）地质条件：沿线的不良地质条件，如地层中风化岩层、软弱夹层、地质断层、地质破碎带、岩溶或溶洞、泥石流、滑坡、地震带等，都对道路的走向、畅通、路基路面稳定性具有不利的影响。

（3）气候条件：高温会导致路面出现高温变形和膨胀，低温会导致路基路面低温开裂、冻融破坏；降水（雪）量过大会导致路基发生冲刷、水毁或雪阻；湿度过大会降低路基的承载能力，导致路基路面出现过量的变形；风向风速可能引发道路风蚀、沙埋、雪阻等病害。

（4）水文条件：地表水、河流洪水位、常水位、河岸淤泥、沼泽地等都会影响路基路面的稳定性。

（5）特殊地区：在我国的一些特殊地区，如沙漠地区、岛状冻土、多年冻土、膨胀土地区、湿陷性黄土地区等，所存在的特殊水文地质条件，对道路工程稳定性和耐久性都会产生重大的不利影响，需要采取针对性技术措施加以应对。

3.4.5 路基路面结构的设计荷载

车辆荷载既是道路的服务对象，又是造成道路结构损伤的主要原因，与路基路面的使用寿命是密切相关的。

道路上通行的汽车车辆根据轴数和车辆牵引方式分为以下几类，如图3-39所示。

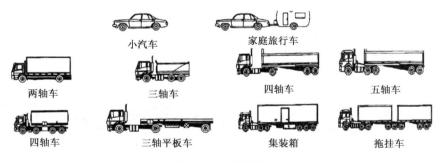

图3-39 车辆分类图

由于车辆是不断移动着的、具有振动和冲击影响的动荷载，同时车辆种类、轴型、载重、行驶时间的不同，使得车辆荷载具有多样性、随机性、时段性和重复性，因此车辆荷载对道路结构的作用是非常复杂的。首先，由于车辆自身的振动和路面的不平整的激励，车轮实际上是以一定的频率和振幅在路面上跳动的，作用在路面上的轮载时而大于静态轮载，时而小于静态轮载；其次，行驶中车辆除了施加给路面垂直力以外，还会给路面施加水平力；此外，车辆以不同的速度通过时，对路面的动力作用还具有瞬时性特征。

车辆荷载对道路结构作用的重复性特征也是非常复杂的。路面结构自通车起就要承受不同车辆荷载长年累月的重复作用,在寿命周期内可达到数百万次、数千万次甚至数亿次。路面结构承受一次荷载作用和承受多次重复荷载作用的效果并不一样。在重复荷载作用下,对于弹性材料,最终表现为材料疲劳破坏;对于弹塑性材料,最终表现为塑性破坏和疲劳破坏;对于黏弹性材料,与温度发生耦合作用后,最终表现为蠕变破坏和疲劳破坏。

正是由于车辆荷载作用的复杂性,在路基路面结构设计理论中,尚无法准确描述实际荷载作用,往往会对车辆荷载进行简化。设计体系中会采用 BZZ-100 标准轴载(100kN 的单轴双轮荷载),如图 3-40 所示,将双轮荷载作用简化成两个当量圆垂直静力均布荷载作用,P 为轮胎压力,d 为当量圆直径。

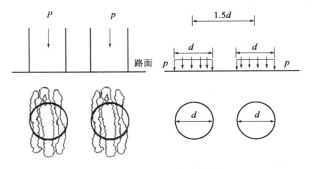

图 3-40　BZZ-100 标准轴载

路基路面结构的力学行为与车辆的轴重、轴型和轮组数有关。由于车辆载重具有随机性,不同类型车辆或相同类型车辆的轴重都是不同的,即轴载谱不同。为了统一表征车辆荷载的作用次数,在路面结构设计中采用了破坏等效原则,将不同轴载的作用次数等效换算为标准轴载 BZZ-100 的作用次数,以设计年限内全部车辆荷载的累计作用次数作为控制路基路面结构塑性破坏和疲劳破坏的设计依据。换算的标准轴次数越多,表明道路的交通量越大、重载车辆越多,所需要的路面结构厚度就越大。

3.5 道路附属设施

道路附属设施是指为保护、养护和保障道路安全畅通所设置的道路防护、排水、养护、管理、服务、交通安全、渡运、监控、通信、收费等设施、设备以及专用建筑物、结构物等。公路与城市道路的道路附属设施也有所不同。

3.5.1 道路防护设施

道路防护设施包括路基坡面防护、路基冲刷防护、护岸设施、导流设施等。

路基边坡是影响道路路基和路面结构稳定的重要因素,路基发生稳定破坏之前都是边坡开始出现破坏,尤其是山区的高填深挖路基,在降水、冻融甚至地震等外因作用下,边坡坍塌、山体滑坡、泥石流冲刷、山体崩塌等严重病害时有发生,带来巨大的经济损失和道路安全问题,如图3-41所示。

图3-41 路基边坡坍塌病害示例

为了保持道路边坡的稳定,避免道路边坡病害的发生,设置边坡防护是最为重要的技术措施,常见的路基边坡防护包括圬工防护(图3-42)、植物防护(图3-43)、骨架植物防护(图3-44)等。

a) 喷护　　　　　　　　　　　　b) 挂网喷护

c) 干砌片石　　　　　　　　　　d) 浆砌片石

图3-42 圬工防护

图 3-43 植物防护

图 3-44 骨架植物防护

路基冲刷防护是指当道路沿河岸或海岸修筑时,若水位较高,水流经常冲击路基坡面或坡脚时,需要设置路基防护措施防止水流冲走较细粒径的填料,使路基遭到不同程度的破坏,称为冲刷防护,如图 3-45 所示。

a)石笼冲刷防护　　　　　　　　　　　b)抛石防护

图 3-45 冲刷防护

随着我国生态文明、环境保护和绿色公路建设需求的增加,在公路工程边坡防护工程中,生态边坡防护的应用越来越多,尤其是新材料和新植物的开发,例如液力喷播生态防护(图 3-46)、植物纤维毯生态防护(图 3-47)等。

a) 施工前　　　　　　　　　　　　　　b) 施工后

图 3-46　液力喷播生态防护

a) 纤维毯铺设　　　　　　　　　　　　b) 植物生长后

图 3-47　植物纤维毯生态防护

3.5.2　道路排水设施

路面积水是降雨强度、道路排水能力和道路设计等多方面因素综合作用的结果。道路积水后不仅会严重干扰道路的通行能力，还会造成诸多的交通事故，已有统计表明，每年都有大量的交通事故发生在雨天。

汽车通过积水路面时，雨水会在轮胎和路面之间起到润滑和隔离的作用，路面摩擦系数降低（图 3-48），从而引起轮胎与路面部分脱离，即所谓的"水上漂"现象（图 3-49），车速越高，这种现象越明显。当轮胎与路面脱离部分增大将会导致车辆出现失控现象，从而造成交通事故的发生，尤其是在高速公路上，路面车辙病害严重路段、道路缓和曲线段和道路凹曲线段都可能会发生比较严重的积水。

因此，道路设计时需要通过排水设施将路面积水迅速排出。道路排水设施有地面排水、地下排水之分，地面排水设施有边沟、截水沟、排水沟、跌水和急流槽等，如图 3-50 所示；地下排水设施主要有暗管、渗沟、渗水涵洞和渗井等。

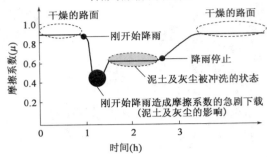

图 3-48 摩擦系数与降雨关系示意图

图 3-49 道路积水引起的水雾与水漂现象

a)边沟(浅碟型)   b)排水沟   c)急流槽

图 3-50 道路排水设施图

除了常规道路排水设施之外,道路研究者为了解决道路排水问题,还提出了"透水路面"结构形式,即降雨通过路面内部排入排水系统。透水路面是采用大孔隙路面材料,路面连通孔隙多,除了能够透水排水之外,对粉尘有较强的吸附力,也可减少扬尘污染,降低噪音,同时使得路面冬暖夏凉,有效降低"城市热岛效应",增加城市居住的舒适度。因此,一些发达国家从 20 世纪 70 年代就开始研究开发透水性路面材料,并将其应用于庭院、人行道、自行车道、公共广场、露天停车场、公园内道路及道路两侧和中央隔离带等,增加了城市的透水透气空间,对调节城市小气候、保持生态平衡起到了良好的效果。20 世纪 90 年代以后,用透水材料替代传统材料铺设路面,已成为发达国家公路与城市道路建设所采用的主要技术手段。以环保技术见长的德国、日本已经实现了90%的路面面层改为透水路面的目标。随着我国"海绵城市"建设理念的提出和发展,透水路面在我国一些地方开始有着广泛的应用,透水路面结构如图3-51所示。

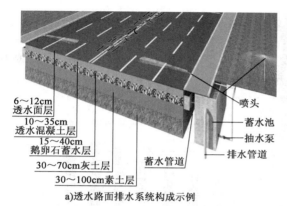
a)透水路面排水系统构成示例

b)路面材料透水效果示例

图3-51 透水路面结构示意图

3.5.3 道路交通工程设施

道路的交通设施是交通系统的重要组成部分,完善的交通设施是维护交通秩序、预防和减少交通事故,保障道路交通运输效率的基础。根据道路交通设施所起作用的不同,一般情况下分为三类。

(1)交通安全设施

为保证行车和行人安全设置的设施。如跨线桥、地道、信号灯、护栏、防护网、照明设施、反光标志等。

(2)交通管理设施

为保证良好的交通秩序,防止事故发生的各种设施。如公路标志、紧急电话、可变(或不可变)情报板、监控装置等。

(3)交通服务设施

为汽车和乘客提供各种服务的设施。如服务区、加油站、维修站、停车场、食宿点等。

3.6 道路养护与管理

为了使道路保持良好技术和运营状态,就需要针对道路出现的病害进行及时的养护,提高路面的使用性能,延长道路使用寿命。

路面养护管理是协调、控制与路面养护维修有关活动的一系列过程。道路管理部门通过科学养护决策能有效地使用资源，以最低的资源消耗，提供并维持在预定使用期内具有足够服务水平的路面。

3.6.1 路网养护规模与投资

随着我国交通基础设施建设的持续投资，如图 3-52 所示，从 2006 年开始，截止 2020 年年末，我国公路网资产累计达到 22.02 万亿元。

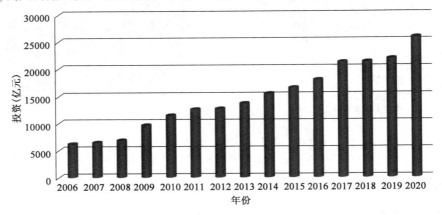

图 3-52　我国公路资产投资情况

随着全国通车的公路里程不断增多，如图 3-53 所示，2020 年年末全国公路养护里程 514.40 万 km，占公路总里程的 99%。

图 3-53　2016~2020 年全国公路总里程及公路密度

我国绝大部分的道路工程都是各级政府主导投资建设完成的，属于公共基础设施范畴。因此，如何对我国庞大的道路公共基础设施进行科学的养护管理，是我国道路管理者和研究人员面临的巨大挑战。随着物联网、云计算、智能算法和数据处理等理论与工具的发展，为我国大规模的路面养护管理系统的科学决策提供了重要支撑。

3.6.2 路面管理系统

路面管理的概念起源于 20 世纪 60 年代的加拿大,早期路面管理的目的是消除路面、线形和道路容量等路网技术缺陷,提供优化的设计方案,比较有代表性的是加拿大安大略省的 OPAC 系统。从 20 世纪 70 年代开始,美国、德国等一些发达国家的公路网建设已经基本完成,公路管理部门工作重心开始从扩展公路网和新建公路转向通过养护和改建来改善和维护现有的路网。因此,网级路面管理系统得到蓬勃发展。

我国路面管理系统的研究起始于 20 世纪 80 年代。早期引进了英国的 UKPMS 路面管理系统、芬兰的 FPMS 路面管理系统和世界银行公路投资养护模型的 HDM-3 和 HDM-4 等,掌握了路面管理系统的思想与方法。"七五"期间,我国就建立了干线公路路面管理系统 CPMS(China Pavement Management System),主要由路面数据库管理、路面性能评价、路面性能预测和路面养护决策四部分构成。图 3-54 给出了路面管理系统的基本架构。

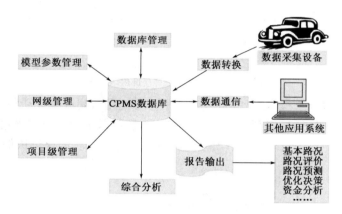

图 3-54 路面管理系统构成示意图

路面管理系统有网级路面管理系统和项目级路面管理系统之分。前者主要解决路网养护资金规划和养护项目规划问题,后者则主要侧重养护项目的技术方案优化。因此,它是一个复杂的路面养护决策支持系统。虽然经过近 40 年的发展,已经变得比较成熟和完善,但随着计算机网络技术、多媒体技术、地理信息系统技术(GIS)、人工智能技术等发展,路面管理系统仍然面临着升级换代的诸多挑战,如何解决路面历史大数据的管理和挖掘,如何使路面状况评价更加合理,如何使路面性能预测更加可靠准确,如何使大规模复杂路网管理决策优化成为可能等等,都需要新理论、新技术的研究和应用。

3.6.3 路面使用性能

路面使用性能是指路面在自然环境条件下为行车提供的服务能力,是建立和应用路面管理系统的关键,包括路面的表面构造特性、抗滑性、平整度、损坏状况和结构承载能力等。路面的表面构造和抗滑性直接影响着车辆的行驶安全性。路面平整度和损坏状况直接关系到车辆行驶的速度和舒适性,是影响路面行驶质量的主要因素。路面结构承载能力决定着路面的剩余寿命,并与路面结构性损坏存在内在联系,承载能力越低,剩余寿命越短,结构性损坏程度越严重。

在吸收国外研究成果的基础上,基于多年积累的研究成果和实践经验,我国建立了由路面损坏、路面平整度、路面抗滑、路面结构强度和路面车辙(仅限于沥青路面)等技术指标构成的路面使用性能评价指标体系,如图3-55所示。

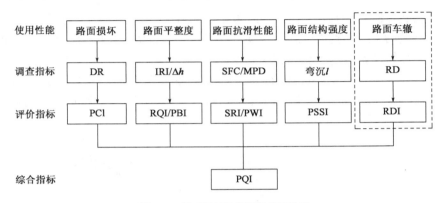

图3-55 路面使用性能评价指标体系

每个路面使用性能评价指标都可以建立随道路使用时间或累计荷载作用次数而变化的数学模型,即路面使用性能预测模型。通过该模型可以全面掌握某种路面结构、某种养护措施使用性能的衰变规律,如图3-56所示,更好地为养护决策提供依据。

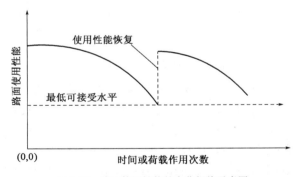

图3-56 路面使用性能的变化规律示意图

3.6.4 路况检测技术

为了能够更好地掌握路面结构的"健康"状态和路面使用性能状况,就需要对路面结构病害位置和产生原因进行检测"诊断",同时,路面检测数据除了可以用于诊断道路的技术状况以及"健康"程度之外,还能够为道路工程的设计、建设、养护、运营管理决策提供重要依据。

国内外路况检测技术的总体发展趋势经历了从传统的人工检测到半自动化检测,再到无损自动检测三个阶段。无损自动检测技术具有效率高、自动化强、危险性低和智能化处理等优点,并且集成在道路检测车上,能够同时检测路面的多项技术指标(路面损坏、平整度、车辙、抗滑性能、沿线设施、道路线形等)。道路无损检测仪器设备有很多,【示例3-5】仅给出部分设备进行举例说明。

【示例3-5】 道路无损检测设备

(1) 落锤式弯沉仪

落锤式弯沉仪(Falling Weight Deflectormeter,简称FWD)出现于20世纪70年代初,是一种脉冲动力弯沉仪,它模拟汽车荷载对路面施加的瞬时冲击作用,得到路面瞬时变形,如图3-57所示,其测量结果比较精确,且信息量大。与传统的贝克曼梁测量弯沉相比,具有使用方便、快速、安全、节省人力、模拟实际情况施加动态荷载,适于长距离、连续测定的特点。

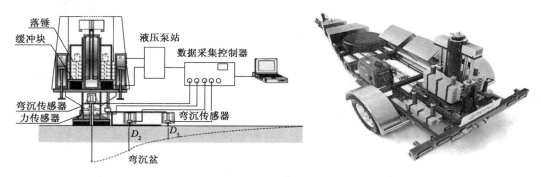

图3-57 落锤弯沉仪图示

(2) 探地雷达

探地雷达(Ground Penetrating Radar,GPR)是利用天线发射和接收高频电磁波来探测介质内部物质特性和分布规律的一种地球物理方法,如图3-58所示。

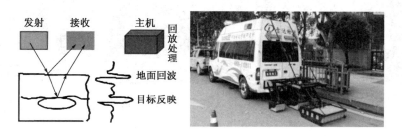

图3-58 探地雷达

探地雷达是近几十年发展起来的一种探测地下目标的有效手段,是一种无损探测技术,与其他常规探测方法相比,具有探测速度快、探测过程连续、分辨率高、操作方便灵活、探测费用低等优点,在工程勘察领域的应用日益广泛。

(3) 激光断面仪

道路激光断面仪是通过一个加速度仪测定车辆的竖向运动,通过多个激光传感器测定车辆行驶过程中的车身与路面距离,通过多个激光传感器的断面测量,可以同时测定路面表面的车辙、平整度和构造深度,如图3-59所示。

图 3-59　激光断面仪

(4) 道路综合检测车

道路综合检测车是集成和应用了现代信息技术,以机动车为平台,将光电和3S技术(遥感技术、地理信息系统技术和全球定位系统的统称)集成一体。在车辆正常行驶状态下,能自动完成道路路面图像、路面形状、道路设施立体图像、平整度及道路几何参数等数据采集、分析、分类与存储,如图3-60所示。通过检测车的后台处理系统可以对采集数据进行快速、准确、智能化的分析处理,统计和计算得到路面的使用性能指标,包括路面状况指数 PCI、路面平整度指数 RQI、路面车辙指数 RDI、路面构造深度 MPD,是目前路面管理系统现场数据采集的主要设备,是为道路科学养护提供真实有效数据的基础。

图 3-60　国产道路综合检测车示例

3.6.5　道路养护决策

随着我国道路从大规模的建设阶段转向以养护管理为主的阶段,规模庞大的路网面临着科学养护决策的问题,即是否需要养护、何时养护、何种技术养护,尤其随着路网规模的不断增加,需要解决养护需求、养护资金优化分配、养护投资效益等核心技术,避免路网整体服务能力的急剧降低。

如图 3-61 所示,路面如果不采取任何的养护措施,直到路面已经不能提供预期的通行服务时直接进行翻修,不仅会使其使用寿命较短,而且总体的翻修成本也会大幅度地增加。如果对其进行周期性的日常养护和预防性养护,则其使用寿命可以从 20 年延长至 35 年,并且可以节约综合维修费用 45% 以上。

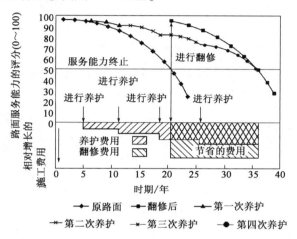

图 3-61 路面服务能力与养护维修的关系示意图

【示例 3-6】 英国和美国高速公路养护资金支出

图 3-62 是英国统计得到的全国高速公路的养护资金各项支出,图 3-63 是美国高速公路养护资金支出的预算,可以看到每年的日常维修和表面修整的支出比例都已经超过了路面翻修和大修重建的资金支出,这说明日常养护和表面功能性修复有助于延长路面使用寿命和保持其路用性能。

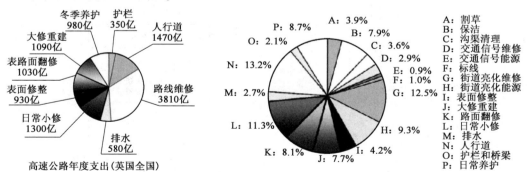

图 3-62 英国高速公路养护资金支出比例　　图 3-63 美国高速公路维修资金支出

路面养护的科学决策方法主要是依据路网的路况数据,对路面各养护单元进行使用性能评价,结合路面养护对策模型、使用性能预测模型和经济分析模型,以社会效益最大、路况水平最好或养护费最小为优化目标,采取近似规划方法、线性规划方法、0-1 整数规划方法、动态规划方法等,实现未来 5 年或 10 年内路网的养护资金需求规划和养护项目实施规划。具体决策实施流程如图 3-64 所示。

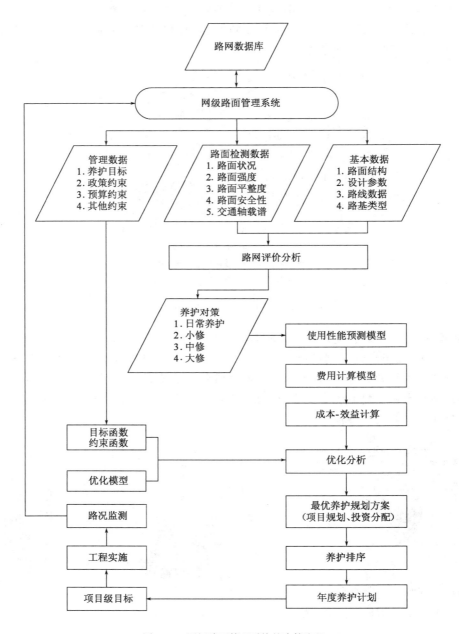

图 3-64 网级路面管理系统的决策流程

3.7 道路发展史

3.7.1 道路的由来

荀子《天论》:籴贵民饥,道路有死人。《周礼·夏官·司险》:司险掌九州之图,以周知其山林川泽之阻,而达其道路。

《古汉语常用字字典》里对道的10种解释:1.路,2.规律、道理,3.指道家,4.主张、思想、学说,5.从、由,6.说、讲,7.引导,8.疏导,9.量词,10.古代行政区域名。对路的3种解释:1.道路,2.车,3.宋元时行政区域名。

由此可见,道路一词由古代至今,除了具备自然科学专业词汇之外,还具备了抽象意义,用于比喻事物发展或为人处世所遵循的途径,例如中国特色社会主义道路、人生道路、现代化道路等。

3.7.2 我国古代道路

历史上有人把车轮(轮子)的发明等同于火的发明,对人类文明发展起到了巨大的促进作用。黄帝因见蓬草随风吹转而发明了车轮,又以横木为轩,直木为辕制造出了车辆,故也尊称黄帝为轩辕氏。

商朝出现了服牛乘马的远距离经商,开始了以畜力为交通运输力的历史,在道路修筑技术上开始采用夯土筑路,并利用石灰稳定土壤,例如商朝殷墟的发掘,就发现有碎陶片和砾石铺筑的路面。

西周时期(公元前1066—前771年)道路规模和工艺都有了很大发展,并且出现了最早的关于道路技术标准规范方面的记载,例如在道路规划方面《周礼》有"经涂九轨,环涂七轨,野涂五轨"的记载,在道路线形和路面质量方面《诗经》有"周道如砥,其直如矢"的记载,在道路养护管理方面《周语》有"列树以表道,立鄙食以守路,雨毕而除道,水涸而成梁"的记载。

在周王朝时代,由于统治者对交通基础设施建设的重视,很早就有了连接宗周和成周的镐洛大动脉,叫作周道,又称王道,还有连接诸侯国的主干线,以致有了关于周穆王驾着八匹骏马拉车日行千里的传说。周道可以说是中国道路交通标准法规的启蒙。

东周战国时期,道路的作用甚至会成为国家兴亡的征兆。《国语》记载有东周单子经过陈国时,看见其国道路失修,河川无桥梁,旅舍无人管理,预言其国必亡,后来果然应验。

秦朝时期,《史记》有记载秦始皇在道路修建方面强调车同轨、书同文,之所以要求车同轨实际上跟秦朝一项规模宏伟的建设工程——秦驰道(也可称之为秦朝的全国交通干线工程)有着极为密切的关系,秦驰道也被称为中国古代最早的国道,除了服务百姓活动之外,更重要的是有利于军队的快速调动,如图 3-65 所示。

图 3-65 秦朝时的秦驰道示意图

汉朝时期道路发展了馆驿制度,十里设亭,三十里设驿,西汉设亭道路延续总长可达十万里,古代丝绸之路就是在汉朝发达的道路网之下出现的著名通商经济带。丝绸之路泛指从中国古代开始于亚洲、非洲和欧洲延续了 2000 多年的商业贸易路线,从运输方式上分为陆上丝绸之路和海上丝绸之路。陆上丝绸之路起于西汉都城长安(东汉延伸至洛阳)。丝绸之路是一条东方与西方之间经济、政治、文化进行交流的主要道路。为了更好地促进商贸交流,2013 年 9 月,国家主席习近平提出建设新丝绸之路经济带战略构想。

唐代是我国古代道路发展的鼎盛时期,初步形成了以城市为中心的四通八达的道路网,并重视驿站管理,传递信息迅速,驿马每昼夜可行 25km 以上。

【示例 3-7】 茶马古道

茶马古道是我国历史上最古老的对外经贸商路,萌芽于 2000 多年前的汉代,正式形成于唐宋时期。茶马古道的路线有 2 条,川藏茶马古道与滇藏茶马古道,在古代,茶马古道是连通东南亚和南亚的重要贸易通道。

【示例 3-8】 古代蜀道

《蜀道难》是中国唐代伟大诗人李白的代表作品,其中"蜀道之难,难于上青天"再现了蜀道峥嵘、突兀、强悍、崎岖等奇丽景观,蜀道上古栈道的工程艰巨,路途险恶,是我国古代道路史上的奇迹,如图 3-66 所示。

清代道路网系统分为三等,即官马大路、大路、小路。官马大路分东北路、东路、西路和中路四大干线,共计 2000km 多,服务区有驿站和长亭。

"劝君更尽一杯酒,西出阳关无故人"是唐朝诗人王维一首耳熟能详的送别诗,可以看出古代交通的不便和通信的困难,长途旅行要花费很长的时间,而且路途艰险,信息传递慢,朋友亲人远离后要想得到对方的消息是很难的,所以古代有"父母在,不远游,游必有方"这种观念。

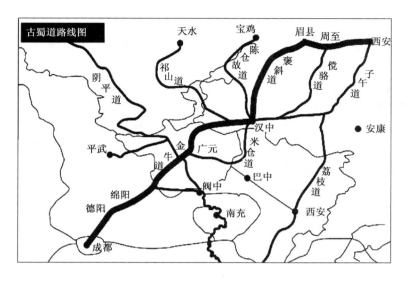

图 3-66 蜀道示意图

随着汽车、火车和飞机等交通工具的出现,宣告了以畜力为主的驿道时代的结束,并且随着现代交通方式的不断发展,不断的拉近空间距离,也在不断地改变着人类的生活方式和促进人类发展工程技术。

【示例3-9】 宋代苏东坡进京赶考路线与现代交通的对比

在古代进京赶考对所有考生来说都是一种极大的挑战,宋朝著名诗人、文学家苏轼父子兄弟花费了两个月左右时间从家乡四川赶到考场东京开封,如图3-67所示。而随着现代交通工具的不断涌现、交通设施的不断完善,使得现代交通产生了翻天覆地的变化,目前从四川成都到郑州,飞机出行仅需2个小时,高铁出行仅需6个小时,冠名苏东坡号的高铁就是沿着苏轼进京赶考路线而修建的,如图3-68所示。

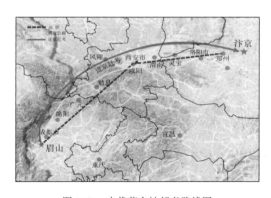

图 3-67 古代苏东坡赶考路线图

图 3-68 现代高铁的"东坡号"

3.7.3 我国近代道路

1885年,德国工程师卡尔·奔驰(Karl Benz)在曼海姆制造成一辆装有0.85马力汽油机的三轮车,这辆装有内燃动力机的汽车被认为是世界上真正的第一辆汽车。而我国最早是在1902年,上海从国外购买了两辆汽车。随着现代汽车车速的不断提高,对道路的要求也越来越高,因此就出现了为汽车服务的专用道路。

中国"公路"一词的出现,据考是依据1920年广东省成立的"公路处",然后开始普遍应用于国内,"公路"作为现代语词可以解释为:可以行驶汽车的公用之路,由此也可以看出公路一直是由国家投资建设的公共基础设施之一。

中国最初的公路是1908年广西南部兴建的龙州-那堪边防公路,但因工程艰巨,只修通龙州至鸭水滩一段,长17km。

在中国北方最早修建的是河北张家口至库伦(现为蒙古人民共和国首都——乌兰巴托)公路,全长965km,是沿着原有的"茶叶之路"加以修整而成,在当时是交通最繁重的一条公路。后来,商营公路、兵工筑路和以工代赈所修的道路开始出现于沿海、华北、华东一带,促进了当时道路建设的发展,并且国家政府开始认识到道路的重要性。

例如,孙中山先生曾倡言:"道路是文明之母和财富之脉",并有百万英里"碎石公路"的设想。因此,中华民国时期(1927—1936年),将公路建设纳入了国家的建设规划,1927年制定了全国道路规划及公路工程标准,截至1936年,全国通车里程达11.73万km,与中山先生的百万英里公路设想尚有不小的差距。

抗日战争时期(1937—1945年)。由于战争的影响和破坏,公路发展缓慢。截至1946年12月,全国公路总里程只有13.03万km。

解放战争时期(1946—1949年)。公路交通以军用为主,公路建设进展不大。特别是国民党军队溃退时,公路遭到严重破坏,截至中华人民共和国成立前夕,全国通车里程不足8万km。

3.7.4 我国现代道路

1949年中华人民共和国成立之后,我国一直致力于公路工程建设,主要有以下几个阶段:

(1)1949—1957年,建立了公路管理机构和设计施工和养护的专业队伍,颁布了公路建设的重要法规。1957年年底,公路通车里程达25.4万km,有路面里程达12.1万km。

(2)1958—1966年,公路数量猛增的阶段。1965年年底,公路通车里程达51.4万km,有路面里程达30.5万km。

(3)1966—1976年,虽然政治运动对国家经济有影响,但是公路建设仍有发展,1976年年底,公路里程达82.3万km,有路面里程达57.9万km。

(4)1977—1992年,我国公路交通事业大发展时期,公路建设里程逐年增多,高等级公路在我国开始建设并积累了大量的工程建设经验和技术。

(5)1993年以后,随着我国五纵七横、"7918"等高等级公路网规划的完成,我国公路建设进入了前所未有的高速发展时期,截至2020年年底全国公路总里程519.81万km,其中二级及以上等级公路里程70.24万km,高速公路里程16.10万km。

道路是为车辆或人类活动服务的,因此道路结构需要具备一定的承载能力。20世纪50年代—20世纪60年代,我国生产设备、施工设备、道路材料等都比较落后,当时我国的公路主要是泥结碎石路面。

20世纪60年代,随着我国大庆油田开发,道路渣油沥青材料登上了历史舞台。在这个阶段,渣油表处加石灰土基层成了最主要的路面结构。

20世纪70年代后,随着胜利油田和孤岛原油的开发,沥青碎石结构、贯入式路面或上拌下贯式沥青路面得到了发展,基层的石灰土中已经掺加了碎石,成为这个时期公路干线的主要路面结构形式。

20世纪80年代后,我国进入了高等级公路建设的新时期,开始大量进口国外高质量沥青,沥青混凝土路面成为高等级公路路面的主要结构形式,针对国外高速公路沥青路面采用的沥青柔性基层造价昂贵问题,我国提出了"强基薄面"沥青路面结构,即半刚性基层沥青路面,基层采用水泥、石灰稳定碎石等形式,有效降低了路面工程造价,也是目前我国高等级公路沥青路面结构的主要形式。

3.7.5 我国高速公路建设成就

高速公路是交通现代化的重要标志,也是国家现代化的重要标志。改革开放40多年来,我国高速公路建设经历了从无到有、从起步建设到总里程世界第一的巨大变化,实现了跨越式发展。

我国高速公路发展比西方发达国家晚近半个世纪,从20世纪80年代开始起步,并且"中国需不需要建高速公路"也一直存在着争议。1989年7月,时任国务院副总理的邹家华在沈阳—大连的高等级公路建设现场会上指出,高速公路不是要不要发展的问题,而是必须发展。从此,由沈大高速建设开始,为我国高速公路的快速发展奠定了基础,拉开了中国高速公路发展的序幕。

我国30多年来高速公路的发展,大致可以划分为三个阶段:起步发展阶段、快速发展阶段、成网成形阶段。

(1)起步发展阶段

1988年10月31日,上海至嘉定高速公路建成通车,标志着我国第一条按照高速公路技术标准设计、施工的高等级公路的诞生,结束了我国没有高速公路的历史。这条高速公路全长18.2km,双向4车道,设计行车时速120km/h,全封闭,全立交,沿线建有大型互通式立交桥3座,设有完整的交通标志、标线和交通监控系统。

1990年9月1日,在我国最早开工建设,被誉为"神州第一路"的沈大高速公路全线建成通车,它的建设成功表明中国有能力建设一流的高速公路,标志着我国高速公路发展进入了一个新的时代。沈大高速公路全长375km,连接沈阳、辽阳、鞍山、营口、大连5个城市,是由我国自行设计、自行施工,规模最大、标准最高的工程,开创了我国建设长距离高速公路的先河。

1992年,我国"五纵七横"国道主干线规划出台,为我国高速公路持续、快速、健康发展提供了指导和保障。

(2)快速发展阶段

20世纪90年代开始至今,我国高速公路建设进入了快速发展阶段。"八五"计划期间建成通车的高速公路年平均里程为324km,"九五"计划期间前3年达到年均1372km。1997年亚洲金融危机后我国加大了交通基础设施建设,我国高速公路建设进入了跨越式发展阶段,到2000年年底,全国高速公路总里程达1.6万km,居世界第3位。2001年,有"西南动脉"之称的西南公路出海通道——重庆至湛江高速公路经过10多年的艰苦建设实现了全线贯通。

我国高速公路建设从起步到高速公路通车1万km,用了12年时间;从1万km到突破2万km,只用了4年时间;从2万km到突破3万km,只用了2年时间。这一阶段国家高速公路骨架初步成网,形成了我国高速公路加快发展的态势。此后一路突飞猛进,在2004年、2005年和2007年分别突破3万km、4万km和5万km,在世界上仅次于美国。

1998年至2007年的10年间,我国高速公路年均通车里程超过4900km,随着京哈、京沪、京珠、沪昆等一批横贯东西、纵贯南北的高速公路相继建成通车,长江三角洲、珠江三角洲、环渤海等经济发达地区的城际高速公路网络基本形成。我国用了不到20年时间,走过了许多发达国家一般需要30年到40年才能走完的路,创造了世界瞩目的发展速度。

(3)成网成形阶段

2004年12月17日,国务院审议通过了《国家高速公路网规划》(简称为"7918网"),根据规划,国家高速公路网采用放射线与纵横网格相结合的布局形态,构成由中心城市向外放射以及横连东西、纵贯南北的公路交通大通道,包括7条首都放射线、9条南北纵向线和18条东西横向线,总规模约为85000km。

在2013年6月20日,交通运输部在国务院新闻办举行的新闻发布会上正式公布了《国家公路网规划(2013—2030年)》,在新的规划里对国家高速公路网进一步完善,在西部增加了两条南北纵线,成为"71118"网,规划总里程增加到了11.8万km。

2008年至2015年是跨越式发展阶段。短短8年的时间新增高速公路里程6.96万km,通车里程超越美国,位居世界第一,全面改变了我国公路网的结构,高速公路服务于经济社会发展的功能大幅度提高。

2020年,我国新增公路通车里程18.6万km,其中高速公路1.14万km,新建改建国省干线公路3.04万km。至此,我国高速公路总里程达到16.10万km。

随着国家高速公路建设,我国在全国范围内形成了"首都连接省会、省会彼此相通、连接主要地市、覆盖重要县市"的高速公路网络,是中国公路网中最高层次的公路综合运输体系的重要组成部分。

3.7.6 世界道路的发展

公元前 20 世纪,埃及人为建筑金字塔与人面狮身像,把大量巨石从采石场运到工地上,由此开始了最早的有通行需求的道路建设。随后,在一些主要城镇的市场和道路上,开始采用平整的石板砌成,或者用砖铺砌,涂以灰浆,再铺上石头的路面。

罗马帝国大规模建设道路对维护帝国的兴盛起着很大的作用,其中具有代表性的罗马大道主干道平均高出原地面 2m 左右,以保障行车安全,因此,成为现代英语所袭用的"Highway"一词的来源,采用硬质材料铺砌成路面,其施工方法是先开挖路槽,然后分四层用不同大小的石料并用泥浆或灰浆砌筑,总厚达 1m,有些采用大理石方块或用厚约 18cm 的琢石铺砌。正因为道路建设对罗马帝国兴盛起着很大作用,所以留下了"条条大路通罗马"的谚语。

18 世纪,拿破仑时代的法国工程师特雷萨盖发明了碎石铺装路面的方法,并主张建立道路养护部门。他在 1764 年发表了新的筑路方法,在法国得到普遍采用,主要特点是减薄了路面的厚度,底层用较大的石料竖向铺筑,用重夯夯实;其上同样铺成第二层后,再用重夯夯击并将小石块填满大孔隙中;最上层撒铺坚硬的碎石,罩面形成有拱度的厚约 7.5cm 的面层。在他的影响下,拿破仑当政期间,建成了著名的法国道路网,因此,特雷萨盖被尊称为法国现代道路建设之父。

18 世纪末至 19 世纪初英国在路面结构和施工工艺上有了很大的进步,英国的特尔福德于 1815 年建筑道路时,采用一层式大石块基础的路面结构,用平均高约 18cm 的大石块铺砌在中间,两边用较小的石块以形成路拱,用石屑嵌缝后,再分层摊铺 10cm 和 5cm 的碎石,以后借助交通压实。1816 年间英国 J.L.马克当,对碎石路面做了认真的研究,他主张取消特尔福德所发明的笨重的大石块基础而代之以小尺寸的碎石材料,用两层 10cm 厚的 7.5cm 大小的碎石,上铺一层 2.5cm 的碎石作面层获得了成功。他科学地阐述了路面结构的两个基本原则:一是强调土路基要具备良好的排水,路基处于干燥,才能承受重载而不致发生沉降;二是用有棱角的碎石,互相咬紧锁结成为整体,形成坚固的路面。后来的实践证明:碎石道路很适合当时的马车行驶。此后,欧洲各国开始相继修建碎石道路。

1883 年 G.W.戴姆勒和 1885 年 C.F.本茨分别发明的汽车,1888 年 J.B.邓洛普发明的充气轮胎,加上碎石路面,被称为 20 世纪初近代交通的三大支柱。

随着汽车性能不断改善,原来碎石路面已经不能满足汽车快速安全通行,条件已不能适应,因此人们开始大量修建沥青路面和混凝土铺装路面,第二次世界大战之前各国就开始修建了能实现车辆高速行驶的道路。例如,在英国称"motorway",美国称"freeway",德国称"autobahn",日本称"高速道路"。例如,世界上第一条高速公路一般是指 1932 年德国开始修建的科隆—波恩的公路。美国第一条高速是1937年开始建设,1940年通车的洛杉矶帕莎那公路,当时的造价已经达到了100万美元/英里。日本的第一条高速公路,诞生于1963年,是连接名古屋和神户,全长190km的名神高速公路。

随着高速公路的不断发展,高速公路网已成为公路现代化和经济发达的标志。目前,全世界已有80多个国家和地区拥有高速公路,其中中国、美国、英国、德国、法国、意大利、日本、加拿大等国高速公路里程约占世界高速公路里程的80%以上。例如,德国目前公路总里程约65万km,公路面积约占国土面积的4.8%,其中高速公路总里程为1.28万km;美国公路总里程约685万km,其中高速公路总里程为10.8万km;日本公路总里程121.5万km,其中高速公路总里程为0.8万km。

3.8 道路工程发展趋势和前沿技术

3.8.1 道路工程发展趋势

"交通强国"战略对道路工程的发展提出了更高的要求。如何更新发展理念,利用新技术、新材料、新工艺提升道路工程的建设水平和服务水平,是道路工程领域面临的新机遇和新挑战。

(1) 绿色发展

建设绿色道路是国家生态文明发展战略和应对气候变化战略的共同要求,是绿色循环低碳道路的继承和创新。

绿色道路鼓励公路与铁路、高速公路与普通公路共用线位,强调选线、布线科学、合理,严格保护土地资源。此外,要积极应用节能技术和清洁能源,推行废旧材料再生循环利用,开展建筑垃圾的无害化处理与利用,实现资源高效利用。

(2) 智慧道路

智慧道路是借助物联网、大数据、人工智能等新一代信息技术,构建以数据为核心,以信息的收集、处理、分析和发布为主线,实现道路基础设施数字化、管理科学化、运行高效化和服务品质化,从而解决交通安全问题、降低运行能耗、提升出行体验的新型道路。

智慧道路的主要目标,就是要通过引进智能设施和智能感知等先进技术,对所有道路基础设施和服务功能,进行统一规划,统一建设,统一运维,以及资源共享和信息融合,是支撑未来智慧城市、智能网联汽车和车路协同发展的最重要的基础设施,也是智慧交通整体解决方案的数据源、承载体、应用端。

(3) 功能路面

现代交通对路面的耐久性、安全性、舒适性、绿色环保等方面提出了更高要求。因此,今后的路面不仅要满足车辆通行的一般要求,还要满足某些特殊功能需求,如何使路面具有排水、降噪、破冰、融雪、阻燃、彩色、弹性、发光等新功能,已经成为今后重点发展的技术方向。

(4)智慧养护

"智慧养护"是构建在公路全寿命周期理论基础上,充分利用物联网、云计算、人工智能、卫星遥感、地理信息、传感器等新一代技术,以全面感知、深度融合、主动服务、科学决策为目标,对路网数据的采集、整理、存储、整合、分析、决策等全过程进行精细管理、深度挖掘、拓展应用和精准服务,全面提升路网养护管理效率和服务水平。

3.8.2 道路勘测与设计

(1)遥感技术

地形图是道路工程路线选线和设计的基础。随着遥感技术(Remote Sensing)和全球定位系统在地形图测绘中的广泛应用,实现了对各种数据信息的电子采集,然后依靠先进的计算机技术进行数据的分析和处理,实现了地形图测绘工作的自动化和智能化,极大地提高了测绘效率和准确性。

遥感技术是在远离被测目标的位置上对被测目标的电磁波特征进行测量、记录与分析的技术。根据遥感平台高度的不同,遥感可以分为近地面遥感、航空遥感和航天遥感。卫星遥感技术因其观察范围广、信息全面真实、成本低、易更新等特点,在公路路线勘测设计、路网规划、车辆轨迹提取、道路健康状况识别、交通设施形变监测和公路灾害损毁评估等方面得到了越来越广泛且深入的应用。

(2)卫星定位系统

卫星定位系统是由覆盖全球的多颗卫星组成的卫星系统,保证卫星可以在任意时刻,采集地球上任意一点的经纬度和高度,实现实时定位功能。目前世界上有四个卫星定位系统,分别是美国的GPS、中国北斗卫星定位系统、欧洲伽利略卫星定位系统、俄罗斯格洛纳斯(GLONASS)系统。

在道路勘测设计中应用卫星定位系统能够大大提高路线勘测的速度、精度和可靠性,特别是随着卫星定位精度的不断提高,在道路工程中能够承担的任务越来越多。特别是在控制测量、路线带状地形图测绘、线路优化设计、路线放样作业、路线土石方估算、桥涵工程施工测量、里程桩标定和道路竣工验收测量等方面的应用技术尤为重要。

(3)无人机倾斜摄影测量及三维建模技术

倾斜摄影技术是国际摄影测量领域近十几年发展起来的一项高新技术,该技术通过从一个垂直、四个倾斜、五个不同的视角同步采集影像,从而获取到丰富的建筑物顶面及侧视的高分辨率纹理。它不仅能够真实地反映地物情况,高精度地获取地物纹理信息,还可通过先进的定位、融合、建模等技术,直观描述路线带的地形地貌情况,极大提高道路勘测选线的工作效率,使选线过程更直观、更全面,线路的设计指标更加优化。因此,进一步深入研究倾斜摄影技术在道路工程领域的应用技术也是今后的一个重点研究方向。

(4)建筑信息模型(BIM)技术

BIM(Building Information Modeling)技术是欧特克公司在2002年率先提出的。其核

心是将建筑的设计、施工、运行直至寿命终结全过程的各种信息整合于一个三维模型信息数据库中,使设计团队、施工单位、设施运营部门和业主等各方人员可以协同工作。其终极目标是实现工程的三维正向设计,通过实现实景建模、连续性勘测、综合建模等技术,把复杂环境的工程设计问题由不可能变成可能。目前,BIM 技术在道路工程领域的应用还处于起步阶段,只有加快 BIM 的应用研究,才能使道路工程完成由二维设计向三维设计、建造的革命性转变。

3.8.3 路基路面结构与材料

(1)长寿命路面

长寿命路面起源于欧洲,发展于美国。其核心内容为:沥青路面使用寿命在 50 年以上,采用较厚的沥青路面,路面的损坏仅限于路面顶部(25~100mm),在使用年限内不需要结构性重建,只需要定期的表面铣刨、罩面修复。目前,其设计方法、设计标准、材料控制标准、工艺控制标准、质量验收标准等方面都不够成熟,需要开展更深入的研究工作和更多的工程实践。

(2)半柔性路面

半柔性路面是一种刚柔相济的新型路面,属于密实-骨架嵌挤型结构,是刚性水泥砂浆与柔性沥青混合料骨架的复合体,兼具有沥青路面柔性好、抗裂能力强、无接缝和水泥混凝土路面刚性大、承载能力强、抗车辙性能好的优点,其抗车辙能力是普通沥青路面的10 倍以上,同时还具有良好的抗水、耐油、耐酸等功能以及可着色性好的特点。虽然完成了一些成功的应用案例,但是在计算理论、设计方法、施工工艺和设备、质量检测手段等方面还存在亟待解决的问题。

(3)温拌沥青混合料

温拌沥青混合料是指在基本不改变沥青混合料配合比和施工工艺的前提下,通过技术手段,使沥青混合料的拌和温度降低 30~40℃、摊铺温度降低 30~60℃的情况下,能够达到与热拌沥青混合料接近的性能。因此,温拌沥青混合料在节能、减排、环保、降低成本等方面与热拌沥青混合料相比都具有明显的优势。今后,在温拌剂的开发、温拌沥青混合料耐久性和施工工艺等方面都需要开展更深入的研究。

3.8.4 道路养护新技术与工艺

随着我国公路和城市道路建设高峰期的过去,道路基础设施的养护维修是当前管理部门面临着的主要任务,亟需先进的道路养护新技术减少养护成本,延长道路使用寿命,降低道路工程的全寿命周期成本。

(1)预防性养护

预防性养护是一种新的养护理念,其目的是在正确的时间,用正确的方法,在正确的路段上进行养护,让路面的良好状态保持更长的时间,即在没有提高路面结构能力的情况下,制止微小损坏,延迟路面结构性损坏,维持并改善路面现有的通车条件,推迟昂贵大修和重建活动,如图3-69所示。

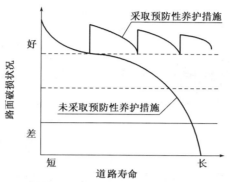

图3-69 路面破损状况与预防性养护措施的关系示意图

预防性养护技术包括雾封层(Fog Seal)、薄膜封层(Membrane Seal)、砂封层(Sandy Seal)、石屑封层(Chip Seal)、稀浆封层(Slurry Seal)、微表处(Micro Surfacing)、开普封层(Cape Seal)、宏表处(Road Armor)等。这些技术相对成熟,但在预防性养护时机、养护决策和新工艺及设备开发方面有待深入的研究。

(2)全寿命周期费用分析方法(LCCA)

道路LCCA是指从路面全寿命周期的角度出发,在确定养护方案时,不仅考虑路面的初始性能和费用,而且还要全面考虑路面实施养护维修后,整个寿命周期内发生的各种费用以及产生的效益,从方案的费用效益以及路面性能改善程度等方面优化各种养护方案,寻求满足经济优化目标的最佳投资方案。虽然在计算方法和内容方面已经比较明确,但在关键模型方面还不够丰富,与工程实际还存在较大的差距,特别是针对等级较低的公路情况,更缺少可用的使用性能预测模型、经济分析模型和社会效益计算模型。

(3)路面再生利用技术

①全深度复拌再生技术

利用成套设备先将旧路面进行铣刨、翻松至基层的一定深度,然后适当加入新黏结剂进行就地拌和整平成形并碾压至要求的压实度,全深度复拌再生工艺为加强和改建基层提供了广阔的可能性,如图3-70所示。在处理过程中翻松的基层处于开放状态,可选择各种合适的添加剂,如水泥、氯化钙、石灰、粉煤灰、泡沫沥青等新材料,以提高再生层的整体强度和稳定性。目前,尚需要开展该类路面的设计方法、再生层下层的设计参数评估、施工质量保障技术等方面的研究。

②就地冷再生技术

沥青面层的就地冷再生技术是从冷铣刨技术的基础上发展起来的。其再生工艺通常由一台铣刨机和分别安装在两台自行式底盘上的筛分/破碎/搅拌装置组成的联机组,或集铣刨、筛分、破碎、搅拌于一体的机组,配合胶结料运输及注入设备、智能压路机组等来实现的。就地冷再生技术具有施工效率高,开放交通快,工程成本低廉,通常只有新建路面的 40%~50%，粉尘、烟气等环境污染降至最小，避免了废旧沥青材料引起的环境问题等诸多优点。同时，在胶结料质量、材料均匀性控制、材料耐久性提升、材料高低温稳定性等方面还需要加强研发。

图 3-70　沥青路面现场再生施工流程图

(4) 道路潜在病害注浆加固技术

路基路面结构在多年的使用过程中，在交通荷载、自然条件、地质条件等因素作用下，道面结构内部会出现一些病害，如板底脱空、基层松散、路基沉降、基层开裂、路基或基层聚水等。现有的道面结构表层修复技术并不能改善道面结构内部的隐患，道路注浆技术是在不破坏道面结构的条件下，采用注浆孔将注浆液（水泥浆液、化学浆液、高聚物浆液等）注入道面结构内部病害处，从而达到加固改善路基路面结构承载能力的目的，如图 3-71 所示。但这项技术还存在着施工速度慢、施工质量难以评估、施工设备智能化不足等诸多问题，需要进一步研究与开发。

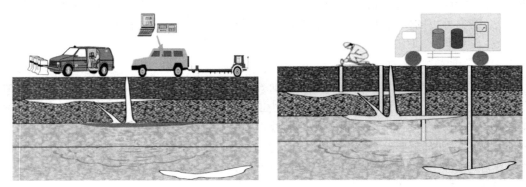

图 3-71　内部病害精准诊断和定点精准注浆

复习思考题

(1) 道路工程学包括哪些内容？

(2) 道路为什么要进行分级？公路技术等级和城市道路的技术等级是如何划分的？

（3）道路的几何空间线形是如何构成的？涵盖哪几个方面？
（4）道路几何线形要素、技术指标等与行车安全的关系？
（5）道路工程结构物包括哪些内容？
（6）影响道路工程结构稳定的因素包括哪些方面？
（7）道路路基路面常见的破坏形态有哪些？
（8）道路工程常用的快速无损检测技术有哪些？
（9）道路路面管理系统都包括哪些内容和步骤？
（10）结合家乡公路网的发展谈谈道路工程对改变家乡社会经济发展的贡献。

第 4 章
CHAPTER FOUR
桥梁工程

桥梁工程是土木工程的一个分支,是包括桥梁勘测、设计、施工、养护和检测评定等全寿命周期的工作过程,以及研究这一过程所运用的科学和工程技术的总称。桥梁是国家经济和社会发展的重要基础设施,桥梁建设与养护的技术水平是一个国家经济和科技实力的体现。

4.1 桥梁结构构成

桥梁是提供汽车、火车、行人等跨越河流、山谷或其他交通线路的建筑结构工程。总体来讲,桥梁结构可分为四个基本组成部分:上部结构、下部结构、支座和附属设施(图4-1)。上部结构是桥梁支座以上(无铰拱起拱线或刚架主梁底缘以上)跨越桥孔的总称。下部结构包括桥墩、桥台和基础。桥墩和桥台主要起支撑上部结构,并将上部结构的荷载传至基础的作用。支座是将上部结构的荷载与变形传递至下部结构。附属设施包括桥面铺装、排水、防撞设施等。

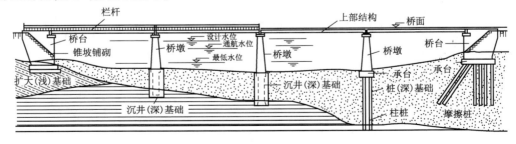

图 4-1 桥梁结构构件(上部与下部)

4.2 设计荷载

荷载是指施加在结构上的直接作用力,根据荷载随时间的变化情况可分为:永久荷载、可变荷载和偶然荷载。

永久荷载:指在设计基准期内,量值不变或变化很小的荷载,包括结构重力、预应力、结构附属部分的重力、水浮力、土的重力和侧压力。

可变荷载:指设计基准期内,量值随时间变化,且其变化与平均值相比不可忽略的荷载。按照可变荷载对结构的影响程度,又可将其分为基本可变荷载和其他可变荷载。基本可变作用包括车辆荷载(图4-2)、人群荷载和汽车冲击力。其他可变荷载包括风荷载、汽车制动力和温度应力。

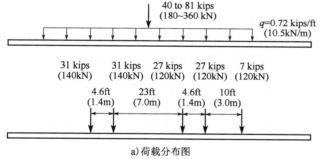
a) 荷载分布图

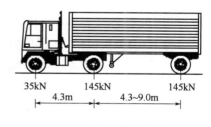
b) 车辆荷载尺寸图

图 4-2　AASHTO 桥梁荷载(活载)

偶然荷载:指在设计基准期内出现概率很小,然而一旦出现,对结构的影响很大,持续时间很短的荷载,包括地震力、船只撞击力和汽车撞击力。

在实际设计过程中,根据各种荷载重要程度和出现概率的不同,桥梁采用了以概率论为基础的极限状态设计法进行设计。考虑结构上可能同时出现的作用,按照承载能力极限状态和正常使用极限状态进行荷载组合。

其中承载能力极限状态是指结构达到承载能力最大值或出现不适合继续承载的变形状态,承载能力极限状态的设计主要偏重于考虑结构的安全性。根据持久状况和短暂状况的不同设计要求,采用不同的荷载组合方式,有基本组合和偶然组合两种。正常使用极限状态是指桥梁结构达到正常使用某项限值的状态,其荷载效应组合根据不同设计要求分为两种:频遇组合和准永久组合。

在桥梁设计中,一定要明确"荷载组合"与"荷载效应组合"。"荷载组合"是将可能同时出现的数种作用进行组合后施加到结构上,然后进行结构分析,而"荷载效应组合"是指先分别施加单个作用,进行结构分析后得到对应的效应,然后对效应进行组合。对线性问题,两者等效。但是对大跨度桥梁(几何非线性明显),上述处理方法是不合适的,因为是荷载与荷载效应之间是非线性关系。

4.3 桥梁总体布局

4.3.1 桥梁设计基本原则

桥梁的设计应当遵循安全、适用、耐久、环保、经济、美观几项基本原则。

安全是最为核心的要求,设计时应使结构刚度、强度和稳定性满足要求,同时保障桥上车辆、行人的通行安全和桥下船只的通航安全。桥梁的地震效应、大跨度桥梁的风振效应、高速铁路桥梁的车桥耦合振动等在设计中都要有所考虑。

适用性主要指桥梁的功能性要求,它要求桥梁保证车辆的顺畅、舒适和安全通行,同时也要满足未来交通量增长的需要。

耐久性是桥梁设计的基本要求,它指的是在设计确定的环境作用和养护使用条件下,结构及其构件在设计使用年限内保持其安全性和适用性的能力。桥梁的耐久性受内、外因影响,内因包括材料特性和施工质量,外因则有环境条件和混凝土结构裂缝等。

环保要求桥梁满足可持续发展需要,尽量采用绿色环保、可回收利用的建筑材料,尽可能减少污染问题。

经济性主要关注的是资源投入和使用过程中成本节约的水平和程度及资源使用的合理性。

美观是在前五项原则的前提下,使桥梁拥有美的外形,并与其周围环境相协调。

【示例4-1】 内卡大桥(Neckar Bridge,图4-3)位于德国,跨越内卡河。由于边跨地质条件差,不能设桥墩,因此边跨跨度大,用直径105mm和120mm钢丝绳的钢压杆支承主梁。桥面总宽31.5m,支撑在宽10m、高6m、带横向支撑大悬臂板的钢箱梁上。最大的特点是结构非常纤细,采用体外索作为支承,增加桥梁跨度。弗里茨·莱昂哈特(Fritz Leonhardt)(图4-3)认为"纤细的中间桥墩可以减少对周围环境的视觉冲击,设计的基本思想是在峡谷中采用体量比较小的桥墩;边上的桥墩主要是为了抵抗结构的扭转,尽管当时许多工程师对扭转刚度没有概念"。

弗里茨·莱昂哈特是德国著名工程师,斯图加特大学教授。他和迪辛格(Dischinger)为世界斜拉桥早期和中期的发展做出了杰出的贡献,后来创世界纪录的法国诺曼底桥、日本的多多罗桥都能明显看到德国斜拉桥的技术痕迹。弗里茨·莱昂哈特与鲍尔(Willi Baur)共同发明了顶推施工方法,最早提出扁平箱梁作为缆索体系桥梁的加劲梁。弗里茨·莱昂哈特和索尔(Reiner Saul)设计了多座破纪录的结合梁桥。弗里茨·莱昂哈特撰写的《钢筋混凝土结构设计原理》系列教程(6本),被称为桥梁与结构领域的"红皮教程",

至今仍有非常重要的理论价值。著者认为最能体现设计师雄厚力学素养的不是设计极其繁复的体系与结构,而是用最简洁的力学系统完成最复杂的力学传递,用最简洁的结构承担最复杂的构件功能,力学与结构上极度简洁最能体现设计师的素养。

图4-3　桥梁结构理论与设计大师　弗里茨·莱昂哈特　1979年设计的经典作品·内卡大桥

4.3.2　桥位现场调查

桥梁设计中,首先应当进行桥位的现场勘察,主要包括绘制桥位附近的地形,勘测桥位处的地质情况。对于跨河桥梁,还应调查该河流的水文情况,用以确定桥面高程和桥下净空。

4.3.3　桥梁平面布置

中小桥在平面布置时,桥位一般符合路线的总体走向,为满足路线要求,可设计斜桥和弯桥。大桥、特大桥进行平面布置时,应将路桥综合考虑,尽可能在河道顺直、地质良好的河段上修建,同时应尽可能采取较高的平曲线指标。

桥位选择不仅直接影响桥梁结构工程的安全稳定、使用寿命和技术经济合理性,并且受相关的铁路、水利、航运、国防、城建等工程的影响。

4.3.4　桥梁纵横断面设计

桥梁纵断面设计应考虑的因素包括桥梁总长、孔径布置、桥面高程、桥下净空和桥上纵坡布置。横截面设计主要是确定桥面的宽度以及设置桥面横坡。

4.4　桥梁上部结构

桥梁上部结构指的是桥梁支座以上(无铰拱起拱线或框架主梁底缘以上)跨越桥孔部分的总称。桥梁按照结构受力体系可分为梁式桥、拱桥、悬索桥、斜拉桥和刚构桥等不同桥型,在这些基本桥型的基础上,出现了其他更多形式的组合体系桥梁。

4.4.1 简支梁桥

如图 4-4、图 4-5 和图 4-6 所示,简支梁桥是主梁简支在两侧墩台上的桥梁。它是静定结构,没有多余约束。支座仅提供竖向力,没有水平作用,主梁承担正弯矩。由于该桥型受力简单,施工方便,是使用最为广泛的桥梁结构。简支梁桥随着跨径的增大,其跨中恒载弯矩和活载弯矩急剧增加,导致其截面尺寸急剧增加,降低了其经济性,因此简支梁桥一般用于中小跨径桥梁。

图 4-4 马来西亚佰图 6 号桥(Batu6 Bridge,UHPC,跨度 100m,梁高 4m,简支梁)

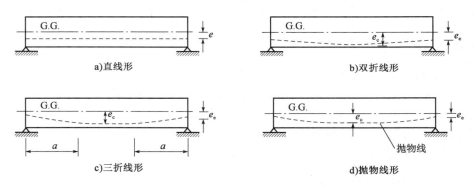

图 4-5 PC 简支梁主要配索方式

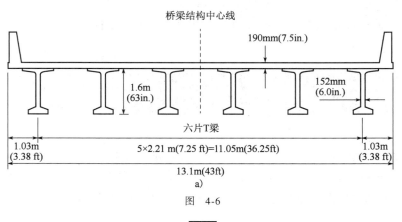

图 4-6

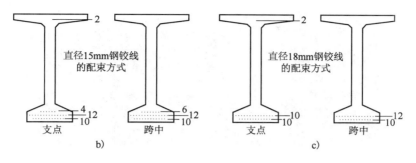

图 4-6 典型的 PC 简支梁横断面及主梁断面形式

4.4.2 连续梁桥与连续刚构桥

连续梁桥属于超静定体系,该桥型刚度大,整体性与行车舒适性好。如图 4-7 所示,由于连续梁桥支点负弯矩的存在,使得跨中正弯矩减少,内力分布相较于简支梁桥更为合理。

连续刚构桥又称为墩梁固结的连续梁桥。如图 4-8 所示,连续刚构桥综合了 T 形刚构桥在悬臂法施工中保持体形平衡的特点,又吸收了连续梁桥在整体受力上能承受正负弯矩的优点。一般采用柔性薄壁墩,以减小次内力效应。

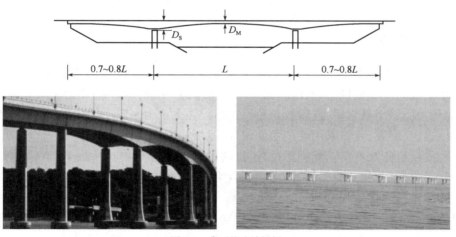

图 4-7 典型的连续梁桥

4.4.3 斜腿刚构桥

斜腿刚构桥是受弯的梁与受压的立柱或竖墙整体结合在一起形成的结构,是介于梁和拱之间的结构体系,如图 4-9 所示。由于梁和柱刚性连接,柱对梁有卸载作用,所以同样跨径,在相同荷载作用下,刚架桥的跨中正弯矩要比梁桥小。刚架桥通常适用于桥下净空较大和建筑高度受到限制的位置,如立交桥、高架桥。

图 4-8　奇隆高架桥(Chillon Viaduct)

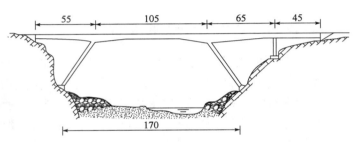

图 4-9　南非开普敦古里茨河大桥(Gouritz River Bridge)（尺寸单位：m）

4.4.4　拱桥

拱桥是桥梁的经典桥型之一。拱桥在竖向荷载作用下，两端支承处除有竖向反力外，还产生水平推力。水平推力的存在，使拱内产生轴力，从而大大减小跨中弯矩。在这一点上，拱的受力类似于悬索桥，悬索桥是通过主缆的强大拉力来减小加劲梁的弯矩。由于拱圈以受压为主，因此，可以采用受压强度较好的材料，提高其跨越能力。

大跨度拱桥的难点在于其施工过程，拱桥的施工过程与斜拉桥或悬索桥不同。斜拉桥与悬索桥(包括自锚式悬索桥)基于某种优化原则确定合理成桥状态后，一般都可以通过合理的施工过程来达到这种目标内力状态。拱桥则不同，在很多情况下，拱桥的拱肋施工不仅需要分段，而且还要分工作面或者分层，而出于经济性考虑，拱桥拱圈以混凝土材料为主，混凝土材料的收缩徐变特性使得拱桥的成桥状态完全取决于施工过程，显然基于这一点，拱桥的成桥目标状态不如斜拉桥或者悬索桥明确。另外，拱桥在施工时为了架设拱肋，需要搭设大量临时施工支承体系，其费用占桥梁总造价的百分比远远高于其他桥梁形式。

拱桥按照主拱圈使用的建筑材料可以分为圬工拱桥、钢筋混凝土拱桥及钢拱桥。按照拱上建筑形式可以分为实腹式拱桥和空腹式拱桥。按照拱轴线的形式可以分为圆弧拱桥、抛物线拱桥、悬链线拱桥。按照桥面位置分为上承式拱桥、中承式拱桥、下承式拱桥。按照有无水平推力分为有推力拱桥、无推力拱桥。

(1) 空腹式混凝土拱桥

大跨度混凝土拱桥一般设计成空腹式无铰拱的结构形式,它具有造型美观、结构自重轻和行车通顺的优点。其拱轴线一般采用悬链线。主拱圈截面类型可以是工字形拱、箱形肋拱、箱形板拱;拱上建筑可以采用拱式、梁式。

【示例4-2】 萨尔基那山谷桥(Salginatobel Brdige,图4-10),主跨90m,宽度3.5m,三铰拱体系,承受轻型汽车荷载,1930年建成,曾是世界上跨度最大的箱形混凝土拱桥。该桥造型轻盈,与自然风景完美融合,成为了山谷中一道靓丽的风景线。1991年该桥被美国土木工程师学会认定为国际历史性土木工程地标,20世纪最杰出的桥梁之一。

图4-10 萨尔基那山谷桥

(2) 中承式拱桥

桥跨结构被支承在拱肋中部位置的拱桥称为中承式拱桥,其主要优点是可以降低桥面高程和使造型美观,缺点是拱肋需要占据一定的桥面宽度。整个桥跨结构由拱肋、横向联系和悬挂结构三部分组成。

【示例4-3】 菜园坝大桥(图4-11)位于长江上游重庆主城区重庆两路口到南坪之间长江之上,全长1651m,建成于2007年,是重庆主城区的第7座跨江桥梁,桥高114m,是长江上桥面高度最高的大桥。该桥结构形式采用中承式无推力钢管混凝土系杆拱桥,首创刚构、钢桁梁、系杆拱组合结构体系,大桥主体是由三个子结构组成,即一对预应力混凝土"Y"形刚构边跨和一个320m的钢箱提篮拱中跨组成的组合结构。三个相对分离的子结构通过中跨系杆和边跨系杆连接成主跨420m的系杆拱桥。

菜园坝大桥在设置水平系杆时,邓文中院士做出了重大的技术创新,将常规的通长水平系杆结构体系设计成三段,从而大大降低了由于巨大水平推力而带来的造价。图4-12为水平系杆设计成三段的示意图。

图 4-11　邓文中院士经典作品:荣获詹天佑奖的重庆菜园坝大桥

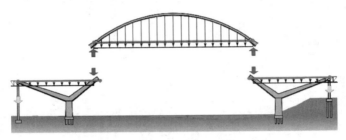

图 4-12　重庆菜园坝大桥结构分体示意图

(3)简支系杆拱桥

简支系杆拱桥属于无推力的拱桥,外部为静定结构,内部为高次超静定结构。主要分为柔性系杆刚性拱、刚性系杆柔性拱。

【示例4-4】　西班牙卢西塔尼亚桥

西班牙卢西塔尼亚桥(Lustitania Bridge,图4-13、图4-14)横跨瓜迪亚纳河,该桥全长465m,桥面宽11m,最大跨径189m,于1991建成通车。卢西塔尼亚桥的主梁为高4.45m、宽5m的箱形梁,后张预应力法施工,通过23对吊杆悬吊在一个高34m、跨度189m的钢拱肋上。卢西塔尼亚桥整个大桥设计成整体结构,未设伸缩缝,该桥由著名结构设计大师拉特拉瓦(Santiago Calatrava)设计。

图 4-13　卢西塔尼亚桥(一)

图 4-14 卢西塔尼亚桥(二)

结构工程大师拉特拉瓦,1951 年出生于西班牙文化名城瓦伦西亚,先后在瓦伦西亚混凝土结构与艺术学院和苏黎世联邦高工(ETH)就读。拉特拉瓦年轻时接受了传统的文化、艺术和建筑教育,遵从着面向工程严谨的思维模式。1981 年博士毕业后他成立了自己的建筑事务所,仅仅十年后的 1992 年便获得了英国结构工程师协会金奖。其个人设计理念核心是"以大自然为设计灵感"。

【示例 4-5】 秭归长江大桥(图 4-15)位于中国湖北省宜昌市秭归县,地处长江三峡兵书宝剑峡峡口。秭归长江大桥是一座中承式钢箱桁架拱桥,目前在同类桥梁中,跨度为世界第一(2020 年)。秭归长江大桥桥梁全长 883.2m,主跨 531.2m,桥面宽 32.3m,为一跨过江、双向四车道的公路桥。

图 4-15 秭归长江大桥(建桥前后) 2020 年获古斯塔夫斯·林德撒尔奖

4.4.5 斜拉桥

现代斜拉桥的复兴是第二次世界大战后桥梁发展史上最伟大的成就之一。斜拉桥在 20 世纪 60 年代初传入我国后,上海和四川两地于 1975 年建成了两座试验性的钢筋混凝土斜拉桥,即主跨分别为 54m 的新五桥和 75.8m 的云阳汤溪河桥。20 世纪 90 年代,我国的斜拉桥建设出现了一个新的高潮。以 1991 年上海南浦大桥的建成为起点,建成了一大批跨度超过 400m 的斜拉桥。21 世纪斜拉桥发展则更加迅猛。

斜拉桥的力学特点(优点)可以总结为以下几点:①斜拉桥结构传力明确,主梁结构合理,梁、塔与斜拉索都能发挥各自的材料性能,结构的整体跨越能力大。②斜拉桥整个设计与施工较经济。较经济的主要原因在于实际施工时可以使用传统的施工方法而不需要发展极端特殊的安装技术。斜拉桥具有"形式服从于功能"的内在特性,斜拉桥斜拉索的存在,一方面是结构本身的需要,另一方面恰好给悬臂施工提供了端锚索,这种特别的巧合在别的桥型中是不常见的。如上海卢浦大桥,其主跨是550m的钢拱桥,在施工时,采用了悬臂拼装法,由于拱桥本身没有拉索,所以为了满足施工要求,必须增加临时拉索(图4-16),从而大大增加了桥梁的造价。③斜拉桥的美观性。斜拉桥和别的桥型相比,其结构形式可以在基本图式的基础上,产生若干衍生图式(图4-17),从而达到不同的美学效果。这一点恰恰满足了当今人们对美的多样性的追求,也是众多城市热衷于修建各种斜拉桥的原因。④斜拉桥具有良好的动力性能。斜拉桥和悬索桥虽然都属于柔性体系桥梁,但是,通常情况下,由于斜拉桥相当于自锚体系,相对于悬索桥来说,其结构刚度大得多,因此斜拉桥也比较适合于铁路桥梁,可以满足铁路动荷载的验算要求。

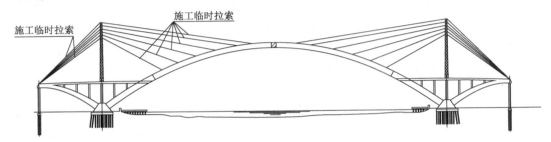

图4-16 大跨径拱桥临时拉索施工示意图

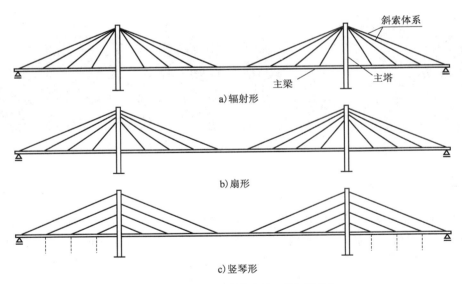

图4-17 典型斜拉桥斜拉索的三种布置形式

(1)跨径及分孔

独塔双跨斜拉桥的边主跨之比一般为0.5~0.8。两跨相等时,由于边跨及端锚索对主跨变形的约束作用相对较小,因而这种形式较少采用。双塔三跨桥式在此类桥中,边跨与主跨之比一般应小于0.5。边跨较小时,边跨主梁的刚度较大,边跨拉索较短,刚度也就相对较大,因而此时边跨对索塔的锚固作用就大,主跨的刚度也就相应增加。

(2)结构体系

如图4-18所示,斜拉桥结构主要由索、塔、梁、塔墩四种基本构件组成,按其之间的连接和传力特点,可分为如下四种结构体系:

①漂浮体系:塔墩固结,塔梁分离,只有主梁两端支承,其余全部由斜拉索悬拉,是一种多点弹性支承的单跨梁。为限制横向力(如风力)作用引起的横向位移,一般要在塔柱和主梁间设置板式或聚四氟乙烯盆式橡胶支座。其主要优点有:塔柱处主梁无负弯矩峰值;梁柱效应较小,各截面因温度、收缩徐变、塔柱压缩变形产生的内力均匀;抗震性能好,地震作用下主梁和纵向摆动位移吸震消能效果明显等。

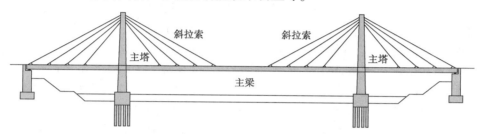

图4-18 典型斜拉桥的受力体系

【示例4-6】 武汉青山斜拉桥(图4-19),目前具有世界最高A型桥塔,是长江上最宽的大桥,桥宽达48m(2020年)。全漂浮结构,主跨938m,建成时是世界上跨度最大的全漂浮体系斜拉桥。全漂浮体系虽然建设难度大,但其优势也十分明显。特别是在发生地震或飓风时,全漂浮斜拉桥可以不受桥墩的约束而极大限度地实现纵向摆动,从而避免结构共振,达到抗震消能的最佳效果。当桥梁发生温度变形或徐变变形时,相互脱离的悬浮结构也能避免桥中产生过大的内部应力。

图4-19 武汉青山斜拉桥效果图

②半漂浮体系:塔墩固结,塔梁分离,主梁在塔墩上设置竖向支承,成为具有多点弹性支承的多跨连续梁或悬臂梁。图4-20为一座半漂浮体系斜拉桥。

图 4-20 半漂浮体系斜拉桥

③塔梁固结体系：塔梁固结并支承在桥墩上，成为多点弹性支承的多跨连续刚构，一个塔墩支座固定，另一活动，可减少塔墩弯矩和主梁中央段轴向拉力。其主要缺点有：主梁在墩顶处转角直接使塔柱倾斜而导致塔顶产生位移，从而使主梁跨中挠度和边跨负弯矩增大；需设置大吨位支座，更换困难等，图 4-21 为一座塔梁固结体系斜拉桥。

④刚构体系：塔、梁、墩皆为固结，形成跨度内具有多点弹性支承的刚构结构体系。不设大型支座，施工稳定，整体刚度大，相互制约，塔顶位移与主梁挠度小。其主要缺点有：主梁固结处负弯矩大；为消除极大的温度力，需设剪力铰或挂梁，易导致行车不平顺；抗震性能差等。该体系适用于独塔斜拉桥，如图 4-22 所示。

图 4-21 塔梁固结体系斜拉桥

图 4-22 刚构体系斜拉桥

⑤矮塔斜拉桥：也称部分斜拉桥，相对于常规斜拉桥斜拉索承担全部恒载，矮塔斜拉桥斜拉索只承担少部分荷载，因而塔较矮。矮塔斜拉桥的主要特点有：斜拉桥塔高约为跨径的 $1/4 \sim 1/5$，而矮塔斜拉桥为 $1/8 \sim 1/12$，后者约为前者的 $1/2 \sim 1/3$，塔高变化致使、梁受力发生很大变化；斜拉索应力幅值大小是决定拉索容许应力的唯一因素，其最大应力幅值一般为常规斜拉桥的 $1/2 \sim 1/3$。矮塔斜拉桥一般分为刚梁柔塔与柔梁刚塔。

【示例 4-7】 桑尼伯格大桥

桑尼伯格大桥（Sunniberg Bridge,图 4-23）由瑞士桥梁设计师克里斯丁·梅恩（Christian Menn）设计。其结构形式为五跨连续双索面曲线梁矮塔斜拉桥，跨径配置为 59m + 128m + 140m + 134m + 65m = 526（m），桥宽为 12.378m，桥高 50 ~ 65m，桥塔最高距河谷约 77m，平曲线半径 503m，桥面纵坡 3.2%。因地形限制而采取高桥墩、矮桥塔、竖琴形钢索配置。

图 4-23　桑尼伯格大桥(Sunniberg Bridge,瑞士设计师 Christian Menn)
2001 年在国际桥梁及结构工程协会(IABSE)年会上获得该年度卓著结构奖

⑥索辅桥梁:在城市桥梁中单孔跨径 100m 左右的小跨径斜拉桥较为常见,通过充分利用小跨径斜拉桥的主梁刚度,考虑主梁和拉索的组合受力,秉承充分发挥材料各自性能的设计理念,索辅体系桥梁能达到使用性和经济性的统一。

【示例 4-8】　沈阳三好桥

沈阳三好桥(图 4-24)位于沈阳市区南部,跨越浑河,主跨为 2×100m 单墩双拱塔组合式空间索面斜拉桥。机动车道宽 23m,双向六车道;单侧人行道和非机动车道宽共 4.5m。桥面合计宽 32m。主桥上共设置 10 对吊索,吊索纵桥向间距 8m,引桥桥宽 32m,梁高为 2.6m,主桥与引桥浑然一体,交相辉映。沈阳三好桥,荣获 2009 年国际桥梁大会颁发的全球桥梁设计建造最高奖"尤金·菲戈奖(Eugene C. Figg Medal)",设计师是美国国家工程院院士、中国工程院外籍院士邓文中博士。该桥首次提出索辅桥梁的基本概念,从而从哲学上完善了连续梁桥、矮塔斜拉桥、索辅斜拉桥、斜拉桥的体系过渡。其基本原理非常类似于混凝土结构设计原理中少筋梁、适筋梁到超筋梁的结构过渡。

图 4-24　沈阳三好桥

(3)体系构造

①主梁、主塔、斜拉索构造

如图 4-25 所示,混凝土主梁造价、养护费用低,刚度大,抗风稳定性好;如图 4-26 所示,钢-混凝土叠合梁采用混凝土板承受压力,发挥材料优势,温度变形小,重量较大,增大风振阻尼,便于顶推施工,降低造价,缩短工期,一般只适用于双索面斜拉桥;如图 4-27 所示,钢主梁斜拉桥由于自重轻的原因,成为大跨度斜拉桥的首选。

图4-25 混凝土主梁

图4-26 钢混组合梁

图4-27 钢主梁

②斜拉桥辅助墩

辅助墩在斜拉桥的结构体系中占据非常重要的地位,尤其多见于目前我国大量修建的钢主梁斜拉桥。竖琴体系钢主梁斜拉桥一般竖向刚度较小,在车辆荷载作用下会产生较大的体系动力响应,整体的体系动力响应与局部动力响应叠加,会加速钢结构主梁与钢桥面铺装的疲劳性能衰减。

目前国内修建大量接近竖琴体系的扇形体系斜拉桥,此类斜拉桥也应该参考竖琴体系设置数量较少的辅助墩。设置辅助墩的成本较低,但是技术经济效益明显。

【示例4-9】 杜塞尔多夫大桥

杜塞尔多夫大桥(Dusseldorfer Bridge,图4-28),主跨258m+258m,塔高47m,由德国弗里芝·莱昂哈特教授设计,是世界上第一座斜拉桥。斜拉索的布置采用竖琴式。

当然,竖琴体系是一个不稳定的缆索体系,并不意味着整个桥梁结构体系是不稳定的,因为加劲梁和索塔的弯曲刚度将增加缆索体系本身所缺少的稳定性,如图4-29所示。如果主梁是混凝土主梁,显然上述理论并不完全适合。

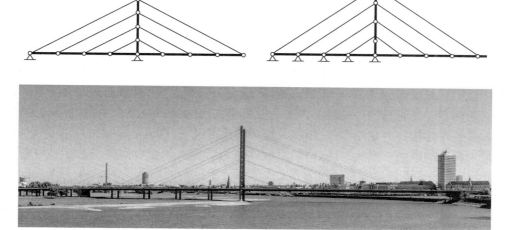

图 4-28 德国杜塞尔多夫桥

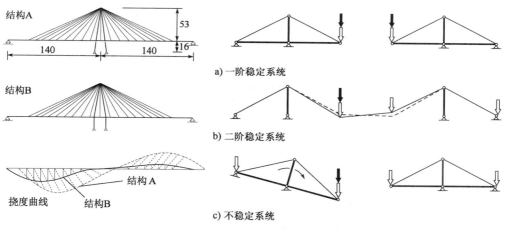

图 4-29 缆索体系的相对稳定性(尺寸单位:m)

(4) 设计与计算

斜拉桥设计与计算是非常复杂的过程,要求设计者对斜拉桥的各种桥梁体系的力学特点有非常清晰的了解。在确定结构体系与主塔、主梁初步尺寸后,需要进行合理成桥索力的确定,由于斜拉桥的斜拉索索力是可以调整的,所以,对应同样一个结构体系尺寸,可以有无数种成桥状态。因此,斜拉桥必须基于优化准则来确定合理成桥索力。确定成桥索力后,就需要确定合理施工状态与对应的合理施工索力。在此基础上,进行精确的施工过程分析,最后形成精确合理的成桥状态。首先进行桥梁体系的静动力效应分析,然后进行各种荷载组合,最后进行构件强度、稳定及疲劳强度的设计与验算。通常,在斜拉桥的设计计算中需要考虑结构体系的非线性。

4.4.6 悬索桥

(1) 总体布置

如图 4-30 所示,悬索桥通常由桥塔、主缆、锚锭、吊索、加劲梁及鞍座等主要部分组成。图 4-31 和图 4-32 显示了悬索桥的部分受力特点。悬索桥受力体系可通过主缆的拉力与主梁的特殊线形,产生一个体系弯矩,从而大大降低主梁的弯矩,某些情况下可以使主梁弯矩为零。此时悬索桥的极限跨度只取决于主缆的材料极限及主塔轴压受力性能。由于悬索桥主体构件为拉压构件,所以材料利用效率最高,这也是悬索桥可以做到桥梁体系中最大跨度的原因。当然,悬索桥的主缆可作为结构永久受力构件与施工临时缆索的特殊优点,也是该桥型在施工便利性方面大幅度优于拱桥的原因。图 4-33 为世界知名的金门大桥。

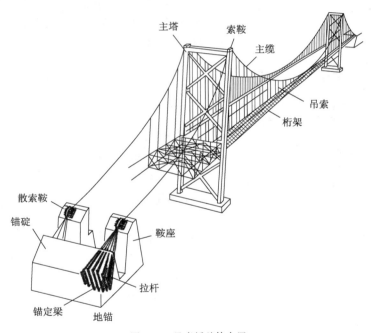

图 4-30 悬索桥总体布置

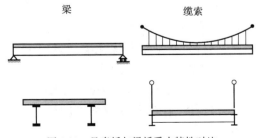

图 4-31 悬索桥与梁桥受力特性对比

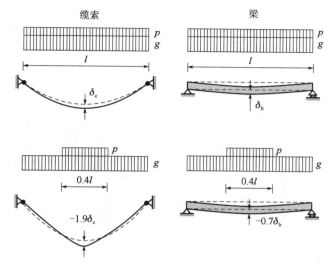

图 4-32　活载作用下悬索桥与简支梁受力特性对比

图 4-33　金门大桥

【示例 4-10】 中国西堠门大桥（图 4-34）是连接舟山本岛与宁波的舟山连岛工程五座跨海大桥中技术要求最高的特大型跨海桥梁，主桥为两跨连续钢箱梁悬索桥，主跨 1650m，建成时桥跨位居悬索桥世界第二、中国第一，其中钢箱梁全长在悬索桥中居世界第一。设计通航等级 3 万吨、使用年限 100 年。2009 年 12 月 25 日，西堠门大桥正式通车。

图 4-34　舟山西堠门大桥（FIDIC 2015 年杰出项目奖）

【示例4-11】 维拉札诺大桥(Verrazano bridge,图4-35),位于美国纽约港的入口处,主跨1298m,跨度超过长期保持世界纪录的金门大桥,在1981年英国恒比尔桥竣工之前一直居悬索桥首位。钢桥塔高210m,设有4根主缆。双层桥面,共12条车道,通航净空69m。该桥以发现纽约湾的意大利航海家乔瓦尼·维拉札诺(Giovanni da Verrazano)的名字命名,1964年建成。

图4-35 维拉札诺大桥

(2)构造

①主梁构造

相对于斜拉桥而言,悬索桥具有较小的内力体系刚度,因此,加劲梁的空气动力特性就非常重要。悬索桥的主梁截面如果采用实腹式,需要做成流线型,具有锐利的导流边缘,从而降低阻力系数,同时降低涡流脱落倾向。流线型截面首先在英国塞文桥(The Severn Bridge)上应用(图4-36)。

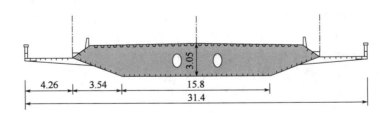

图4-36 塞文桥加劲梁(尺寸单位:m)

但是在悬索桥历史发展过程中,桁架曾是悬索桥最优先考虑的加劲梁结构形式。在承受双层荷载(公铁两用)的悬索桥中,桁架仍然是首选方案,如图4-37所示。

②索塔构造

在大多数情况下,索塔构造尺寸由缆索体系产生的轴力控制。由于索塔有很大的压应力,需要有效的加劲来单独抵抗板块发生屈曲。出于制造的需要,将索塔横截面再分成较小的单元来制造安装。早期欧洲、美国大多数悬索桥桥塔都采用多室概念设计。维拉札诺大桥 192m 的索塔就是按此概念设计,如图 4-38 所示。

图 4-37 维拉札诺大桥加劲桁架

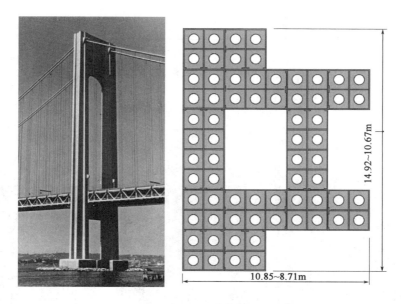

图 4-38 维拉札诺大桥索塔

③主缆与吊索构造

对于悬索桥而言,主缆系统的选择是设计过程中最具关键性的,常见体系有单跨(图 4-39)和三跨悬索桥(图 4-40)。有时为了增加结构的阻尼特性,将吊杆设计成斜杆(图 4-41)。为了满足中等跨度悬索桥的经济性,可以做成自锚式悬索桥(图 4-42)。l_m 为悬索桥主跨跨径,杨泗港长江大桥主缆及吊杆如图 4-43 所示。

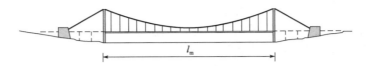

图 4-39　索塔以外具有独立引跨的单跨悬索桥

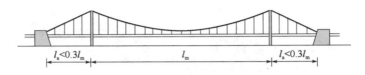

图 4-40　有短边跨的三跨悬索桥

图 4-41　主缆与加劲梁之间的斜吊杆

图 4-42　自锚式悬索桥

图 4-43　杨泗港长江大桥主缆及吊杆　2020 年乔治·理查德森奖

④锚锭鞍座构造

主缆承受的强大拉力将在桥梁两端通过散索鞍传递到锚锭处。韦拉札诺大桥锚锭和大贝尔特桥锚锭如图 4-44 和图 4-45 所示。悬索桥常用的锚锭形式有重力式(图 4-46)和隧道式(图 4-47)。

图 4-44　韦拉札诺大桥锚锭

图 4-45　大贝尔特桥锚锭

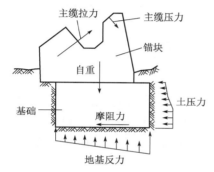

图 4-46　重力式锚锭示意图

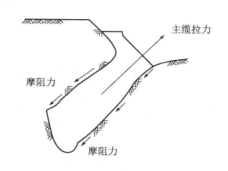

图 4-47　隧道式锚锭示意图

(3) 悬索桥设计与计算

在活载受力阶段,相对于斜拉桥,悬索桥表现出高度的几何非线性(大位移、大转角),结构体系更多是靠其变形来抵抗荷载,而不是常规的靠结构构件的弹性伸长或弯曲来抵抗。由于此高度非线性(特别是大转角)会导致原先结构的平衡状态在转角改变的情况下产生新的不平衡力,从而大大增加悬索桥活载阶段计算的难度。同时,如图 4-48 所示,在活载影响线计算方面,与其他桥型不同,同样由于高度几何非线性,活载影响线需要考虑结构的几何非线性,这也大大增加了悬索桥体系静力分析的难度。

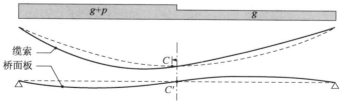

图 4-48　悬索桥的活载受力图式

另外,与其他桥型不同,悬索桥在设计中要特别关注桥梁结构的空气动力稳定性,尤其是主梁的扭转失稳和颤振。与静力设计取决于重量级尺寸不同,风荷载作用还与加劲梁的外形密切相关。除了一般的专业计算软件分析外,大跨度悬索桥的抗风设计更多取决于风洞试验。墨西哥海峡大桥的全桥风洞试验如图 4-49 所示。

图 4-49　墨西哥海峡大桥全桥风洞试验

4.4.7　组合体系桥梁及新颖桥梁

在深入了解桥梁结构基本体系与构件特点的基础上,可以创造出新的结构体系。新的体系可以是对旧体系的改造,更多的是结构体系的创新。未来桥梁设计师的重要任务是创造设计出高性能或者超高性能的单一体系或组合体系桥梁。同时在桥梁设计时要深刻领会林同炎的结构设计原则"不盲从规范而遵循自然规律"。

目前的桥梁体系设计阶段已经进入复杂的桥梁体系、施工与结构构件、运营维护的综合优化阶段,特别强调基于力学原理的桥梁体系创新。比如传统预应力混凝土梁桥,为了满足施工及结构抗剪切(抗弯)的需要,往往采用变截面,随着跨度增加,根部梁高将达到惊人的高度,如果该连续梁桥是地震区高墩体系,显然对结构抗震更为不利。但对比大跨度连续梁桥根部受力特点,连续梁根部受力非常类似矮塔斜拉桥的拉压体系受力(图 4-50),如果对抗剪再采用桁架理论来解释,显然连续梁根部区域中间部分材料利用效率较低,从而可以做挖空处理。如图 4-51 所示,左图连续梁桥根部为实心,右图进行了体系简化将墩顶做了挖空处理。

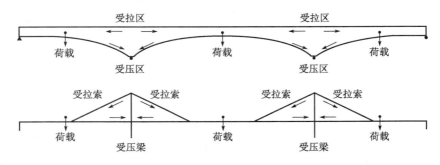

图 4-50　基于体系力学特点结构体系对比

图 4-51 基于体系力学及结构受力的体系简化(中国)

【示例 4-12】 塔米纳峡谷大桥(Tamina Canyon Crossing,图 4-52 和图 4-53)在 200m 高空横跨塔米纳峡谷,主体结构体系由上部结构和桥拱所形成的连续预应力梁所组成。横跨峡谷 417m 的大桥上部结构是由下方桥拱所提供的斜型柱支撑的。大桥最终只需在 4 处进行基础施工,大大地降低了工程难度,将这个项目的经济效益发挥到极致。毫无疑问,这是克里斯丁·梅恩和罗伯特·拉马尔(Robert Maillart)所设计的最佳世界级混凝土作品。这座大桥的线条优雅,和周边环境融为一体,毫无违和感。

图 4-52 体系组合创新 2018 年最佳卓越工程奖

图 4-53 塔米纳峡谷大桥

【示例 4-13】 瑞士甘特大桥(Ganter Bridge,图 4-54)于 1980 年建成,该桥的建成表明又一新结构形式的诞生。克里斯丁·梅恩完成概念设计,结构工程师马格(W. Maag)

和里根德(H. Rigendinger)完成桥梁结构设计。主跨174m,如果采用连续梁桥或连续刚构桥,主墩处梁高将达到11.1m,与边孔梁高不协调。设计方案采用矮塔斜拉桥,塔高10m,由此可以将根部梁高降低到5m,跨中中部梁高为2.5m。这一创新的结构构思促成了世界上第一座矮塔斜拉桥的出现。该桥于2016~2018年因耐久性原因而进行了加固,采用最新的UHPC进行了若干关键构件的加固。

图4-54 新体系的创新与出现 甘特大桥

【示例4-14】 新首钢大桥(图4-55)全长1.36km,其中主桥桥长639m,采用椭圆形不对称倾斜变截面扭曲钢塔,分离式变截面钢主梁的新型斜拉刚构组合体系,共5跨,主跨280m。桥梁标准宽度47m,最宽的高塔底部为54.9m。高塔桥面以上高约112m,矮塔桥面以上高66m。斜拉索采用竖琴式渐变距离布置。主桥全部采用钢结构工厂加工预制,现场吊装焊接成为整体,总用钢量约4.5万吨,概算总投资约11.5亿元。新首钢大桥桥型与自然巧妙融合、曲面造型独特,设计实施难度巨大,多项指标在国内乃至国际上处于领先水平。结构体系新颖,倾斜、扭曲、拱形组合结构体系桥梁本身也是刚构、斜拉桥、连续梁三种结构形式的新颖组合,为桥位量身打造,国内外首次采用。基于同一个建筑信息模型(BIM)平台软件卡特(CATIA)的多专业整合,完成国内外首个全专业超精细的三维大型桥梁设计模型,指导各专业协同工作,全新的技术手段有效保证了大桥的顺利实施。

图4-55 新首钢大桥2020年获尤金·菲戈奖

4.5　桥梁下部结构

桥梁下部结构由墩台与基础组成,墩台主要由墩(台)帽、墩(台)身两部分组成(图4-56)。墩台支承桥梁上部结构并形成跨越空间,其中桥台是指桥梁的两端支承结构,桥墩是除桥台外的中间支承结构。基础是桥梁土中隐蔽结构,是与地基(承受人工结构物荷载的地壳表层岩土)直接接触,并把所受荷载全部传给地基的结构部分。常用的基础类型主要依其埋置深度划分为浅基础和深基础,深基础多以桩与沉井基础为主。墩台与基础工程统称桥梁下部结构。桥台除与桥墩一样支撑上部结构传递荷载外,还是桥梁与道路衔接过渡的结构物,所以它除外形复杂外,还受到路堤填土的各种土压力作用。

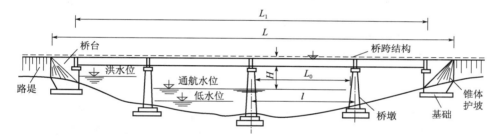

图4-56　桥台、桥墩、基础示意图

4.5.1　桥墩构造及类型

桥墩的作用是支承在它左右两跨的上部结构,承受通过支座传来的竖直力和水平力。由于桥墩建筑在江河之中,因此它还要承受流水压力、水面以上的风力、可能出现的冰压力和船只等撞击力。所以桥墩在结构上必须有足够的强度和稳定性,在布设上要考虑桥墩与河流的相互影响,即水流冲刷桥墩和桥墩壅水的问题。在空间上应满足通航和通车的要求。

一般公路桥梁常采用的桥墩类型根据其结构形式可分为实体式(重力式)桥墩、空心式桥墩和桩(柱)式桥墩,参见图4-57。

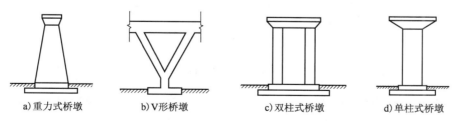

图4-57　桥墩构造及类型

4.5.2 桥台构造及类型

桥台(图 4-58)的主要作用,除了支撑上部结构和传递主梁自重及桥面上的活荷载外,另一重要作用是衔接引道挡土,承受很大的土压力,因而桥台的基本结构受其功能要求而比较固定。常用的桥台类型有实体式(重力式)桥台、埋置式桥台(图 4-59)和轻型桥台(图 4-60)等。

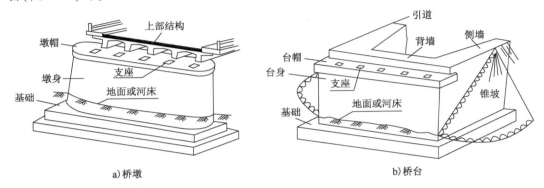

图 4-58 桥梁墩台构造

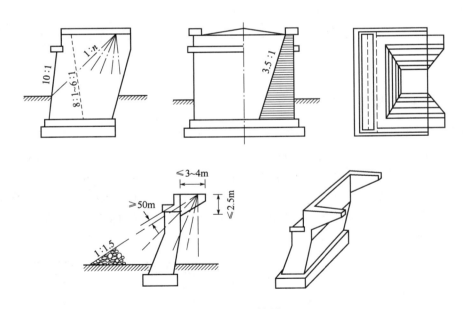

图 4-59 埋置式桥台

轻型桥台结构简单,工程量小,施工简易,常见的轻型桥台有支撑梁轻型桥台、钢筋混凝土薄壁桥台等。轻型桥台适用于跨径较小、填土高度较小的桥台。

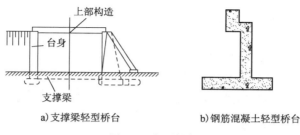

a) 支撑梁轻型桥台　　　b) 钢筋混凝土轻型桥台

图 4-60　轻型桥台

4.5.3　桥梁基础

桥梁建筑结构修筑在地壳表层岩土中的结构称之为基础，基础是所有建筑结构物的"根基"，起着承上启下的作用。基础处于上部结构荷载与地基反力的共同作用之下，承受着由此而产生的各种内力（弯矩、剪力、轴力和扭矩等）。桥梁常见的基础类型有扩大基础和桩基础，如图 4-61 所示。一方面，要根据上部结构的类型、荷载大小等选择不同的基础形式，以满足使用要求（刚度、承载力、沉降、位移等）；另一方面，在按照上述要求进行基础的设计计算时，又要考虑不同地基条件对基础产生的反力作用来选择合理的基础尺寸、布设方案乃至结构形式，因此基础设计计算必然涉及地基条件，故基础设计又称为地基基础设计。

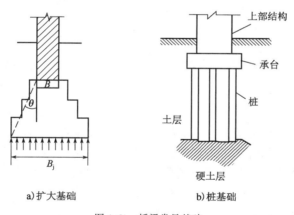

a) 扩大基础　　　b) 桩基础

图 4-61　桥梁常见基础

4.6　施工技术

目前桥梁修建已经发展出了多种施工方法，不同方法都有其各自的优缺点。实际工程中会根据安全、质量、造价、工期等因素确定最为合适的施工方法。

4.6.1 支架施工

支架上就地浇筑施工是最为古老也是最为常见的一种施工方法,如图 4-62 所示。该方法最大的优点是不需要大型吊装设备,对于预应力混凝土连续梁桥而言,结构在施工过程中不存在体系转换,不会引起恒载徐变二次矩。它的缺点则是施工过程中需要消耗大量支架模板,施工周期较长。

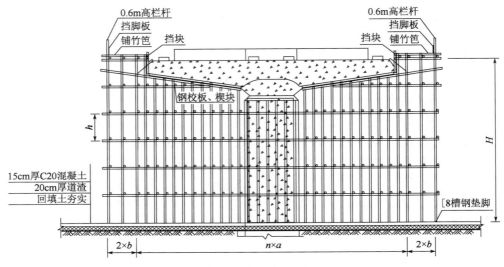

图 4-62 支架施工图示

支架施工多用于墩高较矮,地质条件较好的地区,同时桥下应无通航或通行需求。

4.6.2 悬臂施工

悬臂施工是大跨度桥梁最为常用的施工方法,如图 4-63 所示。悬臂施工分为悬臂浇筑法和悬臂拼装法。在悬臂施工过程中,由于涉及体系转换,因此设计时应考虑施工过程的应力状态。悬臂浇筑法主要是靠挂篮在与墩身连接好的梁段上移动,对称的浇筑梁节段混凝土,待混凝土达到要求强度以后,张拉预应力束,然后移动挂篮,进行下一阶段的施工。悬臂拼装法则是在桥墩或是已建好的梁端两侧设置起吊机械,将预制好的梁端对称吊装,吊装就位以后施加预应力,依次逐段施工。悬臂浇筑法不需要大量的施工支架和起重设备,并不受桥下地形、水位的影响,施工过程中桥下可以正常通航和通车,所以有着较为广泛的使用。

4.6.3 缆索吊装斜拉扣挂

缆索吊装斜拉扣挂是大跨度拱桥的主要施工方法之一,如图 4-64 所示。主要施工程序为,首先预制拱肋段,将预制好的节段运送到相应位置,然后用缆索把节段吊装至桥孔处安装就位,用扣索将它们临时固定。依次节段施工,在最后吊合龙段,进行轴线调整,之后将接头固结处理。缆索吊装斜拉扣挂方法所需设备简单,合龙精度高。与其他拱桥施工方法相比,施工时间减短,经济效益较为显著。

图 4-63　斜拉桥的悬臂拼装

图 4-64　拱桥的缆索吊装斜拉扣挂

4.6.4　其他施工方法

除上述施工方法外,还有其他施工方法。逐孔架设法是使用一套施工设备,从桥梁一端开始,逐跨装配、现浇、架设施工,周期循环,直到施工到桥梁另一端,竣工完成。该方法的优点是减少了支架,降低了工程造价,同时不影响桥下通行。顶推法是 20 世纪 60 年代由联邦德国首次使用,随后全世界范围内开始广泛使用。顶推法施工过程是梁在桥头分段预制,制作好一段,将梁在支座上向前顶推一段,跨过各桥墩,最后顶推至对岸,更换正式支座,完成施工。顶推法的力学优点是不改变结构的无应力长度与曲率,从而特别适合采用秦顺全院士提出的无应力状态法控制理论对复杂桥梁进行高效率的施工过程控制。转体法(图 4-65)适用于峡谷、深水中建桥,同样也适用于施工期间桥下有通行要求的桥梁,具有施工设备少,工序简单,施工周期短的特点。

随着独特与新颖桥梁结构体系的发展,高强材料的广泛应用,对于桥梁尤其是大跨度桥梁的稳定性理论的研究是不容忽视的一个重要问题,尤其是桥梁施工过程中需要注意的稳定问题(图4-66、图4-67和图4-68)。桥梁的稳定包括局部构件的稳定,特别是杆件与板的局部失稳、桥梁极限承载力分析、桥梁动力稳定问题。拱桥由于拱轴存在强大的压力,使其成为最易整体失稳的桥型。

图4-65 拱桥的转体施工

图4-66 桥梁施工过程发生坍塌(稳定破坏)

图4-67 桥梁施工过程局部稳定破坏

图4-68 桥梁施工过程的稳定加强措施

【示例4-15】 福建龙岩大桥主桥设计为(190+150)m不对称孔跨独塔双索面钢箱梁斜拉桥,主塔设计为"宝石"形,采用钢筋混凝土结构。龙岩大桥主桥工区位于龙岩市中心城区,向北侵入三分之一河道,向南侵入二分之一既有道路,东跨两条既有铁路线,可谓是"螺蛳壳里做道场",施工难度巨大。龙岩大桥毗邻的龙漳高铁线是Ⅰ级客运专线,每天有近120班列车经过,按照常规的施工方法,主塔施工时距离铁路的最近距离不足6.5m,按照铁路风险评级,全部施工过程都是铁路一级风险源,可谓不可能完成的任务。为突破条件限制,项目部联合中建六局技术中心,经过大胆假设,精心论证,最终决定创造性开发"水平二次转体"施工工艺(图4-69),在原"塔梁共转"的基础上增加一次"独塔单转",将桥塔施工现场距铁路的距离拉开至20m左右,一举解决安全风险。一座桥梁在建设过程中进行两次转体的施工方法,开创了世界钢箱梁斜拉桥二次转体施工(独塔单转和塔梁共转)的先河,向世界展示了中国基础设施建设的超高水准。

a) 第1次转体主塔单转

b) 第2次转体塔梁共转

图 4-69　龙岩大桥转体施工

4.7　桥梁养护与改造

4.7.1　桥梁结构损伤及承载能力评估

桥梁在运营期间,由于下列因素的影响,其体系结构性能将不断劣化。

(1) 环境因素影响的结构损伤

对于混凝土桥梁而言,混凝土的碳化、氯离子侵蚀、混凝土碱集料反应、混凝土集料膨胀反应、混凝土的冻害破坏与钢筋的锈蚀等因素都将劣化结构的设计参数取值指标,降低桥梁结构的使用寿命。对混凝土桥梁,钢筋锈蚀(图 4-70)是影响混凝土桥梁的主要因素。同样,环境因素导致的钢材锈蚀(图 4-71)对钢桥若干力学指标都有劣化影响。

图 4-70　吊杆内钢筋锈蚀

图 4-71　由于氯离子引起的钢筋锈蚀

(2) 疲劳影响的结构损伤

目前我国公路钢桥大量采用正交异性钢桥面板体系。正交异性钢桥面板具有轻质高强、承载能力高、适用范围广的突出优点。但是由于正交异性钢桥面板的受力特性与板件连接极为复杂,疲劳特性受多种因素影响,在使用过程中极易发生疲劳开裂与疲劳破坏

(图 4-72 和图 4-73)。我国虽然使用正交异性钢桥面板历史较短,但是已经有相当数量的各类桥梁的正交异性钢桥面板系出现严重的疲劳裂纹。正交异性钢桥面板的开裂将诱发桥面铺装裂缝、坑槽等多种病害。上述正交异性钢桥面板的裂纹修复难度大。

 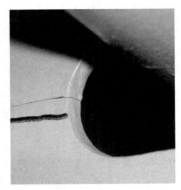

图 4-72　横肋弧形切口处源于母材焰切缺欠处裂纹

 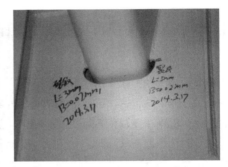

图 4-73　桥面板 U 肋与横隔板角焊缝连接弧形切口处裂纹(构造细节设计不当)

导致疲劳裂缝的因素众多,但是主要因素是疲劳的分析理论与疲劳机理研究不够深入,从而导致相关的疲劳设计公式针对性不强。根据荷载作用引起构件应力的类型不同,可以将正交异性钢桥面板疲劳裂纹分为两类:一类是由荷载引起的开裂(Load-induced Cracking);另一类是由面外变形引起的开裂(Distortion-induced Cracking)。目前国内众多研究人员重点研究面外变形引起的开裂,包括横梁畸变、纵肋畸变。

(3)混凝土收缩徐变的影响

在荷载作用下,混凝土材料除发生瞬时弹性变形外,还会发生随时间持续而增长的变形,包括混凝土的收缩徐变。混凝土的徐变是指混凝土在荷载长期作用下其塑性变形随着荷载作用时间延长而不断增加现象。混凝土的收缩,主要是混凝土体内水泥胶凝体的水分蒸发而使本身体积缩小的一种物理化学现象。对于静定体系,在钢筋混凝土或预应力混凝土等配筋结构中,随时间而变化的混凝土的收缩徐变受到内部配筋的约束将导致内力重分布,预应力损失是其中一种。钢混组合梁的内力重分布与钢筋混凝土结构类似,但是由于组合梁中钢材的面积大于常规的钢筋混凝土结构,因此钢混组合梁由于收缩徐变而导致的截面内力重分布更为严重。对于超静定体系,一般都是分阶段形成,由于结构体系的转换,从前期结构继承下来的应力状态所产生的徐变变形增量受到后期结构的约束,从而导致体系内力的重分布。

收缩徐变作为一种力学行为作用到桥梁体系,对结构有特殊的影响。一般从结构能量角度出发,对桥梁体系而言,徐变效应趋向于使桥梁体系内力状态接近一次落架状态。在很多情况下,徐变效应趋向于使桥梁结构内力状态由组合内力状态向层合内力状态发展。实际桥梁结构是上述两种影响的叠加。显然桥梁结构由于上述收缩徐变的影响,桥梁结构应力(内力)在某些情况下发生巨大改变。这种改变有两个指标,即变化的过程与最终稳定值,其中变化的过程还与预应力损失相互影响。目前,相关规范的建议公式与方法还不能精确计算上述两个指标值,从而导致混凝土桥梁服役期抗力与荷载的不匹配。对于常规的连续梁桥而言,这种不匹配会导致现行规范难以解释过大下挠(图4-74)与斜截面开裂。

图4-74 鹦鹉大桥

混凝土的徐变对于以混凝土为主要材料的桥梁结构而言,具有特别重要的意义。此类桥梁结构中的若干重要病害都与此有关。预应力混凝土连续梁桥在运营前期大幅度的下挠与开裂显然与混凝土的徐变有密切关系,常规的基于杆系平截面假设,全截面采用统一徐变系数的算法显然不能准确模拟徐变的空间效应,从而直接导致在桥梁初期设计时不能很好预测模拟结构运营期的受力变化。徐变同样对钢混组合截面(组合梁、钢管混凝土拱)具有重要的意义,现行《公路钢混组合桥梁设计与施工规范》(JTG/T D64-01)、《公路钢管混凝土拱桥设计规范》(JTG/T D65-05)均对混凝土徐变导致的截面应力重分布与体系重分布计算给出了较为精确的分析方法。

(4)桥梁体系计算理论的影响

大跨度桥梁往往是分阶段形成的自架设体系,同时在施工过程中是高度非线性的。具体到复杂桥梁体系,结构分析时通常采用有限元步进法,每一步计算分析与控制精度对后续结果都有影响。桥梁施工分析中,单一非线性指标分析方法较为成熟,但是如果综合考虑,就会有不同的计算处理模式。比如大跨度的劲性骨架拱桥,可以采用复杂的分工作面、分层、分段的施工方法,施工过程计算涉及在确定计算基础上的优化计算。不同的计算处理方式会有不同的结果,直接影响桥梁竣工的合理成桥状态。如图4-75所示,帕劳

KB 大桥(Palau KB bridge)是一座连续预应力混凝土刚架桥,该桥因施工中存在问题,通车后不久,在主跨中央就产生较大挠度,后经修补加固处理,仍发生了倒塌事故。

图 4-75　帕劳大桥

(5)桥梁构件计算理论的影响

在桥梁体系分析完成后,最终都要进行构件设计。从一般观点看,目前的桥梁构件设计理论比较成熟。但是如果对比国外同类规范具体条文,我国的桥梁构件设计理论相对滞后,某些情况下按我国规范设计的构件并不一定安全。我国钢筋混凝土构件的抗剪设计理论与公式基本停留在 20 世纪 90 年代水平,而国外针对斜截面的破坏机理及力学模式模拟进行了大量持续的研究。欧洲规范 EN1992-1-1/2004 采用以传统桁架模型及修正桁架模型为计算图式进行结构抗剪分析与设计。美国 AASHTO LRFD 相比欧洲规范,更进了一步,抗剪计算采用加拿大维奇奥(Vecchio)和柯林斯(Collins)提出的修正压力场理论(MCFT)。

4.7.2　桥梁的养护维修

(1)一般原则

①在桥梁检测及评定的基础上,针对病害的原因进行养护维修。

②充分发挥原结构的承载能力,并选择投资少、工效快、尽量不中断交通、技术上可行且有较好耐久性等的方法进行养护维修。

(2)梁式桥的养护、维修及加固

主要内容有裂缝的修补、主梁或横梁的补强加固等。

①混凝土桥梁的裂缝修补。混凝土桥梁裂缝宽度超过了规定的限值就会影响结构的耐久性,因此在桥梁养护工作中,裂缝的修补十分重要。目前,修补裂缝的材料有两大类,即水泥(砂)浆和高分子化学材料。

②梁式结构加固。梁式桥的加固方法很多,目前较成熟且应用较广的技术有:增加构件截面、粘贴加固、施加体外预应力加固、增加构件加固、改变体系加固及综合改造加固等。

上述加固方法,基本上可以划分为两大类:

第一类为改变结构体系,调整结构内力、减轻原梁负担。例如:加斜撑减少梁的高度、简支梁改为连续结构、增加纵梁数目、调换梁位、加大新建边梁截面尺寸调整横向分布系数,减轻原梁负担等,如图 4-76 所示,淮河桥改造工程将原桥的连续梁改为矮塔斜拉桥。

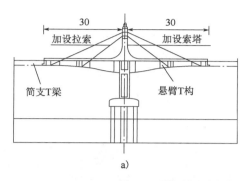
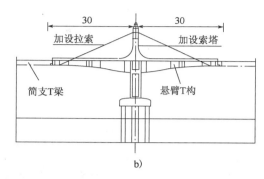

图 4-76　淮河桥改造方案(连续梁改矮塔斜拉桥)(尺寸单位:m)

第二类为加大截面尺寸和配筋,加固薄弱构件。对薄弱构件进行加固补强的方法很多,从作用原理可分为以下两类:

①在受拉区直接增设抗拉补强材料,例如:补焊钢筋,粘贴钢板,粘贴高强复合纤维等。这种加固方法从作用原理上属被动加固的范畴,设计时必须考虑桥梁带载加固,分阶段受力特点。一期荷载(构件自重和恒载)由原梁承担,二期荷载(活载)由加固后的组合截面承担,后加补强材料的强度发挥程度受原梁变形程度的限制。一般情况下,在极限状态时其应力是达不到其抗拉强度设计值的。若不考虑分阶段受力特点,过高地估计了后补强材料的作用,设计是不安全的。

②采用预应力原理进行加固补强,例如:体外预应力加固(图 4-77),有粘结预应力正截面斜截面加固等。从作用原理上讲,预应力加固属于主动加固的范畴。由于预应力的作用,改善了原梁的应力状态,提高了原梁的承载能力和抗裂性能。

图 4-77　典型的公路桥梁体外预应力加固

(3)拱桥的养护与加固

①砖、石拱桥的维修与加固

如发现没有防水层或防水层损坏失效时,应挖开拱上填料重做防水层或在桥面上加铺具有防水功能的黑色路面。砖、石拱桥的加固一般通过拱圈的加固来实现,拱圈可以通过增加厚度和横向联系或设置新加结构的方法来加固。

②双曲拱桥的维修与加固

在实际工程中,双曲拱桥改造加固方法很多,从作用原理上可以包括以下几种:加强拱肋,提高承载能力,可以采用加大截面尺寸和增加配筋的方法加强拱肋;加强横向联系,提高全桥的整体工作性能和稳定性,可以采用改横系梁为横隔板、增加横向联系数目的方法;改变拱上建筑结构形式,减少拱上建筑重量,减轻拱肋负担,提高桥梁承受活载的能力。

4.8 桥梁美学

《公路桥涵通用设计规范》(JTG D60-2015)中对桥涵设计的基本原则规定为:安全、耐久、适用、环保、经济和美观。即在保证安全和耐久的前提下,桥涵设计要优先考虑满足功能要求,再根据具体情况考虑环保、经济和美观的要求。由于人们渴望从桥梁建筑中体会到力量、精神和美感的统一,所以桥梁设计师不仅要把桥梁设计成为地标性建筑,而且也要设计成具有美好寓意和美学享受的艺术作品。

4.8.1 桥梁建筑的美学特点

桥梁建筑作为一种结构物,它与一般建筑结构物的主要区别在于:桥梁建筑以其全部外裸的结构特性,以及各组成部分功能明确的形象来组成一个和谐的整体,启发人们的联想,激发人们对美的感受。它除了遵循一般审美的规律要求外,还具有自己的审美特点。

(1)桥梁建筑审美的直观性

人们对桥梁建筑这一审美对象的情感体验与瞬间发生的审美直觉相伴随,是桥梁建筑审美的一个显著特征。也就是说,桥梁美是通过一定对象的感性风貌,即一定的形体、线条、色彩、质地等直接的形象感知因素或表象来体现的。桥梁美涉及的内容很多,包括使用功能、结构合理、环境协调等,还有一个就是外形美观。许多优秀的桥梁建筑,在功能结构和视觉结构方面都是很出色的。所以视觉美学的形象设计在桥梁设计中也是必须考虑的,不能只单纯考虑结构设计。

【示例4-16】 2018年建成的港珠澳大桥(图4-78)包括青州航道桥、江海直达船航道桥、九洲航道桥三座通航孔桥和约20km非通航孔桥,三座通航孔桥采用斜拉结构进行设计,通过不同形式的桥塔设计,造型简洁,同时又赋予象征意义(同心结、风帆与海豚造型),超长的连续梁结构串联起三座气势恢宏的斜拉桥,整体效果极佳。

【示例4-17】 日本因岛大桥(Innoshima Bridge,图4-79)是本州四国联络路上最早修建的悬索桥。该桥加劲梁采用钢桁梁结构,钢桁梁弦杆交错规则清晰空透,加上桥体没有采用常用的旨在防腐除锈的深色,使人观之感到结构繁简相宜桥体轻盈明快,整体景观效果非常好。

图 4-78　港珠澳大桥

图 4-79　日本因岛大桥

(2) 桥梁建筑审美的趋同性

不同历史时期、不同国家、地域和民族,在建筑美学方面的表现,由于其在功能、技术、材料及民族习俗、艺术风格方面的差别而形成不同特点。古希腊的神庙与中国古代庙宇之间的巨大差异;法国的凡尔赛宫与俄国的冬宫之间呈现出不同的建筑风貌,反映了各民族不同的文化特色。

【示例 4-18】　法国巴黎塞纳河上的亚历山大三世桥(Alexander Ⅲ bridge,图 4-80)建于 1886 年至 1900 年,是为纪念亚历山大三世与俄国签订法俄联盟协定,迎接沙皇二世来访修建。至今为止,它还是最为精美、雕琢豪华、充溢着艺术特色的一座桥梁。这座桥的建筑体现出典型的欧式建筑风格,灿烂、华贵、精美的雕刻艺术令人叹为观止。

【示例 4-19】　坐落在四川南部泸县玉蟾山下九区河上的龙脑桥(图 4-81),建于明代洪武(公元 1368—1398)年间,全长 54m,共有 14 个桥墩,其中 8 个桥墩上分别卧着整块巨石雕刻的青狮、白象、金龙、麒麟等吉祥兽头,每个重约 7 吨,造型深厚强劲,雕琢精细生动,世界鲜见。龙头上的眼、耳、鼻、眉、须、髯、角,龙身上的甲、翅和流云等生动逼真,栩栩如生。尤其龙口里那颗重 30 多斤的宝珠,运用镂空雕刻的技法,在龙口内旋转自如,艺术造诣之高,实为空前。这座桥带有明显的中国古典建筑造型特征。

图 4-80 亚历山大三世桥

图 4-81 四川泸县龙脑桥

由以上两座桥梁的对比可以看出,在近代之前,各国桥梁均有其明显的民族及区域特色。随着时代的发展和进步,世界各国、各民族之间科学技术、文化意识得到更广泛的交流和相互间的渗透,使审美主体虽然所处的国家、民族、阶级阶层不同,但面对共同的社会和利益,以及改造社会和自然的某些共同的愿望,有可能产生某些接近或共同的审美观点、审美标准、审美能力等,也就会对同一审美对象(如桥梁建筑)产生某些相近或相同的审美感受和评价。

现代大跨度斜拉桥、悬索桥在各国竞相修建,其结构形式、塔高与跨度比例关系、索的布置,以及美学造型方面的基本法则都是相互借鉴的,目标趋同。正确认识现代化桥梁审美的共同性,对于推动桥梁美学的创新和发展,继承和发扬我国桥梁建设事业和汲取世界各国桥梁建筑技术、艺术方面新的成果,具有很大的现实意义。

(3) 桥梁建筑审美的空间感

桥梁结构不同于其他结构,它的三维空间特点全部在人的视觉之内,没有什么隔断和封盖。人们可以上下、左右、前后,在无限的空间进行观赏,所以,视点位置、角度不同,所见到的桥梁画面也是变化的。

人们视觉移动过程中,必然引起桥梁各部分空间形象关系的变化。远视时是看到桥梁与环境的整体形象,走到桥下,可能由于净空低而感到压抑,或者由于跨度小桥墩数量多而感到零乱,但到了桥面上,可能由于栏杆造型很美,桥面宽阔而感到舒畅优美。所以桥梁结构造型必须考虑空间关系。空间的形象必须是虚实相宜,线条简洁流畅。

桥梁的空间感还表现在桥梁的体量感上,就是在量度方面的对比,如大小、长短、高矮、粗细、宽窄、厚薄、轻重等的对比关系,包括桥梁自身体量及各结构部分的体量关系、桥梁与周围环境组合的空间关系,尤其是桥下净空的比例关系。

体量的匀称以及体量与净空的比例关系,对桥梁美是至关重要的。德国桥梁专家莱昂哈特说过:"在大型桥梁中,纤细性占有举足轻重的地位,它既可减少压在河上的质量,又可增加大胆翱翔的印象,还能显示出一种使人感到优美而富有生气的魅力。"

【示例4-20】 土耳其1973年建成的贯通欧亚大陆的博斯普鲁斯海峡大桥(Bosphorus Bridge,图4-82)为悬索结构,引桥主墩为1.5m直径钢管混凝土柱,整个桥梁远眺只有三条线,即竖直的塔、曲线的悬索、水平的主梁和桥面系,其他部分在大桥整体中几乎不显现,空间透视性极好,突出了悬索桥轻盈、高耸、简洁的完美形象。美国普拉斯基高架桥建于1932年,位于美国新泽西州的纽沃克市和泽西市,其中有两段采用下承式钢桁梁,该桥就如一条钢铁巨龙,与轻盈的博斯普鲁海峡大桥形成了鲜明对比。

图4-82 博斯普鲁斯海峡大桥

(4)桥梁建筑审美的力度感

桥梁作为一个跨越结构,其组成的各结构部分功能明确,裸露在外,直接映入人们的眼帘,主要包含承载和跨越结构的上部主体拱或梁、支承和传力的墩台、水下土中的基础及附属结构。在桥梁结构中,力的传递由直接承受荷载的构件以一定的规律传递给其他构件,如此下去形成一个力的传递路线(图4-83),所以在结构设计上为使力的传递路线简洁明确,应按一定的规律来配置构件,以求得在结构整体上的视觉平衡。构件数量多的桥梁,从外观上也显得烦琐,而导致视觉上的混乱。能明确而直观地辨认出力的传递路线,并以简单、明确的几何形状的构件所组成的桥梁,可评价为在力学上合理、在外观上漂亮的桥梁。这与构成技术美的要素之一的形式美是一致的。

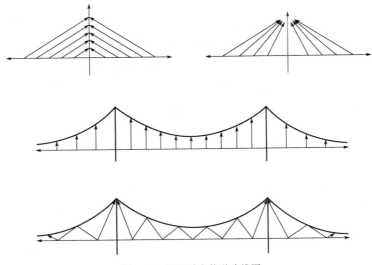

图 4-83　桥梁受力传递路线图

(5) 桥梁建筑审美的意象感

桥梁结构生动的直观性，突出了结构特征表象的优势形态，如斜拉桥的主塔造型。这种具体表象不断渗入审美主体的想象、情感的思维中，很容易激起心灵的反应和回响，成为既保留结构详明的具体感性风貌，又含有浸染着情绪色彩的具有审美性质的抽象的新意象，即审美意象感。有人将其定义为"审美感受"，似不够准确。

桥梁审美意象感与建桥环境、结构特点、跨径大小及桥长等因素有关，有以下几种：

①生命感：建筑在险山深涧或浩瀚江海处的大跨或超大跨桥梁，其结构的雄伟壮观及战胜艰险的气势，所具有的让人难以置信的强大力量所显示出的形态，使桥梁似乎有一种能够战胜一切的强劲生命力（如美国大峡谷钢拱桥、世界最高塔墩的法国里约桥、金门大桥等）。

②崇敬感：对于具有生命感的桥梁，以征服者的豪迈气势及为人类尽职尽责的服务精神，都会深深打动人们的心弦，人们在惊叹的同时会产生一种崇敬感，除对桥梁自身外，对桥梁的设计者和建设者更是感叹倍加。

③魅力感：在大型桥梁中，高耸纤细性结构能使人感到优美而富有生气的魅力。如德国的科歇尔高架桥、大贝尔特桥的桥塔等，显示出一种生机勃勃坚韧不拔的气质和具有无限青春朝气的魅力。

④惊奇感：一些特殊造型的桥梁，就如后面将要介绍的一些人行桥的奇思妙想的造型概念，环境设计中雕塑等艺术性强的作品，会令人感到神奇惊叹。

⑤充实感：桥梁建筑反映了时代的科学技术水平，同时又在探索创造中不断发展进步，凡是符合并代表该时代技术水平的桥梁，就具有充实感，反映了设计者诚恳的态度、严谨的构思、丰富的情感及卓越的能力，让人观之感到满意与欣慰，赏之感到喜悦与感叹。

经过精心构思设计的桥梁，都会给观赏者以心灵上的激励，其意象感情上的感受是相当丰富多彩的。

4.8.2 桥梁美的基本法则

桥梁的景观是以桥梁为主体,遵循桥梁造型美的基本规律与法则而设计的。根据桥梁的自身结构特点以及建筑造型美的基本规律,可以归纳出桥梁造型美的基本法则共有六点。

(1) 协调与统一

协调与统一是指组成物体的各不同个性素材的对比变化。没有变化则显得呆滞,缺少活泼生气;但彼此若无因相似性而产生的协调关系,则形态就会显得杂乱无章。统一不是同一,是多样变化中的一个相似性的和谐要求。

【示例4-21】 卢沟桥(图4-84)桥面两侧筑有石栏,北侧有140个、南侧有141个石栏,石栏柱间距约1.8~2.0m,柱高1.4m,各柱头上刻有石狮,雕饰工巧,姿态各异,或蹲、或伏,或大抚小,或小抱大,头数众多,有"数之辄不尽"之说。栏柱上485个狮子的雕像,它们的大小轮廓间距是统一的,造型却姿态各异,形成变化中的协调统一。

图4-84 卢沟桥上的石狮

桥梁的协调统一,主要指两个方面:其一是作为桥梁结构物,它和桥位处的自然景观和附近的人工建筑物同时处于人们的生活空间中,故要求桥梁建筑造型要达到与环境的协调;其二是桥梁建筑本身具有若干组成部分,因各自的功能和造型不同必然存在差异,需要在和谐和秩序中实现有机的统一。

(2) 主从与重点

在若干要素组成的整体中,每一要素在整体中都占有一定的比重和地位,倘若所有要素都竞相突出自己,或者主次不分处于同等重要地位,则会削弱整体的完整统一性。

桥梁建筑也是这样,从功能特点考虑总有主体和附属之分,而从结构受力体系来说,有主要受力构件和次要受力构件之分。主桥和引桥、主孔和边孔、主体与附属存在主从差异,也正是凭借着这种差异的对立,才使桥梁建筑形成一个完整协调的有机整体。

桥梁的主从首先从布孔上考虑。跨越通航河流上的桥梁,有通航孔和非通航孔,不通航河流上的桥梁也有跨越主河槽的主孔和河滩上的边孔。通航孔和主孔不仅跨径大,高程高,而且有时为了适应大跨而采用不同的结构形式。

斜拉桥、悬索桥基本结构图形简洁,由主塔、加劲主梁、拉索或主缆吊杆构成,主塔将竖向及斜向心理引诱线引向塔顶,是人们瞩目的重要部位。高耸挺拔气势夺人的塔,配以轻柔的拉索、无限延伸的水平加劲梁,这些都突出了桥塔作为主体的主导地位,形成索体系桥梁突出的个性和鲜明的形象。视觉上的主从分明,力传递线明确,形成索结构桥型所独有的形态和美感。

2012年建成的苏通大桥(图4-85),主跨为1088m的双塔双索面钢箱梁斜拉桥高耸的桥塔及纤细的主梁体现出重点突出的桥梁特色。

图4-85　中国苏通大桥

(3)对称与均衡

对称与均衡也是造型美的法则之一。对称是同形同量的对称组合,对称的造型统一感好,规律性强,使人产生庄严、整齐的美感。均衡则是在非对称的构图中,以不等的距离形成力量(体量)的平衡感,对桥梁来说其非对称的均衡感还受地形地物的影响。均衡具有变化的美,其结构特点是生动活泼,有动感。

如图4-86所示,里普桥是主跨为183m的桁式板桥,两边孔是与主孔连续的悬半拱,对称的结构,轻巧的造型,典雅的形态,可称之为精品之作。

图4-86　里普桥——典型的对称性桥梁

(4)比例与尺度

比例的问题广泛存在于桥梁建筑设计中。它包括三个方面:一是桥梁结构整体或局部本身的三维尺寸间的关系;二是桥梁结构整体与局部之间的三维尺寸关系;三是桥梁结构实体部分与空间部分(一般称为虚实)的比例关系,此外还有凸出部分与凹进部分、高起部分与低落部分的比例关系等。比例和尺度是密切相关的一个建筑造型特性,是桥梁美的必不可少的重要要素。一座桥梁建筑,其各部分的比例和尺度只有达到匀称和协调才能构成优美形象。这就如同人的面容,如果某些部位的尺度不当或比例失调,都会影响他的整体形象。

如图4-87所示,悬索桥桥塔高耸,体量偏大,而其桥面系则较轻薄,与桥塔形成极佳的比例关系,整个结构体系匀称,给人稳重、安全及整齐的感觉。

图4-87 悬索桥桥塔与桥面系

(5)稳定与动势

桥梁的功能要求决定了桥梁建筑造型具有稳定感和动势感。

安全稳定是对桥梁建筑最基本的使用要求。简洁的承载和传力结构,形成一个紧凑严密、蕴藏着巨大力量的构筑物。桥梁本身的组成结构处于平衡状态,各部分在实现功能作用方面所显示出的安静、自信、坚固的形象,给人一种坚定、不可撼动的稳定感。任何一座设计合理、造型优美的桥梁都会给人以稳定感。

与其他建筑一样,桥梁是一个建筑在半空间固定场所不能移动的结构,但由于它所构成的使用空间是一个开敞空间,使用对象和观赏对象是高速行驶的车或移动的人。人们在近桥和过桥过程中,视觉在桥侧景观上的快速相对移动,使观看到的实际桥梁建筑形象有规律地变换,给人一种动势感。

桥梁是强调一维方向的空间结构,其跨越方向的延伸长度要比宽度和高度大得多,人们沿着桥梁水平方向目视多跨桥梁,自然就会感到桥梁结构上的强烈运动伸延的动势。

多跨拱桥,其拱肋的波浪起伏延伸就充分显示出动势的特点(图4-88)。曲线桥的动势则由于其纵向和水平向的起伏变化给人以深刻的感受。

图4-88　多跨拱桥的动势

(6)韵律和节奏

自然界中许多事物或现象,往往由于有规律地重复出现或有秩序地变化而使人们有了美的感受。例如把一颗石子投入水中,就会激起一圈圈的波纹由中心向外扩散,这就是一种富有韵律感的自然现象。韵律是一种重要的造型手法,设计者运用它可以把设计的建筑物构成一个系统的整体,通过有规律的重复和变化形成韵律、节奏,这在桥梁建筑方面运用地尤为普遍和突出。几乎所有桥梁结构都具有韵律和节奏的因素。

韵律美按其形式特点可分为如下四种类型:连续的韵律,指一部分重复连续出现构成整体,由于人的视觉角度不同,这种连续的韵律可以产生一定的动感;变韵律,连续的部分按着一定的秩序变化,例如逐渐加长或缩短、变宽或变窄、变密或变疏等;此外还有起伏的韵律和交错的韵律,后两种在桥梁建筑中用的较少。

连续多跨拱桥,由于其曲线的构造形成动态的趋势,虚实的交替,使其韵律感特别强烈,如图4-89所示。

图4-89　拱桥的韵律感

韵律和节奏在桥梁造型艺术中有着重要作用。从栏杆设计到立柱、灯柱的布置,从结构细部到分孔规划,都蕴含着韵律和节奏的动人效果,所以在桥梁的设计规划中,恰当运用韵律和节奏原理,对桥梁造型是至关重要的。

4.9 桥梁设计理论的演变

4.9.1 桥梁结构理论的演变

桥梁结构理论的实质是力学原理在桥梁结构受力分析中的应用性理论。一般认为,近代桥梁结构理论包括拱桥与悬索桥的计算理论、桥梁稳定理论、桁架分析理论、混凝土结构设计理论、悬索桥挠度理论与非线性理论、桥梁实用分析理论等。近代和现代桥梁发展历程分别如图 4-90、图 4-91 所示。

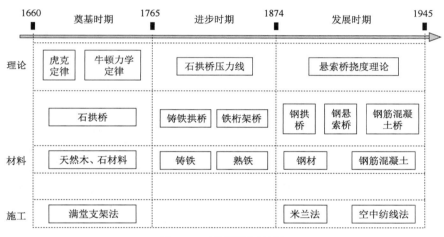

图 4-90　近代桥梁发展历程

在悬索桥理论分析方面:大约在 1880 年前后,美国的列维(Levy)采用耐威(Navior)及卡斯蒂利亚诺(Castigliano)的基础理论建立了悬索桥的弹性理论分析方法。后来经斯坦曼(Steinman)整理成弹性理论的标准形式。弹性理论有两个显著的缺陷:一是没有考虑恒载对悬索桥刚度的有益影响;二是没有考虑非线性大位移的影响。与悬索桥相反,拱桥的主要承重构件是受压的,考虑到上述两个因素时,内力与位移值将显著加大。拱肋越柔,影响越大,这也是拱桥很难向大跨度桥梁发展的原因之一。1888 年米兰(Melan)教授提出了悬索桥的挠度理论。1909 年莫西夫(Moiseiff)采用该理论设计建成了纽约曼哈顿桥。挠度理论可以看作是非线性膜理论,挠度理论的基本微分方程是非线性的。帕格斯利(Pugsley)摆脱了吊杆膜假定,采用了离散吊杆理论,采用古典非线性结构分析方法分析悬索桥的内力与变形。后期,随着非线性有限元理论的发展,布罗顿(Brotton)与萨凡(Saafan)师生在 20 世纪 60 年代采用平面框架结构的非线性有限元对悬索桥进行非线性分析。

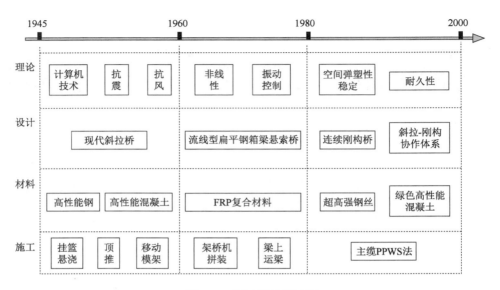

图4-91 现代桥梁发展历程

在桥梁稳定理论方面:1744年,欧拉(Eular)提出著名的压杆稳定公式;当时欧拉错误地认为该公式对细长柱和粗短柱都是适用的。19世纪进行的一些试验表明,欧拉公式对于粗短柱是不安全的。恩格赛(Engesser)建议用切线模量代替欧拉公式中的线性弹性模量。同年,康西德(Considerre)提出了有效弹性模量的概念。1946年,山利(Shanley)揭示了上述两种理论所存在的问题与矛盾,并以试验为基础建立了新的理论,该理论考虑了压杆屈曲后的有限变形,因此可以采用山利(Shanley)理论进行非弹性压杆的后屈曲性能分析。

1807年,杨(Young)推导了变形(弯矩)放大系数公式;1859年,基尔霍夫(Kirchhoff)推导了大变形(椭圆积分);1884年,列维(Levy)导出了均匀受压圆环的屈曲临界荷载;1885年,彭加瑞(A. Poincare)明确了稳定分支点的概念;恩格赛(Engesser)和冯·卡曼(Von Karman)提出切线模量理论和折算模量理论;1910年,铁木辛柯(Timoshenko)导出了均匀受压两端铰支圆弧拱的屈曲临界荷载公式;1940年,符拉索夫(Vlasov)引入极值点失稳的观点以及跳跃现象的稳定理论。1947年,山利(Shanley)提出简化的弹塑性压杆模型。目前的研究表明,只有通过结构几何非线性和材料非线性本构关系的研究,才能深入揭示稳定问题的实质。

随着桥梁计算精度的提高,总体上以二维结构分析方法为主的计算理论必须过渡到复杂的、三维的、非线性的、全过程的高性能数值分析方法。本书作者认为桥梁结构的基本力学原理以及由此建立起来的体系与结构机理分析仍然是桥梁研究的灵魂,但是实现的手段应该是试验与复杂的数值计算,类似桥梁结构早期通过各种数学公式直接求解复杂桥梁的精确受力响应是不可能的。当然,如果从事实际桥梁工程设计工作,桥梁设计经验的总结也是非常重要的。

4.9.2 桥梁设计思想的演变

桥梁设计过程是设计师与有关参与者共同寻找矛盾、认识矛盾,并抓住主要矛盾,探索诸多矛盾最佳结合点的过程。鉴于桥梁建筑越来越成为城市或自然环境的一个标志,维特鲁维斯(Vitruvius)所制定的应用于桥梁安全及建筑艺术的六项准则在今天仍然非常适用:

① 严谨——有关单个构件和整个结构尺寸、材料与细节的协调;
② 布置——作为良好设计的基础功能的表达;
③ 和谐——由构件的适当配合而形成的美观因素;
④ 匀称——就高跨比和宽跨比而言结构各部分的恰当协调;
⑤ 合宜——设计中的忠实并且毫无虚饰,最好的桥梁设计总有一定的简洁感;
⑥ 经济——考虑造价,有实效且无多余冗赘之处。

国际预应力混凝土协会(FIP&FIB)主席米歇尔·维洛格(Michel Virlogeux)在2007年明确指出:"从事桥梁设计的设计人员应当确信,设计笨拙、不优美和令人厌烦的桥梁结构,以及与之相反的另一些奇怪且昂贵的桥梁,都是不能被接受的。桥梁设计必须直接源于纯粹的结构传力,目的是取得外荷载和抗力的有效平衡。从荷载或者力施加到基础的那一点开始平衡。优美的桥梁必须源于比例与造型、纤细和透明度"。

4.10 桥梁工程的发展趋势

4.10.1 钢筋混凝土桥梁及预应力混凝土桥梁

混凝土桥梁的基本理论框架是以莱昂哈特的系列理论教程的出版而基本成型的,其中第一分册《钢筋混凝土结构教程》给出了钢筋混凝土桥梁结构的基本的弯、剪、扭的分析原理与方法,在莱昂哈特的系列教程中,全面给出了基本构件受力的各种力学原理、模型及设计方法。在一段时期内,基于规范使用的方便性,人们更多强调了各种简化公式的使用。随着钢筋混凝土桥梁工程的复杂性加大与精确性要求提高,越来越多的基于精确理论的钢筋混凝土结构分析方法被写入新的规范。既有规范对于应力流不连续的区域(D区 Disturbed Area)往往采用近似处理,但是随着认识的深入,最新的桥梁设计规范逐步采用压杆拉杆模型(Strut-Tie-Model),从而更加合理的解决预应力锚固区的空间分析问题,在此就会用到应力迹线法、荷载传递路径法、拓扑分析法等。同样,既有规范对常规的箱梁都是将其作为梁单元进行弯、剪、扭分析的。但是,从实际桥梁工程的各种受力裂缝可以看出,基于常规梁单元进行的应力验算反映不了真实的裂缝情况,所以,最新的桥梁设计规范采用了基于完整应力验算的实用精细化模型,主要采用空间网格模型、折面梁格模型、七自由度单梁模型等。最新桥梁抗剪规范在建议中明确了抗剪计算采用机理更明确的桁架模型、变角桁架模型,即更精确的修正压力场理论(MCFT)。

由此可以看出,随着混凝土桥梁各种裂缝的出现及各种非常规的极限破坏状态产生,桥梁结构的分析理论越来越要求高度精细化,如以往规范仅仅采用简单公式就进行结构设计已经不符合桥梁结构的发展要求(图4-92)。《公路钢筋混凝土及预应力混凝土桥涵设计规范》(JTG 3362-2018)明确提出了"桥梁结构的实用精细化分析模型",这对未来混凝土桥梁设计与分析提出了更高的力学要求。同时混凝土主梁要想获得更好的力学与经济价值,需要适当对主梁截面进行力学优化,并适当引入钢结构支撑(图4-93)。

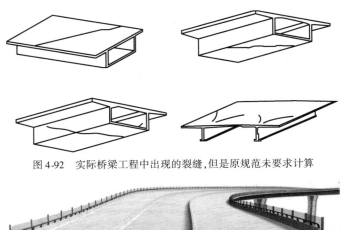

图4-92　实际桥梁工程中出现的裂缝,但是原规范未要求计算

图4-93　混凝土主梁力学优化

1875年,法国工程师莫尼耶(Josph Monier)建造了第一座跨度13.8m、宽4.25m的钢筋混凝土人行桥查泽尔桥(Chazelet Bridge)。1877年,法国工程师赫尼波柯(Hennebique)建造了跨度16m、宽4.0m的钢筋混凝土人行桥,1898年他又设计建成了跨度为52.46m的钢筋混凝土拱桥。奥地利工程师米兰(J. Melan)于1890年发明了用劲性骨架为拱架,浇筑钢筋混凝土拱桥的工法,被称为米兰法,使拱桥的跨度超过了100m。1943年瑞典桑多桥(Sandö Bridge)达到了178.4m的跨度,是近代钢筋混凝土拱桥的代表作。

4.10.2　钢桥与组合桥梁

1920年之前,美国在钢桥建设方面取得巨大成就,简支和连续桁梁桥、钢拱桥有了很大发展。1920~1945年,钢桥的设计理论有了很大发展,英国、德国先后颁布了设计规范。20 世纪 60 年代后,出现了现代钢桥,钢桥分析理论逐渐成熟。英国 BS 5400 及后期欧洲规范《Eurocode 3:钢结构设计 第 2 部分:钢结构桥梁》(EN 1993 Eurocode 3, Part 2 "Design of Steel Structures-Steel Bridges")的出版大大完善了现代钢桥的设计理论。但是从目前钢桥实际工程来看,钢桥的计算理论并不能真实反映若干构造细节,以下问题亟待研究解决:①公路钢桥各种复杂构造细节的疲劳强度设计曲线;②工程上大量采用的正交异性板的合理构造、最小刚度与疲劳强度;③加劲受压板件整体与局部稳定、破坏形态;④钢箱梁的扭转、畸变与横隔板的合理间距。

我国的钢桥著作在 1976 年之前是借鉴苏联的教材编写而成的,1976 年以后,西南交通大学主持翻译出版了日本京都大学小西一郎主编的鸿篇巨作《钢桥》(共 11 分册)。目前我国的钢桥发展出现了非常多新的结构体系与构造形式,包括钢箱梁设计、钢管结构设计、正交异性板(OSD)的疲劳设计与桥面系设计。小西一郎的《钢桥》在许多方面并不能很好地解释与说明,因此,我国目前的钢桥理论除了依据国内开展的若干试验以外,更多借鉴于美国 AASHTO、欧洲钢桥规范《Eurocodes:钢与混凝土组合结构设计——一般规定和桥梁规定》(EUROCODES Design of Composite Steel and Concrete Structures—General Rules and Rules for Bridges)、日本《道路桥示方书》(钢箱梁横隔板、钢管结构、翼缘有效宽度)及英国的 BS 5400。

我国钢桥未来发展需求主要包括:①钢与混凝土组合结构、钢结构,适合跨径 30~100m、100~350m 的公路桥梁;②未来长江、黄河、珠江等我国主要水系临近城市发展及跨区域道路的建设所需大跨径钢桥。因此钢桥研究热点将会集中在扁平钢箱梁的受力机理与疲劳性能优化、钢锚箱的承载能力及安全储备、钢混组合梁剪力键受力机理及新型剪力键的开发。

组合梁桥的技术优势包括将钢材与混凝土构件合理地组合成桥梁体系时,其结构更合理,造型更美观(图 4-94);组合结构桥梁如果设计合理,其造价将小于同等规模的钢桥与混凝土桥(图 4-95);耐候钢用在组合结构桥梁中,能减少钢材油漆等费用,确保与混凝土几乎等同的耐久性;特别是城市高架桥应该成为城市的一道风景线,其中组合结构桥可以使城市高架桥更加轻巧,容易在美观上做出创新。同时对于中小跨度的组合梁桥,对于钢桥,具有良好的动力性能。

图 4-94 组合桁架桥

图 4-95　组合钢板梁桥

目前,欧洲各国在建造中小跨度桥梁时已经不采用混凝土及预应力混凝土,而改用钢桥和组合梁桥,自动化焊接技术、数控切割钢板及高强钢的出现是这种改变的原因之一。

4.10.3　组合体系桥梁及大跨度桥梁

一般而言,超过 400m 跨度的桥梁采用缆索承重体系更加经济,大跨度桥梁将向更长、更大、更柔的方向发展,由此而引发了各种新的杂交组合体系、三向组合结构和混合结构等新体系的大发展。

【示例 4-22】　相对于一般两塔三跨斜拉桥,斜拉桥要想获得更大的跨度,设置多塔是很好的选择(图 4-96)。多塔斜拉桥最具代表性的例子是于 2004 年建成通车的法国米约高架桥(Millau bridge,图 4-97),共有 8 个主跨,其中 6 个主跨的跨径达到 342m。米约高架桥由国际著名建筑设计师诺曼·福斯特(Norman·Foster)设计,法国埃法日公司承建,于 2001 年开始建设,2004 年正式通车,建造历时 3 年,总耗资 3.94 亿欧元(1 欧元≈7.752 元)。这座横跨塔恩河的米约高架桥是一座斜拉索式的大桥,全长 2.46km,总重 29 万吨,大桥距地面 270m,大桥斜拉索的最高点距离地面 343m,高出艾菲尔铁塔 23m,创下了距地面最高的世界纪录。

图 4-96　国内某多塔斜拉桥

图 4-97 米约高架桥(Millau bridge) 2005 年古斯塔夫斯·林德撒尔金奖

为了提供更好的桥梁竖向刚度,限制主梁竖向位移,目前多塔斜拉桥采用的结构措施主要有以下几种:设置长锚索及交叉索,如图 4-98 所示。

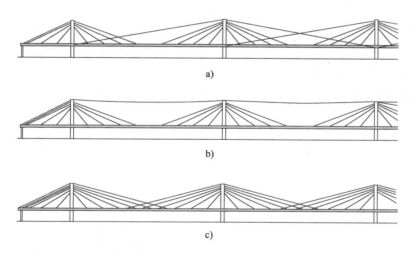

图 4-98 具有修正缆索体系的多跨斜拉桥

同样相对常规两塔三跨悬索桥方案,多塔悬索桥也是目前的研究热点。各种巧妙的符合体系力学的结构构思可以很好地解决塔的纵向位移问题(图 4-99)。必要时,在塔的纵向布置上做特别的设计也可以提高纵向刚度(图 4-100)。

【示例 4-23】 直布罗陀海峡(Gibraltar Strait Bridge,图 4-100)是地中海通向大西洋的唯一出口,最窄处 13km,平均深达 310m。人们长期梦想架一座桥梁,将两个大陆联结起来,曾先后提出海底隧道、桥梁两种方案。隧道方案在施工中将遇到复杂的断裂地层,建成后还有意想不到的渗水、通信问题。

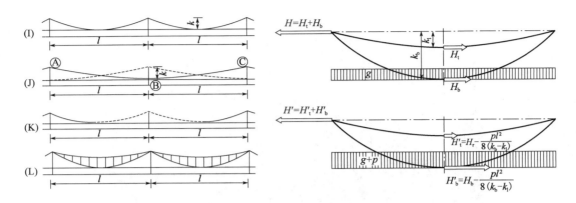

图 4-99　设置两根抛物线主缆的多跨悬索桥(左图为布置图、右图为受力机理图)

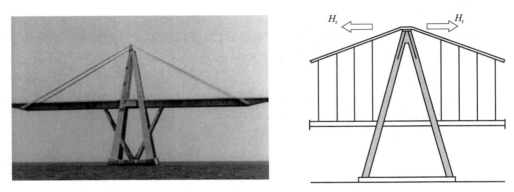

图 4-100　多塔缆索体系为提高塔纵向刚度的特别设计

图 4-101 是由国际著名桥梁专家美籍华裔林同炎教授设计的方案桥,构思设想采用混合型双悬臂吊桥,跨径达 5000m 之巨,这一伟大的创举在理论上得到了桥梁界的认可。

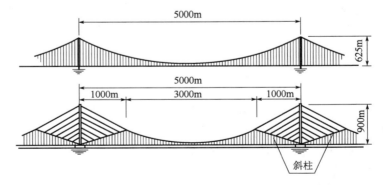

图 4-101　直布罗陀海峡大桥(Gibraltar Strait Bridge)设计方案

【示例 4-24】　华裔桥梁大师林同炎曾提出震惊世界的横跨白令海峡的大桥方案,这座大桥试图将美国的阿拉斯加和苏联的西伯利亚地区相连接。林同炎先生称之为"国际和平之桥",林同炎从1958年起就开始构思设计,把它命名"和平桥"。设计方案为220孔预应力混凝土桥梁,主跨550m,桥下净空60m,以便通航,其他跨度360m;桥梁为三层箱型桥面,顶层为公路,暖和季节可以行走汽车,中间层为双线铁路,严冬时可将汽车装上火车过桥,箱内底层有暖气设备,作为管道和其他备用。林同炎认为,建造技术上没有问题,建造桥梁需要600万方钢筋混凝土材料,造价42亿美元(1美元≈6.5元),工期5年。

4.10.4 桥梁结构工程发展趋势

19世纪末,科学家发现固体力学线性理论在许多情况下并不适用,开始了对非线性力学问题的研究。1888年,奥地利米兰(Melan)首次提出挠度理论并应用于悬索桥分析;1959年,纽马克(Newmark)首先提出了求解非线性动力问题Newmark-β法;20世纪60年代初,特纳(Turner)、布罗顿(Brotton)等开始发表求解结构大位移、初应力问题的研究成果。20世纪60年代末,有限元法与计算机相结合,使工程中的非线性问题逐步得以解决。欧拉(L. Eular)1744年提出了压杆稳定的著名公式;20世纪80年代起,在计算机分析的基础上逐渐建立起了空间弹塑性稳定理论。

健康监测及振动控制理论:1969年,利夫希兹(Lifshitz)和罗特姆(Rotem)发表的论文,为阐述通过动力响应监测评估结构健康状态的现代结构健康监测理念的第一篇论文;1987年起,英国在总长522m的三跨连续钢箱梁桥福伊尔大桥(Foyle Bridge)桥上布设传感器,监测大桥运营阶段在车辆与风载作用下主梁的振动、挠度和应变等响应,该系统是最早安装的较为完整的结构健康监测(SHM)系统之一。

1945年以来,桥梁新体系、新结构、新材料、新工法以及新的理论和分析方法的创造和发明使现代桥梁工程呈现出完全不同于近代桥梁工程的崭新面貌。桥梁施工日益精确、轻便,自动化程度高,更少依赖人工操作(图4-102),工程质量更好、更耐久。现代桥梁工程的质量和耐久源于装备的不断创新,创新驱动发展,必须加强质量观念,依靠先进的装备来控制工程质量,大大减少对人力的依赖。

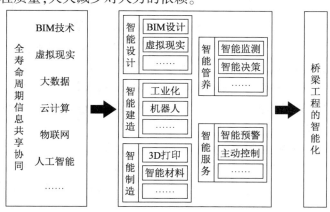

图4-102 桥梁工程未来的研究方向——智能化

(1) 三维精细化结构数值分析

桥梁结构的精细化分析主要是解决桥梁的空间效应问题,用于补充单梁模型分析的不足,《公路钢筋混凝土及预应力混凝土桥涵设计规范》(JTG 3362—2018)对此有详细的条文说明。但是应该看到,在上述模型计算中,并未计算混凝土的徐变效应,事实上混凝土的徐变效应对桥梁结构的空间应力分布、预应力损失有重要影响。钢混组合梁、钢管混凝土拱桥设计规范中规定的初始应力计算严格意义上讲也是必须考虑徐变效应。这也是混凝土桥梁空间计算必须解决的问题,只有解决了这个问题,才能解决桥梁不同时刻的应力(内力)基准态问题,而应力(内力)基准态是进行截面强度、第二类稳定(极限承载力)、精确动力特性计算的基础。

(2) 桥梁结构与体系设计理论的完善

相对而言,桥梁体系的设计理论较为成熟,目前的主要研究热点包括大跨度斜拉桥或悬索桥主梁采用叠合梁或混凝土板桁组合结构,在施工过程中如何合理计算混凝土收缩徐变与几何非线性的影响。同时,体系转换、几何非线性、收缩徐变及温度多重耦合的高效率解法也是研究热点。桥梁结构的设计理论相对体系研究而言,需要完善的研究内容和机理非常多。基于实际工程受力优化或者经济耐久性的因素,新的桥梁结构不断出现。就疲劳而言,钢桥设计规范只是初步给出了一定数量的疲劳设计细节基本规定,但是实际工程中不断出现新的疲劳细节,无规范可遵循。更关键的是基于目前的疲劳设计理论,设计的疲劳细节其疲劳寿命普遍低于预期。

(3) 耐久性及全寿命结构设计理念

桥梁全寿命结构设计理论是以结构设计、施工建造和运营管理全过程为目标的结构设计理论和方法,从全寿命角度进行经济评价、桥梁施工建造控制、结构抗力退化分析、结构性能评价、桥梁运营管理。

(4) 桥梁安全监测、检测与评估

由于桥梁设计理论的不完善,或者桥梁体系在运营期间结构抗力退化计算或推算的高难度及离散性,同时考虑到桥梁在服役期间所受荷载效应的异常变化及自身材料性能的退化,有必要对复杂桥梁体系进行运营期的安全监测及在此基础上进行桥梁结构实时安全性能评估。目前重点研究桥梁安全监测中的测试技术、大跨桥梁基础安全监测异常状态识别与预测、大跨桥梁上部结构监测预警与损伤识别(图 4-103)、大跨桥梁地基及基础安全监控的评估分析、大跨桥梁安全监测与评估软件。同时结合现代科技的发展,运用先进检测技术并开发先进检测设备(图 4-104 和图 4-105)也是桥梁检测的热点研究内容。

(5) 高性能复合材料

目前桥梁结构中逐渐采用高性能钢材或超高性能混凝土(UHPC),如图 4-106 和图 4-107 所示。超高性能混凝土(UHPC)与传统材料相比,材料强度及本构关系发生了较大的变化,应当考虑新的结构分析理论和方法。同时需研究采用高性能材料的桥梁破坏机理。

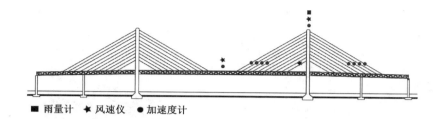

  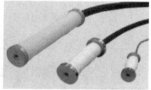 

图4-103　厄勒海峡大桥（Oresund Bridge）结构健康监测系统

图4-104　斜拉索检测机器人　　　　　图4-105　使用无人机检测桥梁

（6）桥梁地震工程与风工程

桥梁抗风与抗震研究作为桥梁动力学研究的主要内容，也是桥梁设计中的关键技术问题，从实际工程角度讲，一直有其研究的重要价值。目前，桥梁风工程与地震工程的理论框架已基本形成。随着计算力学的发展，桥梁计算流体动力学（CFD）在桥梁风工程中应用越来越多。目前桥梁风工程的研究热点是桥梁断面颤振导数识别、桥梁断面气动导纳识别试验研究、桥梁断面雷诺数及气动参数研究（图4-108和图4-109）。桥梁工程作为生命线工程之一，研究震害原因，建立正确的抗震设计方法，采取有效抗震措施特别是减隔震技术，将会是今后几十年内抗震设计研究的主要任务（图4-110）。

图 4-106　潮州埔径口桥（UHPC）

图 4-107　拉贝桥（Labe Bridge，UHPC）

图 4-108　塔科马大桥倒塌

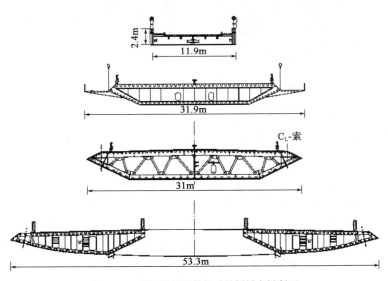
图 4-109　基于抗风性能提升的桥梁主梁断面

a) 新奥克兰海湾大桥　　　　　　　　b) 里翁-安提里翁大桥

图 4-110　基于抗震的主塔特殊设计示例

(7) BIM 技术在桥梁工程中的运用

桥梁工程设计一般包括初步设计、技术设计和施工图设计三个方面。在初步设计阶段,将桥梁三维参数化模型用于项目的立项、可行性研究和方案比选,能为设计人员和业主提供一个更为有效的沟通平台。技术设计是对桥梁 BIM 模型的深化设计,对确定好的设计方案进行整体和局部结构的细化处理。施工图设计则是在对模型结构计算分析的基础上,建立 BIM 施工模型和生成二维施工图纸用于指导施工及资料备案。仅从桥梁结构设计角度看,BIM 的出现可以帮助设计人员更有效地进行全局施工优化与处理结构的细节,实现"换个视角看问题",如图 4-111 所示。

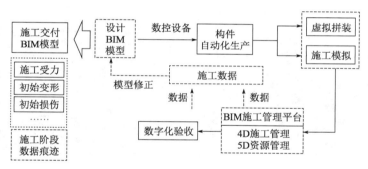

图 4-111　施工阶段 BIM 技术总体实施方案

BIM 技术的应用发展,需要达到桥梁全寿命期 BIM 应用目标,实现数据真正的有效传递,这样才能真正实现 BIM 的价值。未来,尤其在设计方面,如果不能解决标准化和数字化问题,就无法完全体现 BIM 技术的优势。所以,BIM 技术在未来的发展中,首先要实现标准化和数字化,使整个桥梁工程能够实现数字化表达。在此基础之上,通过积累大量的样本,形成大数据,并通过这些大数据进行智能化的转换。这些也许就是推进 BIM 未来发展最主要的两个方面。

(8) 当代中国桥梁的发展

当代中国桥梁的发展大体上可以分为三个阶段。

学习与追赶阶段:1981—1990 年。技术特征:大跨径桥梁建设起步,以容许应力设计、支架施工为主,机械化水平较低。代表性桥梁:容奇大桥、洛溪大桥、厦门大桥、济南黄河桥。

跟踪与提高:1991—2000 年。技术特征:特大桥建设起步,极限状态理论应用,施工机械化水平大幅提高。代表性桥梁:南浦大桥、杨浦大桥、铜陵大桥、虎门大桥、江阴大桥。

创新与超越:2001—2020 年。技术特征:千米级缆索桥兴起,设计理论与国际接轨,工业化建造,原始创新辈出,屡创世界之最,屡获国际桥梁大奖。代表性桥梁:苏通大桥、泰州大桥、港珠澳大桥等。

据不完全统计,世界跨海大桥已建成近 70 座,分布在十多个国家,其中日本 18 座,美国 18 座,丹麦 6 座,列前三位。中国的海湾大桥建设始于 90 年代初的汕头海湾大桥以及香港新机场线联岛工程中的三座大桥,即青马大桥、汲水门桥及汀九桥。此后,舟山、东海、杭州湾、青岛海湾大桥、港珠澳大桥等陆续建成,标志着中国的跨海大桥建设技术达到了世界领先水平。

【示例 4-25】 跨海大桥——舟山连岛工程

舟山连岛工程(图 4-112),起自舟山本岛的 329 国道鸭蛋山的环岛公路,经舟山群岛中的里钓岛、富翅岛、册子岛、金塘岛至宁波镇海区,与宁波绕城高速公路和杭州湾大桥相连接。工程共建岑港大桥、响礁门大桥、桃夭门大桥、西堠门大桥和金塘大桥 5 座大桥,全长 48km,按高速公路标准设计,双向四车道,设计行车速度为 100km/h,路基宽度 22.5m,桥涵与路基同宽。其中多座特大桥跨径均进入世界前 10 名。

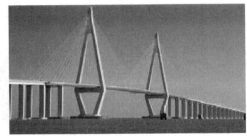

图 4-112 舟山连岛大桥

【示例 4-26】 跨海大桥——港珠澳大桥

港珠澳大桥(图 4-113)东连香港,西接珠海、澳门,全程 55km,是集桥、岛、隧为一体的世界最长跨海大桥,也是中国交通史上技术最复杂、建设要求及标准最高的工程之一,被英国《卫报》誉为"新世界七大奇迹"之一。桥梁主体工程总长 29.6km(桥梁 22.9km、隧道 5.99km、人工岛各长 625m),双向六车道,设计速度 100km/h。围绕港珠澳大桥的建设,前后实施了 300 多项课题研究,形成了 63 份技术标准,包括 600 多项专利,创新了海上装配化桥梁、超长外海沉管隧道、海上人工岛等方面的设计、施工理论与方法,形成了拥有自主知识产权的核心技术,建立了跨海通道建设工业化技术体系。

【示例 4-27】 跨海大桥——琼州海峡工程

琼州海峡通道(图 4-114)是国家国道主干线同三线最南边的一个跨海工程,1998 年广东省交通厅拨出 8300 万元专款,委托虎门技术咨询公司进行了长达五年的前期工作,提出 A、B、C 三条比较线,分别提供全桥、桥隧结合和全隧三种结构类型方案选用。

图 4-113　港珠澳大桥 2020 年获超级工程奖

图 4-114　琼州海峡大桥规划图

三条比较线的水面全长为 31.6～36.6km,工程规模相当于英法海峡和日本青函海峡。海峡平均水深在 45m 左右,其中新Ⅶ线 A 适合建造长 36km 的沉管隧道;新Ⅶ线 B 适合于全部桥梁跨越,全长 31.6km;新Ⅶ线 C 全长 33km,中间可修筑人工岛适合于桥隧结合方案。

到目前为止,世界上各种桥型排在前 10 位的,中国桥梁就占到了一半以上,世界上新建的千米级以上的特大桥梁几乎都在中国,中国桥梁已经成为世界桥梁创新的领军者。2017 年,《经济日报》将中国桥梁评为六张中国国家新名片之一。

复习思考题

(1) 桥梁结构体系的分类?
(2) 组合体系桥梁的优点是什么?
(3) 桥梁结构耐久性及全寿命结构设计理念是什么?
(4) 高性能复合材料在桥梁中的运用前景如何?
(5) 桥梁安全监测、检测与评估在大跨度桥梁中的运用前景如何?
(6) BIM 技术在桥梁工程中的运用?
(7) 桥梁工程中多学科交叉方法的发展如何?

第 5 章
CHAPTER FIVE
渡河工程

5.1 渡河概述

在战时或者抢险救灾时,支援力量或抢险力量克服江河、水渠、湖泊等水障碍的行动过程,叫作渡河。它是保障交通机动的一种应急手段。为了保证支援力量或抢险力量顺利实施渡河所采取的一系列周密有效的工程技术措施,诸如江河工程侦察,排除水中和岸上的工程障碍物,架设各种类型的浮桥、结合可以渡送车辆、物资和人员的门桥、码头,构筑通向渡口的应急道路和车辆的下河坡路等,统称为渡河工程保障。

5.1.1 渡河的基本概念

江河障碍一般泛指天然的水障碍(江河、湖泊)和人工的水障碍(运河、水库、沟渠等),尤其是宽大的、不能徒涉的江河,对应急机动有严重的影响。支援力量或抢险力量的应急机动中需要前输后送,不可避免地要跨越这些水障碍。和平时期建造的各类桥梁和渡运设施,战时将遭到严重的破坏,渡河行动又将在敌人的侦察、严密监视及地面、空中火力的破坏封锁条件下进行。所有这些,将给人员高速机动以及各种物质的运送带来很大的限制,或者使作战部队不能按时集结,或者造成后勤补给中断,以致贻误战机;不能徒涉的江河,以及敌军预先组织防御固守的江河,不仅能减缓部队进攻速度,减少进攻的纵深,甚至使进攻速度受挫,不得不转入防御。因此,克服江河障碍的行动,直接影响到战役战术行动的成败。防御的军队要利用江河的障碍力加强自己防御阵地的稳固性,进攻的军队要渡过江河消灭对方,这就是历史上许多较大的战役,往往发生在江河地区的原因。在现代战争中,大范围的机动和快速变换位置,经常需要克服江河障碍,在进攻作战和运动战中,没有渡河的成功,就不可能取得行动的自由,由此可见,渡河工程保障在战争中是具有重要地位的。

随着高效能武器等不断出现,部队机械化、信息化水平的提高,现代战争必然是高度机动的战争。要取得未来战争的胜利,必须在广阔的战场上进行高度的运动战,迅速地前进和迅速地后退,迅速地集中和迅速地分散。要保证我军机械化部队和各种技术兵器实施高速度、大幅度的机动,要保证数量相当大的军用物资的运输,克服江河障碍的任务无疑是相当频繁和十分艰巨的,渡河在现代战争中的地位也就更加重要。

直升飞机在战场上的广泛运用,使大规模的空中机动成为可能。但是,这并不意味着地面机动和渡河保障地位的降低,相反,保持对敌优势的坦克、重炮支援都不是空运的。大多数战斗支援部队和后勤支援部队由于数量的关系,也不可能完全空运进行机动,而必须实施地面机动,因此渡河工程保障任务仍然是艰巨和重要的。

第二次世界大战后,各国军队都十分重视提高军队的渡河能力,大力发展新型渡河装备器材,大力研究各种渡河方式,加强渡河技术的培训,并逐步增强装甲部队和摩托化部队自身的渡河能力,以利于实施行进间渡河和连续克服江河障碍。

我国为了适应未来战争的需要,在组建相当数量的舟桥部队、分队,装备大量的舟桥器材的同时,对我国江河状况进行了全面调查,加强了重要战备渡口的建设,不断改进和生产渡河装备器材,深入研究未来战争中渡河工程保障的特点。逐步组建和培训舟桥预备役及民兵,积累了克服大小江河的许多宝贵经验,克服江河障碍的能力得到了迅速的提高。

在未来战争中,由于战场广阔,情况复杂多变,部队机动频繁,加之我军装备不断改善,技术兵器、车辆不断增多,机动能力大大增强,因此,广泛运用各种渡河手段,保障人员或武器装备迅速克服江河障碍,实施机动和发展进攻,对取得战役战斗的胜利具有更加重要的意义。

渡河不仅在战时具有重要的作用,在平时抗洪抢险、抗震救灾等任务中也发挥重要的作用。在每年的抗洪抢险中,渡河部队利用其装备、技术优势,执行水上救援、保障水上机动等任务。在2008年汶川地震救援中,部队在紫坪铺水库构筑4个80吨漕渡门桥,开通紫坪铺水库大坝到映秀镇的岷江水上运输通道,把救灾人员、物资、挖掘机运入映秀镇,把伤员、受困民众运出灾区。

5.1.2 江河的基本常识

5.1.2.1 江河各部分的主要名称

与渡河有关的江河各部主要名称(图5-1、图5-2)包括江河断面和水文方面的有关名称。

河岸:约束河水的两岸陆地。面向下流,左侧为左岸,右侧为右岸。出发岸为我岸,另一岸为对岸。

河床：河流高水位以下的部分。

河槽：河床被水淹没的部分。河槽随水位的涨落而变化。

岸滩（河滩）：高水位时被水淹没的河岸地区。

河幅：水面的宽度。

沙洲：河槽内露出水面的泥沙地区。

沙脊：河槽内未露出水面的泥沙堆。

暗礁：突出河底而未露出水面的岩石。

流线：主流。河水流动速度最大的部位。

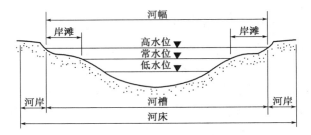

图 5-1 江河断面图

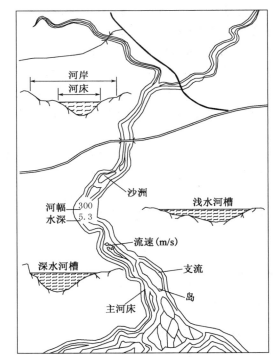

图 5-2 江河各部分的主要名称

5.1.2.2 其他常用术语

流速:河水流动的速度。以 m/s 为计算单位。

流向:河水流动的方向。在河槽弯曲复杂的江河上,流向常发生变化,产生涡流、回流。

流量:在单位时间内流过河槽横断面的水流体积,以 m^3/s 为计算单位。

水位:江河水面所在位置的高度。通常分为高水位(洪水位)、常水位和低水位(枯水位)三种。

潮汐:由于月球和太阳的引力作用,海水发生的周期性涨落现象。海水上涨叫涨潮,海水下落叫落潮。每昼夜涨落各两次。在白天称为潮,夜间称为汐。近海江河常受潮汐影响,形成河水周期性的涨落。

水工建筑物:指河道上为了抗洪、发电、输水而修建的各种水闸、水电站、分水渠、提船闸等,战时或灾时一旦遭到破坏会急剧改变河道的水位、流速等。

支流:宽大江河上由于江心洲的存在,将河道分为主河道与支流,一般支流较窄,不便通航,便于部队隐蔽。

河汊:由于别的河流的汇入或者分出,形成的河流交叉地带,便于渡河器材在水上从各个区域集中或应急分散隐蔽。

含沙量:指每立方米河水中泥沙的含量,黄河汛期含沙量较大,将增加水上浮桥或门桥等渡河器材的水阻力,泥沙的淤积也增加了渡河工程保障的复杂性。

风速:指空气相对于地上某一固定地点的运动速率,常用单位是 m/s,风力大小用等级描述,风速是风力等级划分的依据,风速越大,风力等级越高,风速对渡河工程保障的影响不容忽视。

5.1.3 江河主要特征及其对渡河的影响

在军队装备现代化技术兵器特别是装备坦克的情况下,江河作为障碍物的作用目前并未降低。为了顺利地克服江河,不仅要全面保障部队的战斗行动,而且要确切地了解江河障碍的性质,及渡河过程中可能的变化,江河障碍对部队渡河及对岸作战有着直接影响。它是研究渡河工程保障的重要基础,其影响程度又取决于江河本身的特性。江河的特性包括:河幅、水深、流速、河底土壤性质、河床状况、两岸高度及坡度、两岸附近的地形及水工建筑物等。

5.1.3.1 河幅

河幅是指江河水面宽度。河幅的宽窄是衡量其障碍程度和渡河工程保障难易的重要参数。按河幅对江河进行分类是渡河工程对江河分类的重要方法,以其宽度不同可分为:特大江河(>500m)、大江河(300~500m)、中等江河(50~300m)、小江河(<50m)。

河幅的宽度在一条江河上并不是到处都一样。一般地说,上游窄,中、下游宽;山地、丘陵部分窄,平原部分宽;弯曲部分窄,直线部分宽,而且,河幅还随季节而变化,一般冬季为枯水期,夏季为洪水期,而且还可能受到水工建筑物的影响。

河幅宽窄亦是选择渡河方法的主要依据之一,它对强渡江河的组织也有很大影响。例如,狭窄江河门桥渡河时,因门桥难以转向而不宜采用。在这种情况下,只要一占领对岸,就需立即架设浮桥或其他固定桥梁;反之,在中等和宽大江河上则适宜采用门桥渡河。

各种渡河器材的需求量,在很大程度上也取决于江河宽度。在渡河进攻中,为了有利于部队在对岸的战斗,必须在一定时间内渡送足够的人员、兵器过河。河幅窄,每航次的时间短,需要渡河器材少;河幅宽,每航次时间长,需要渡河器材多。以往的战争经验一再证明,在渡过宽大江河的进攻作战中,渡河器材很少是够用的,这就大大地增加了渡河的难度。

5.1.3.2 水深

水深是指水面某部位到河底的垂直深度。江河的深度一般指最大水深。水深对渡河方法的选用有直接影响。水深在 1.5m 以下且河底土壤较为坚固时可以采用徒涉渡河;水深在 5m 以内时可以架设就便材料的桥梁或实施坦克潜渡;水深超过 5m,一般来说只能采用门桥漕渡或架设浮桥渡河。由于水深对渡河方法的选用有直接影响,因此按水深对江河分类是另一种江河分类方法。

在一条江河上各段的水深并不相同,水的最深处也不一定在河中间。它与河床状况、河幅宽度、河道的弯曲程度、河底纵坡的变换以及流速的大小等有关。通常两岸狭窄的河段水较深,两岸平坦而宽阔的河段水较浅,弯曲河道凹岸水较深,凸岸水较浅。深水河段,上流水浅,下流水深;流速大的部位水较深,反之水较浅。在江河的横断面上,深水部位也并不是在同一部位。在河底松软的弯曲河道上,水量变化时常常引起主流线位置的变更,因而深水处的位置也常常变化。在江河纵断面上,水深的变化与江河流经地区的特征有关:流经平原时,水深变化较小,而其变化也是逐渐的;流经山区时,水深变化大,而且往往是突然的。江河的深浅与季节也有密切关系:雨季水较深,旱季水较浅。

水深的变化,也会给渡河带来影响。水深减少到一定深度时,可能造成舟、门桥、浮桥搁浅,码头无法使用。当水深小于 1m 时,不宜继续实施门、浮桥渡河。水深增加对于轻便器材渡河没有多大影响,但门桥渡河时需要改变码头的位置,或提高码头的高度;浮桥渡河时需要提高栈桥的高度或移动其位置,有时还增加浮桥投锚的锚纲长度;对徒涉渡河影响较大,甚至造成徒涉场不能使用。

5.1.3.3 流速

流速指河水流动的速度。流速对各种渡河方法都有影响。流速大于 1m/s 时,难以实施泅渡;大于 3m/s 时,门桥渡河和桥梁渡河都比较难以实施;大于 4m/s 时,徒涉渡河都无法实施。由于流速对渡河方法有着重要影响,因此按流速大小进行江河分类也是一重要方法。按流速可分为超急流江河(>3m/s)、急流江河(2 ~3m/s)、常流江河(1 ~2m/s)、缓流江河(<1m/s)。

流速在江河横断面水平方向上、垂直方向上均不相同。主流线上的流速最大，而且越靠近岸边越小，河底流速最小。流速大小对浮桥的稳性、锚碇有影响，从制式器材适应的流速范围看出，对一些器材，当流速大于容许值时都无法使用，如门桥渡河时流速大于容许值，造成偏流影响过大，码头设置困难。

5.1.3.4　河底土壤性质

河底土壤性质对于徒涉渡河、桥梁渡河都有影响。在浅水且河底土壤性质中等坚硬（砂、黏）和坚硬（石、砂等）的江河上可以实施徒涉渡河。坚硬的河底又难以植桩和投锚。在细砂淤积的河底上构筑固定栈桥或码头极易受到冲刷，平原地区江河的河底多由泥沙淤积而成。由于水位的涨落，不同时期会形成岸滩，克服它们远比想象的要困难得多，有时克服岸浅滩可能比克服江河本身还要困难。

5.1.3.5　岸高、岸坡、两岸地形

岸高、岸坡及两岸地形对渡河的影响早为人们所重视。现代条件下大量装备及车辆需要渡河，在选择渡河地段时，岸高、岸坡以及两岸地形因素的影响越来越大。它是评价江河障碍的重要条件。在岸高、岸坡陡的地段渡河，构筑进出路是极为困难的。这样的河段即使河幅不很宽，其难度往往不亚于两岸平坦而较宽的河段。

选择渡河地段时要考虑到河流的弯曲度和分汊情况，面向进攻者的凸出部地段便于构筑渡口，并使渡河器材具有最大的机动自由。但是河岸弯曲过大会给渡河造成新的困难。河岸直线地段通视良好，便于组织实施渡河，但直线地段渡河器材机动困难。评价江河障碍的两岸情况时，应考虑到防护伪装性能，两岸有无隐蔽的接近地和森林地，道路处河岸和岸滩的通行程度，道路设备状况、河岸可接近的程度。

5.1.3.6　沙洲、暗礁、水工建筑物

江河中的沙洲，对于架设就便器材的固定桥梁比较有利，较大的沙洲不仅可以减少架桥器材，提高架桥速度，如果利用得当，还可以减少敌空袭的损失，但沙洲对于轻便器材渡河、门桥渡河不一定有利。因为利用沙洲就可能增加靠离岸、上下载的时间。现使用的舷外机、牵引工具，在河中漕行的速度都比较快，不比人员跃进的速度低。利用沙洲很可能会增加总的渡河时间。只有有利于隐蔽迅速地渡河，并能大大地减少渡河器材使用量的情况下，才可以利用。

江河中水下的暗礁，对于轻便器材渡河、门桥渡河、浮桥渡河、坦克潜渡、徒涉渡河都很不利。特别是突出水面的暗礁，对渡河影响最为严重，所以在组织渡河时要尽量避开。

水工建筑物以及水库，对渡河行动有较大的影响。它会给渡河进攻作战带来很复杂的成分，如破坏河堤、水闸、水电站的大坝，突然改变江河的水位，造成很大范围的泛滥，从而达到破坏渡河行动的目的。随着工业、农业的发展，水工建筑物还会不断地增加，因此在研究和执行渡河工程保障时，对水工建筑物的影响必须予以足够的重视。

5.1.3.7 季节、天候

季节是选择渡河进攻作战时机的重要因素。洪水期渡河工程保障难度很大,应尽可能避开,多雨季节会使渡场的接近路、进出路变得泥泞,渡河人员及装备、车辆接近和离开渡场都十分困难。

天候对渡河工程保障也有很大影响,如阴雨、多雾会增加漕渡作业的困难,特别是在大雾中漕渡,可能比晴朗的夜间遇到的困难还要多。

综上所述,在组织渡河时,必须充分掌握江河资料,以及天候季节给渡河带来的影响,并采取有效措施,以保障顺利渡河。

5.1.4 渡河基本方法

5.1.4.1 徒涉渡河

徒涉渡河是人员、车辆和技术兵器以涉水方式渡河的一种方法。这种渡河方法,只需进行标示徒涉场通路位置、构筑进出口和平整加强河底等简单作业。其优点是使用器材少,方法简单,作业量小。江河对人员、车辆和物资最大的影响是迟滞行动,降低行进速度。徒涉渡河的速度快,能不降低行进速度,在江河条件允许时,应尽量广泛采用。

5.1.4.2 冰上渡河

冰上渡河是人员、车辆和技术兵器利用冰层渡河的一种方法。这种渡河方法简单、作业量小,可在广正面上实施,但是要气温适宜。冰层厚度和强度符合要求时,应广泛采用。有时冰层厚度与荷载通行的要求有少量差距时,根据当时的天气温度、现场条件,可以选择冰上浇水凝固、就便材料车辙式加固等方法渡河。

5.1.4.3 泅渡

泅渡是人员、马匹以游泳的方式渡河的一种方法。这种渡河,可不使用渡河器材或只用少量辅助器材,便于少量人员秘密渡河。在气温适宜,流速不大的江河上,经过训练的人员可广泛采用,在通过较宽的江河或实施大规模泅渡时,为了渡河安全,应尽量广泛利用各种制式、就便器材。浮具的浮力,游泳技术较好的人员需 50~120N,游泳技术差的人员需 120~300N。

5.1.4.4 轻便器材渡河

轻便器材渡河,是人员、随伴轻武器装备利用舟、筏、徒步浮桥等轻型渡河器材渡河的一种方法。这种渡河器材轻便,易于搬运,工程作业量小,适宜广正面隐蔽突然实施。轻型渡河器材包括就便材料的各种器材,也包括制式的各种轻便渡河器材,主要有橡皮舟、冲锋舟、侦察舟、轻型门桥、徒步浮桥等,再配合以舷外机,便可快速、灵活地执行渡河任务。

轻便渡河器材最显著的特点是,长距离运输时可以采用专用车辆或普通车辆运输,而短距离运输或运送到车辆不便达到的河岸时,可以利用人工搬运、展开、充气、拼装、连接和撤收。随着新材料的发展,轻便渡河器材有越来越宽阔的前景。

5.1.4.5　门桥渡河

人员、车辆和技术兵器利用门桥渡河的一种方法,这种渡河方法的主要结构是门桥和码头,与浮桥渡河相比,使用器材目标小,机动性大,便于疏散隐蔽和转移渡口,但渡送能力小,主要用于部队强渡江河时,或要求渡河的车辆、装备数量较少而重量较大时,也可在缺乏架桥器材、架桥时间不足或敌情顾虑大、不能使用桥梁渡河时采用,以及桥梁载重不够时,渡送超载的技术兵器和车辆。门桥渡河在抗震救灾、抗洪抢险的行动中运用广泛。

门桥通常是由两个或两个以上的浮体和上部结构构成的结构物,用于门桥渡河的称为漕渡门桥,用于架设浮桥的称为桥节门桥,可在一个正面上展开多个渡口。另外还有自行门桥。

5.1.4.6　桥梁渡河

桥梁渡河是人员、车辆和技术兵器利用桥梁进行渡河的一种方法。这里所说的桥梁包含军队使用的桥梁,一种是固定桥脚的桥梁,另一种是浮游桥脚的浮桥。本章后面几节内容以浮桥渡河为主。这种方法渡河通行能力大,适于军队行军纵队连续渡河,但使用器材、时间和人员较多,目标较大,易受敌人破坏,主要用于渡河时在主要方向的主要道路上保障主力渡河,也用于后方江河上保障人员、物资和器材的前送后运。

5.1.4.7　潜渡和两栖装备渡河

坦克直接涉水或潜水过河可提高强渡速度,达到战争的突然性,特别是河底坚固时可构筑坦克深水徒涉场和潜渡场。这种方法是从第二次世界大战中逐渐发展起来的,第二次世界大战以后各国对坦克潜渡都极为重视,进行了大量的试验。这种方法是将坦克的某些部位加以密封,并增加必要的附属设备(排气筒、单向排水活门等),使坦克在水下渡河。这种方法有很多优点,特别是在组织周密的情况下,可在短时间内,在宽大正面上达成大量坦克渡河的突然性。同时,这种方法也有许多局限性,只能在接近路、上岸斜坡,以及河底平坦、土质坚硬的河段使用。

5.2　浮桥荷载

5.2.1　军用荷载

5.2.1.1　设计荷载诸元

渡河器材,包括各种类型的浮桥、漕渡门桥、临时码头等,都按照表5-1的设计荷载选用,其中总体结构计算选用履带式荷载,局部结构设计计算选用轮式荷载。

设 计 荷 载 诸 元　　　　　　　　表 5-1

	荷载(kN)	区分		
		履带接地长(m)	履带轴线间距离(m)	履带宽(m)
		尺寸		
履带式	160	3.1	2.4	0.4
	250	3.5	2.4	0.4
	400	4.1	2.6	0.6
	500	4.5	2.6	0.7
	轴压力(kN)	区分		
		轮距(m)	轴距(m)	车轮宽度(m)
轮式	70	1.7	4.0	0.3
	90	1.8	4.0	0.4
	120	1.9	4.0	0.7

5.2.1.2 车辆荷载等级

在渡河器材的设计中,车辆荷载分为履带式荷载(LD)和轮式荷载(LT)两种,各等级对应的荷载总重力见表 5-2。

军用车辆荷载等级表　　　　　　　　表 5-2

荷载等级		总重力(kN)	荷载等级		总重力(kN)
履带式	轮式		履带式	轮式	
LD-5	LT-5	50	LD-20	LT-20	200
LD-10	LT-10	100	LD-25	LT-25	250
LD-15	LT-15	150	LD-30	LT-30	300
LD-40	LT-40	400	—	LT-80	800
LD-50	LT-50	500	—	LT-100	1000
LD-60	LT-60	600	—	LT-120	1200

注:1. LD-5 表示履带式荷载 50kN 级,LT-5 表示轮式荷载 50kN 级,以此类推;
　　2. 该表不表示履带式荷载与轮式荷载同等级必须对应的关系,而是在设计时自主选用。

5.2.1.3 履带式车辆荷载主要技术指标

履带式车辆荷载主要技术指标见表 5-3,主要参数示意图如图 5-3 所示。

履带式车辆荷载主要技术指标　　　　　表 5-3

参数	单位	LD-5	LD-10	LD-15	LD-20	LD-25	LD-30	LD-40	LD-50	LD-60
G	kN	50	100	150	200	250	300	400	500	600
S	m	2.7	3.6	3.6	3.6	3.8	4.0	4.2	4.5	5.0

续上表

参数	单位	LD-5	LD-10	LD-15	LD-20	LD-25	LD-30	LD-40	LD-50	LD-60
B	m	0.3	0.3	0.4	0.4	0.4	0.5	0.6	0.7	0.7
C	m	1.9	2.5	2.6	2.6	2.6	2.6	2.6	2.6	2.8
L	m	4.5	5.5	5.5	6.0	6.0	6.0	6.0	7.0	7.5
W	m	2.2	2.8	3.0	3.0	3.0	3.1	3.2	3.3	3.4

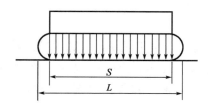
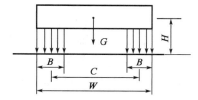

图 5-3 履带式荷载主要参数示意图

H-履带式荷载车辆重心离地高度，一般取 1.1m；G-履带式车辆总重力；L-履带式车辆底盘车长度；W-履带式车辆履带外缘宽度；C-履带中心距；B-履带宽度；S-履带着地长度

5.2.1.4 轮式车辆主要技术指标

轮式车辆主要技术指标如图 5-4～图 5-8 所示。

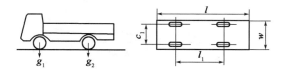
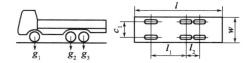

图 5-4 LT-5 至 LT-20 军用汽车　　　图 5-5 LT-25 军用汽车

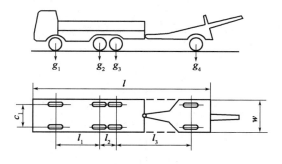
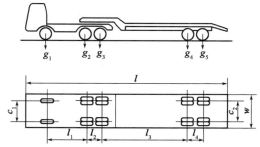

图 5-6 LT-30 军用汽车　　　图 5-7 LT-40 至 LT-60 军用汽车

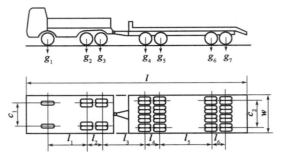

图 5-8 LT-80 至 LT-120 军用汽车

军用汽车图 5-4～图 5-8 中：

g_i 为轮式车辆第 i 轴的轴压力；l_i 为轮式车辆第 i 轴和第 $i+1$ 轴的中心距；c_1 为轮式车辆前轮中心距；c_2 为轮式车辆后轮中心距；l 为轮式车辆长度；w 为轮式车辆宽度；b 为前轮轮胎着地宽度；s 为前轮轮胎着地长度；b' 为后轮轮胎着地宽度；s' 为后轮轮胎着地长度。

轮式车辆主要技术指标见表 5-4。

轮式车辆主要技术指标 表 5-4

参 数	单 位	LT-5	LT-10	LT-15	LT-20	LT-25	LT-30
g_1	kN	20	30	50	70	70	70
g_2		30	70	100	130	90	70
g_3		—	—	—	—	90	70
g_4		—	—	—	—	—	90
l_1	m	3.3	4.0	4.0	4.0	3.0	3.5
l_2		—	—	—	—	1.45	1.45
l_3		—	—	—	—	—	5.0
c_1/c_2		1.6	1.8	1.8	1.8	2.0	2.0
$b \times s$	m²	0.25×0.2	0.25×0.2	0.25×0.2	0.25×0.2	0.35×0.2	0.35×0.2
$b' \times s'$		0.25×0.2	0.50×0.2	0.50×0.2	0.60×0.2	0.35×0.2	0.35×0.2
$l \times n$		5.5×2.3	7.0×2.5	7.0×2.5	7.0×2.5	8.0×2.5	12.0×2.5
参 数	单 位	LT-40	LT-50	LT-60	LT-80	LT-100	LT-120
g_1	kN	60	70	70	60	60	60
g_2		70	85	125	70	70	70
g_3		70	85	125	70	70	70
g_4		100	130	140	150	200	250
g_5		100	130	140	150	200	250
g_6		—	—	—	150	200	250
g_7		—	—	—	150	200	250

续上表

参数	单位	LT-40	LT-50	LT-60	LT-80	LT-100	LT-120
l_1	m	3.5	3.5	3.5	3.5	3.5	3.5
l_2		1.4	1.4	1.4	1.4	1.4	1.4
l_3		8.5	8.5	8.5	4.0	4.0	4.0
l_4		1.3	1.4	1.4	1.2	1.2	1.2
l_5		—	—	—	4.0	4.0	4.0
l_6		—	—	—	1.2	1.2	1.2
c_1/c_2		2.0/2.4	2.0/2.5	2.0/2.5	2.0/2.7	2.0/2.7	2.0/2.7
$b \times s$		0.3×0.2	0.3×0.2	0.3×0.2	0.3×0.2	0.3×0.2	0.3×0.2
$b' \times s'$	m²	0.6×0.2 (0.5×0.2)	0.6×0.2 (0.6×0.2)	0.6×0.2 (0.6×0.2)	0.6×0.2 (0.5×0.2)	0.6×0.2 (0.5×0.2)	0.6×0.2 (0.5×0.2)
$l \times n$		16.0×3.0	16.0×3.0	16.0×3.0	20.0×3.5	20.0×3.5	20.0×3.5

注：表中 $b' \times s'$ 栏括号内的数据表示半挂或全挂车的轮胎着地宽度和长度。

5.2.2 民用荷载

民用荷载主要指公路桥梁车辆荷载，也即汽车荷载。汽车荷载分为公路-Ⅰ级和公路-Ⅱ级两个等级。汽车荷载包括车道荷载和车辆荷载两个等级。

车道荷载：虚拟荷载。桥梁结构的整体设计计算采用车道荷载。

车辆荷载：单车荷载，也是一个虚拟荷载，桥梁结构的局部加载、涵洞、桥台和挡土墙土压力等的计算采用车辆荷载。

车道荷载与车辆荷载的作用不得叠加。

对于浮桥设计来说，其汽车冲击力、汽车离心力、汽车引起的土侧压力等都可以忽略不计。

有关汽车荷载的标准、计算图示等可参见第 3 章、第 4 章及民用相关规范的部分内容。

5.3 浮桥的分类

浮桥的分类方法有很多种，按照是否是制式装备可以分为制式浮桥、战备浮桥和就便浮桥；按照通行荷载可以分为公路浮桥、铁路浮桥、其他特殊用途浮桥（如游览浮桥、游船靠泊浮桥、输送管路浮桥等）；按照载质量可以分为重型浮桥、中型浮桥、轻型浮桥和徒步浮桥；按照结构形式可以分为桥脚分置式浮桥、带式浮桥、自行舟桥架设的浮桥等；按照运输方式可以分为越野车辆运输的浮桥、牵引车辆运输的浮桥、装甲车辆运输的浮桥、可人工搬运架设的浮桥、水上可机动的浮桥、可空运空投的浮桥等；按照主体结构材料可以分为钢质浮桥、铝合金浮桥、木质浮桥、钢筋混凝土浮桥、复合材料浮桥；按照战场遂行保障任务可以分为前线冲击保障型浮桥、机动伴随保障型浮桥、后方定点支援型浮桥等。

5.3.1 按是否制式化分类

渡河器材按器材的来源可以分为制式浮桥装备、就便浮桥器材、战备浮桥器材等。

5.3.1.1 制式浮桥装备

制式浮桥装备是专门设计的由上级正式命名的并配发部（分）队使用的浮桥装备，又可以称为舟桥装备，主要有重型舟桥、轻型舟（门）桥、带式舟桥、特种舟桥和自行舟桥等。是部队进行渡河工程保障时进行门桥渡河、浮桥渡河的装备（图5-9）。

图 5-9　制式舟桥架设的长江浮桥

5.3.1.2 战备渡河器材

一般是由国家交通战备部门研制并配发，用于后方交通保障的渡河器材。例如20世纪90年代研制的多用途浮箱，再配合装配式公路钢桥，就可以架设浮桥（图5-10）。

图 5-10　多用途浮箱和装配式公路钢桥架设的战备浮桥

5.3.1.3 就便浮桥器材

在战时根据需要临时征集各种就便器材用来架设浮桥、构筑门桥等,这些就便器材主要包括:作为浮游桥脚舟主要征集钢质民船(运输船、驳船、拖船、工程船等)、木质民船(运输船、捕鱼船、工程船)、钢筋混凝土民船等,还可以用具有一定浮力的汽油桶、木筏等构筑小吨位的浮桥或者徒步桥;作为桥桁主要征集各类型钢、施工脚手架、万能杆、钢轨、木材等,作为桥板,主要征集各种钢板、木板等材料用于加工。就便箱式浮桥和就便人行浮桥如图5-11和图5-12所示。

图5-11　就便箱式浮桥

图5-12　就便人行浮桥

5.3.2　按使用用途分类

5.3.2.1　公路浮桥

架设的通行各种汽车、车辆的浮桥为公路浮桥。公路浮桥可以是施工临时用,也可以是半永久(洪水时分解)使用。公路浮桥可以是带式(箱式)结构(图5-13),也可以是桥脚分置式结构;一般公路浮桥设计成双车道浮桥,以方便使用(图5-14)。

公路浮桥的设计荷载是按照公路荷载规范来选取,或者根据需要来选用的。

5.3.2.2　铁路浮桥

铁路浮桥必须在特定的条件下运用,它主要用于战时铁路抢修,平时抢险救灾,克服江河障碍,保障铁路运输畅通,是短期应急通车的一种临时手段。它还可以用于新建铁路临时通车和新建铁路施工。

铁路浮桥一般设计成桥脚分置式浮桥,它的基础是浮墩。荷载是通过浮墩而传到水面,依靠水对浮墩的浮力来承受。因而铁路浮桥不需修建复杂的深水固定基础,浮桥的结构和架设方法,不受水深和河床地质的影响。

图 5-13 宁波大榭箱式公路浮桥

图 5-14 双车道公路浮桥

铁路浮桥的拼组架设方法简单,可以有较多的作业面,并且浮节和其他结构可预先在距桥址较远处结合好,然后由水路运到桥址就位,拼架速度快,施工工期短。铁路浮桥还可以根据需要及时拆除和架设,具有一定的快速性和机动性。

【示例 5-1】 1976 年 7 月 28 日发生的唐山大地震致使蓟运河大桥遭到严重破坏,铁道兵舟桥团根据命令于 8 月 9 日架通京山线蓟运河铁路舟桥,及时确保了京山复线铁路的畅通运行。如图 5-15 所示。

5.3.2.3 其他特殊浮桥

俄罗斯军事专家们把该国先进技术用于建造民用浮桥,设计并成功试验了世界上第一座能通多节火车的"超级万能"浮桥。"超级万能"浮桥全长 780m,当出现洪水等自然灾害时,"超级万能"浮桥在拖船的帮助下直接在水面上进行组装;用特殊钢索进行连接加固,铺设浮桥的耗时不超过 3 天。这样,就能在最快的时间为受灾地区运送物资、疏散灾民。

图 5-15　蓟运河铁路浮桥

根据特殊需要设计的浮桥还包括游览浮桥、游船靠泊浮桥、输送管路浮桥等。图 5-16 所示为深圳明斯克航母主题公园的游人参观浮桥,图 5-17 为游船靠泊浮桥。

图 5-16　深圳明斯克航母主题公园游览浮桥

图 5-17　游船靠泊浮桥

5.3.3　按载质量分类

5.3.3.1　重型浮桥

重型舟桥装备:其载质量为 50t 以上,例如某型四折带式舟桥、某型特种舟桥、新型重型舟桥等。主要保障各种重型装备克服江河障碍。

【示例 5-2】　德军 FSB2000 带式舟桥(图 5-18),可以在流速达 3.5m/s 的河中使用,其承载能力达 70 军用吨级,在特殊情况下可达 80 军用吨级。它与现有的带式舟桥功能类似,可以结构浮桥或是门桥。一套 FSB 浮桥器材架设浮桥能力见表 5-5。

图 5-18 FSB 浮桥装备在泛水

一套 FSB 浮桥器材架设浮桥能力   表 5-5

项 目	性能数量	单 位	项 目	性能数量	单 位
履带式载质量	63	t	长度	100	m
车行道宽	4.1	t	架设速度	1.67	m/min
架设时间	60	min	适应流速	3.5	m/s

5.3.3.2 中型浮桥

中型浮桥的载质量为 40t 以下,例如俄罗斯勒波波(ЛПП)舟桥纵列,主要保障各种中型装备克服江河障碍。

【示例 5-3】 俄罗斯勒波波舟桥纵列是在第二次世界大战末期发展的一种轻型舟桥器材,可架设 12～40t 的浮桥和结合 25t、40t 的漕渡门桥,保障军队和轻型技术兵器、车辆渡河。一套勒波波器材架设浮桥主要性能见表 5-6。

一套勒波波器材架设浮桥主要性能   表 5-6

项 目	性能数量	单 位	项 目	性能数量	单 位
履带式载质量	12/24/40	t	轮式载质量	6/8/8(轴压)	t
桥长	160/88/64	t	车行道宽	3/3.67/3.85	t
架设时间	50/50/55	min	适应流速	<2.5	m/s
作业人数(名)	105	名			

5.3.3.3 轻型舟桥(门桥)

轻型舟桥的载质量为 25t 以下,主要保障各种轻型装备克服江河障碍。

【示例 5-4】 LMS 轻型舟桥是由捷克自行研制的一种轻型舟桥(图 5-19)。该器材用于结合门桥和架设浮桥,保障 24t 以下的车辆和技术兵器渡河。一套 LMS 器材架设浮桥主要性能见表 5-7。

图 5-19 捷克斯洛伐克 LMS 轻型舟桥

一套 LMS 器材架设浮桥主要性能   表 5-7

项 目	性能数量	单 位	项 目	性能数量	单 位
履带式载质量	15	t	车行道宽	3	m
桥长	72	m	架设时间	40	min

5.3.3.4 徒步浮桥

轻型门桥的载质量为 16t 以下,主要包括轻型门桥和架设徒步桥,保障作战人员克服小型江河,其装备器材可人工搬运架设。

【示例 5-5】 苏联 T3 徒步浮桥

T3 徒步浮桥(图 5-20)是苏联军队在第二次世界大战时研究制造的,除了保障人员渡河外还可以结构 1t 的门桥用以漕渡轻型车辆。一套 T3 器材架设浮桥主要性能见表 5-8。

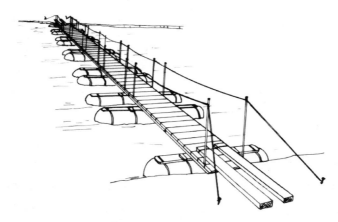

图 5-20 架成的 T3 徒步浮桥

一套 T3 器材架设浮桥主要性能　　　　　　表 5-8

项　目	性能数量	单　位	项　目	性能数量	单　位
通载质量	250	kg	作业人数	64	名
长度(单行道)	56	m	长度(双行道)	28	m
架设速度	10-18(单行道)	m/min	架设速度	14-22(双行道)	m/min

【示例 5-6】 法国步兵浮桥

49/63 型步兵浮桥(图 5-21)是法国在 40 年代研制的器材,1949 年定型,1963 年在 49 型步兵浮桥的基础又进行了改进,定型为 49/63 型步兵浮桥。49/63 型步兵浮桥器材可结合轻型门桥,漕渡轻型车辆和装备,动力采用舷外机。一套 49/63 型器材架设浮桥主要性能见表 5-9。

图 5-21　架成的法国 49/63 型步兵浮桥

一套 49/63 型器材架设浮桥主要性能　　　　　　表 5-9

项　目	性能数量	单　位	项　目	性能数量	单　位
通载时人员间距	0.5	m	车行道宽	0.6	m
长度(单行道)	51	m	通行能力	75/40	人/min
适应流速	3	m/s	架设速度 白昼	34	min
			架设速度 黑夜	40	min

5.3.4　按结构形式分类

5.3.4.1　桥脚分置式浮桥

桥脚分置式浮桥(图 5-22)就是各个桥脚舟之间有一定距离,在桥脚舟上再架设主梁、铺设桥面板等。这类浮桥具有结构简单、形式变化多、适应流速大等优点,但是也具有作业步骤多、作业量大、架设速度慢等缺点。

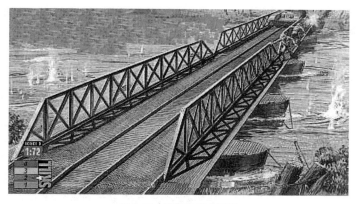

图 5-22　桥脚分置式浮桥

【示例 5-7】　苏联特波波（ТПП）重型舟桥纵列

苏联在战后发展了特波波重型舟桥纵列（图 5-23），1948 年开始装备部队。特波波现已被波姆波（ПМП）带式舟桥所取代。特波波重型舟桥纵列架设浮桥主要性能见表 5-10。

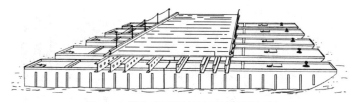

图 5-23　结合成的特波波浮桥的桥节门桥

特波波重型舟桥纵列架设浮桥主要性能　　　　表 5-10

项　目	性能数量	单　位	项　目	性能数量	单　位
通载质量	16/50/70	t	轴压力	7/15/15	t
长度	335/265/205	m	车行道宽度	3.2/4.0/4.0	m
适应流速	1.5～3	m/s	作业人数	384	人

【示例 5-8】　英国马比浮桥

马比浮桥（图 5-24）于 1974 年由英国马比·约翰逊有限公司研制，1977 年投入使用，主要用于后方架设浮桥和构筑门桥渡口，保障后勤运输。

5.3.4.2　带式浮桥

带式舟桥由一个个的箱型桥脚舟直接连接而成，其具有舟桁板合为一体、作业步骤少、劳动强度低、作业速度快、浮桥通行性能好、桥节门桥与漕渡门桥结构相同等优点，但是其水阻力较大。

【示例 5-9】　俄罗斯的带式浮桥

俄罗斯的带式浮桥有波姆波（ПМП）带式舟桥（图 5-25）、波波-91（ПП-91）带式舟桥（图 5-26、图 5-27）和波波-2000（ПП-2000）带式舟桥等几代。波姆波带式舟桥（舟桥纵列或浮桥设备)被认为是浮桥设计中的重要转折。埃及军队于1973年10月成功地利用它渡过苏伊士运河。

图 5-24　英国马比浮桥

图 5-25　波姆波带式舟桥浮桥全貌

图 5-26　波波-91 舟桥架设 60t 浮桥通车

图 5-27 波波-91 舟桥架设 120t 浮桥通车

构造与技术特点：波姆波的单舟都由高强钢制成，四个单舟铰接在一起组成一个节套舟。折叠状态时由 6×6 或 8×8 轮式卡车运输。

【示例 5-10】 法国 PFM F1 摩托化浮桥

PFM F1 带式舟桥（图 5-28）可用于架设浮桥或者门桥。其适应流速高达 3m/s，其承载能力达 70 军用吨级。该装备可以从岸高达 4m 的岸边架设。PFM F1 带式舟桥的主要优点是其浮桥和门桥可以使用最少的人力在最短的时间内架设，主要部件的架设、驱动和撤收不需要起重机、架桥汽艇或其他辅助设备。

图 5-28 法国 PFM F1 摩托化浮桥通载

5.3.4.3 自行舟桥架设的浮桥

自行舟桥架设的浮桥：由履带（或轮式）装甲车辆为底盘，部分具有水陆两栖功能；具有"三防"能力,可以在一线敌火威胁下迅速展开、架设;人员为闭舱作业;通常可以克服中小江河和干沟、浅滩等障碍。目前国际上有轮式自行舟桥和履带式自行舟桥等,可以在敌火威胁下架设浮桥或结合漕渡门桥。

【示例 5-11】 德国 M3 自行舟桥架设的浮桥

M3 自行舟桥(图 5-29、图 5-30)的荷载能力为 70 军用吨级。一套 100m 长的桥可以承载 70 军用吨级的履带式车辆,或承载 100 军用吨级的轮式车辆,它可在 20 分钟内架设完毕;一套双舟门桥可以承载 70 军用吨级的履带式车辆;一套三舟门桥可以承载 100 军用吨级的轮式车辆,或 70 军用吨级的履带式车辆;它可以在流速达 3.5m/s 的河流中操作使用。

图 5-29　德国 M3 自行舟桥泛水

图 5-30　德国 M3 自行舟桥结构的快速浮桥

【示例 5-12】 俄罗斯波姆姆(ПММ)自行舟桥架设的浮桥

波姆姆自行舟桥(图 5-31、图 5-32)是苏联研制的一种新型的自行舟桥器材,第一次出现在 1981 年原"华约组织"国家进行的"西方 81"演习中,当时架设了一座浮桥保障演习部队江河障碍。波姆姆自行舟桥桥车采用 ЗИЛ-135 型(8×8)越野车底盘改装,两侧各铰接一个舟形浮体。浮体由液压缸操纵,作业状况时在车体两侧展开,陆上行驶状态时折起。

图 5-31 波姆姆-2 自行门桥漕渡

图 5-32 波姆姆-2 自行门桥展开

【示例 5-13】 法国的 EFA 前方渡河支援器材

EFA 前方渡河支援器材(图 5-33)既可作为浮桥使用,又可作为门桥使用。作为浮桥使用时,它的跨度为 23.5m,荷载级达到 70 军用吨级,可在流速达 2.5m/s 的河中使用。作为门桥使用时,两套 EFA 前方渡河支援器材可承载重达 150t 的货物。每个 EFA 前方渡河支援器材的承载面积为 96m^2。多套 EFA 前方渡河支援器材可以连接至需要的长度,荷载级为 70 军用吨级的浮桥。可以在 15min 内架设成一座 100m 长的浮桥,所需的乘员为 16 人。

【示例 5-14】 美军 MAB 自行舟桥架设的浮桥

MAB 自行舟桥主要采用铝合金制造。MAB 自行舟桥(图 5-34)可以用作门桥或是浮桥,门桥和浮桥是由连续连接的 MAB 自行舟桥桥节舟组成的。在门桥的结构过程中,一个岸边舟和一个中间舟连接起来形成一个双舟门桥,两个双舟门桥连接起来形成一个四舟门桥,它可以 12.875km/h 的航行速度承载 60t 货物。

图 5-33　法国 EFA 前方渡河支援器材舟车外形图

图 5-34　在莱茵河上 MAB 自行舟桥架设的浮桥

5.3.5　按运输方式分类

根据运输方式，浮桥又可以分为有越野车运输的浮桥、牵引车运输的浮桥、可空运空投的浮桥、可人工搬运的浮桥、可水上机动的浮桥和装甲车运输的浮桥等，其中装甲车运输的浮桥参见自行舟桥架设的浮桥。

5.3.5.1　越野车辆运输的浮桥

浮桥器材由越野车作为底盘车，该底盘车可以是轻型底盘车、中型底盘车或重型底盘车，一般都是全轮驱动，其泛水装车均由该底盘车上的机构来完成。因此，这类浮桥机动性能好，可以适应不良道路、山路、河岸等地形，但是由于要提高其越野性能，一般底盘车的有效荷载小、单车架设的浮桥长度较短、往往超载使用而影响底盘车的寿命。某型带式舟桥采用 5t 越野车运输，如图 5-35 所示。

图 5-35　带式舟桥用 M923 卡车运载状态图

5.3.5.2　牵引车运输的浮桥

法国 F1 型带式舟桥(亦称 PFM 摩托化浮桥)的底盘车采用 Renault TRM10000(6×6)牵引车,每辆车所运输的桥节达到 10m(图 5-36),岸边桥节达到 12m(图 5-37)。

图 5-36　PFM 摩托化浮桥河中桥节运输

图 5-37　PFM 摩托化浮桥岸边桥节运输

5.3.5.3 可空运空投的浮桥

浮桥的桥脚舟、桥跨结构可以空投、空运,这类浮桥一般都是轻型浮桥,并采用铝合金、橡皮舟、复合材料制作。可空运空投浮桥要求自重轻、结构紧凑(充气型、折叠型)、功能多样、便于固定和展开等,例如英国16级空运桥(图5-38)。

图 5-38 英国 16 级空运桥

16级空运桥用以结合漕渡门桥,也可架设浮体和固定桥,保障人员和轻型车辆渡河。它是一种铝质桥,由箱形车辙板、跳板、铰接构件、舷外机支架和充气浮筒组成。该桥重量轻,易于人工架设,还可用直升机吊运和架设,快速结合。该桥在保持空运特性的同时,尚可用带拖车的汽车运输。

5.3.5.4 可人工搬运的浮桥

浮桥的桥脚舟、桥跨结构、辅助器材在公路上用汽车运输,当接近执行任务区域附近时,可以通过作业手肩扛、手抬、背负等方式运输到河边,并且进行人工充气、拼装、架设等作业,这类浮桥一般都是轻型浮桥或徒步桥,也采用铝合金、橡皮舟、复合材料制作。可人工搬运架设的浮桥要求单件重量轻、结构紧凑(充气型、折叠型)、功能多样、便于人工搬运等,图 5-39 为充气式浮桥。

图 5-39 充气式浮桥

5.4 浮桥的力学体系

浮桥根据其桥跨连接方式的不同,可以区分为简支体系浮桥、铰接体系浮桥和连续体系浮桥,这些力学体系不同的浮桥,其结构特点不同、受力不同、使用性能不同,分析计算方法也不同。

5.4.1 简支体系浮桥

简支体系浮桥的河中部分是浮游桥脚上的多跨简支梁桥(图 5-40),它的浮游桥脚可以是民舟和筏,还可以是门桥和纵轴垂直水流方向设置的驳船和渡船;桥跨结构自由地支承在上述这些浮游桥脚上。其支承方式可以是支承在浮游桥脚的中央,也可以支承在桥脚的中央两侧。后一种支承方式只在桥脚舟宽度较大,例如门桥和驳船、渡船等情况采用(图 5-41)。

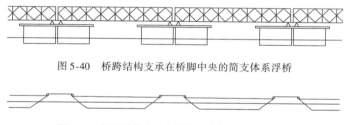

图 5-40　桥跨结构支承在桥脚中央的简支体系浮桥

图 5-41　桥脚结构支承在桥脚两边的简支体系浮桥

简支体系浮桥是静定体系,每跨的工作与其他跨无关,其受力与变形既简单又明确。由于简支体系浮桥结构简单,受力与变形明确,在第一次世界大战中,国外曾广泛采用这种体系作为军用制式浮桥。但是简支体系浮桥在单个活载作用下,其浮游桥脚所受到的压力和刚性支座简支梁一样,接近于活载的重量。对于重量较大的活载,要求单个浮游桥脚必然具有较大的承载力,以至于无法用车辆载运这种桥脚实施机动。这是简支体系的主要缺点,也是现代制式舟桥器材中不采用这种体系的重要原因之一。简支体系不适于快速架设浮桥,是它的另一缺点。在绝大多数情况下,这种体系的浮桥不能采用门桥架设法,而必须在桥头配桁以逐次推出的方式逐跨架设,显著地缩小了作业正面,增加了架设时间。只有采用民舟门桥和驳船、渡船作为浮游桥脚的情况下,才可以对此缺陷做一些弥补,但也不可能根本的克服。这一缺点使简支体系不能满足现代军用浮桥迅速由门桥渡河转变为浮桥渡河和由浮桥渡河转变为门桥渡河的战术要求。在跨度比较小而桥脚吃水比较大的时候,简支体系浮桥上的活载会使相邻桥跨互相形成很大的折角,桥面形成很大的纵向坡度,这就会降低车辆沿浮桥行驶的速度并增大车辆对浮桥的动载冲击作用。简支体系浮桥的抗损性很低。一个浮游桥脚的损坏会导致两个桥跨的破坏,因而也导致浮游停止使用。上述一系列缺点使这种体系在现代制式舟桥器材中不能被采用。

但是在由当地征集民船和就便材料组成的浮桥中,简支体系仍然有其价值。在可以获得载质量较大的船只和可分解钢桁架桥(如装配式公路桁架桥)的桁架时,采用简支体系架设载质量较大的大跨度浮桥,应当认为是适宜和切实可行的,这不仅减少了浮游桥脚的使用数量,而且还减少了桥面的纵向坡度,可以改善简支体系浮桥的通行性能。用载质量很大,甲板首尾平齐的驳船和渡船,以其纵轴垂直水流方向设置,船只衔接处以跳板或梁式桥跨简单连接,这样组成的简支梁体浮桥具有结构简单、架设方便和使用浮游工具少的特点,在流速不大的条件下,其使用效果也是比较好的。简支梁体系浮桥的连岸部分采用梁式过渡桥跨。该桥跨一端简单支承在岸边浮游桥脚上,另一端却支承在岸边桥基础上(图5-42)。它的特点是结构简单,能适应水位的变化;从组成上来看它是河中部分的延长,可以采用相同的桥跨组成。

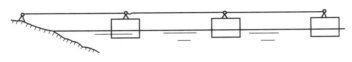

图 5-42　简支体系浮桥连岸部分

5.4.2　铰接体系浮桥

5.4.2.1　河中部分

浮桥河中部分各桥节彼此铰接所组成的体系称为铰接体系。铰接体系的每个桥节又是浮桥的架设单位,它可以是桥脚分置式的门桥或连续的长桥段,由于这种桥节的桥跨结构两端伸悬在边浮游桥脚外,铰安装在此悬臂上,故称这种铰接体系为铰接悬臂梁体系;在流速不大的江河上,还可以是纵轴垂直水流方向设置的渡船和驳船,此时组成的铰接体系浮桥是带式浮桥。在由桥脚分置式门桥组成的铰接体系浮桥中,由配置在一个桥节门桥范围内的单个活载所引起的压力,会通过铰传递到相邻的桥节门桥上,因此桥节门桥中每个浮游桥脚所受到的压力比简支体系小得多。

纵轴垂直水流方向设置的渡船和驳船,在组成铰接体系浮桥时,由活载引起的吃水值也小于组成简支体系浮桥时由同一活载引起的吃水值,这是铰接体系比简支体系优越的一个方面。铰接体系的每个桥节是浮桥准备好了的桥段,只需在桥轴线上用铰把它们连接起来,这就允许以宽大的正面高效率地架桥,还可以实现迅速地由浮桥渡河变为门桥(或渡船)渡河。而且由于每个桥节的载重能力和整个浮桥的载质量是相同的,变为门桥(或渡船)渡河时,不会降低载重能力,这是铰接体系最主要的优点。

铰连接的存在使铰接体系浮桥具有较好的抗损性,其中一个桥节破损后不致使整个桥节沉没,也不会使桥节完全失去承载能力,因而可以达到不停顿桥上的通载,只需降低载质量使用。

因此,桥脚分置式铰接体系在第二次世界大战中为制式浮桥的主要体系。当时,它的上述优点在很大程度上满足了军用制式舟桥的战术技术要求,我国军队曾使用过的 M2Π（恩二波）舟桥采用了这种体系。但是它和简支体系一样,载荷沿浮桥行驶时,桥面会在铰接接头处形成折角（图 5-43）,因而降低了车辆的行驶速度,桥面纵向坡度值较大是这种浮桥的主要缺点。此外,这种体系中由活载引起的弯矩比同样跨度或者同样驳船、渡船组成的简支体系的大。

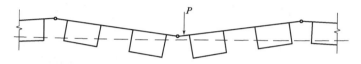

图 5-43　铰接体系浮桥的变形

随着军用载荷重量的增加,铰接体系在现代已经不被制式舟桥所采用,原因是铰接体系浮桥承受现代军用荷载时,每个浮游桥脚的压力很大,不得不采用尺寸较大、不便于车辆运输的桥脚舟。所以只在就便器材浮桥中采用铰接体系,在可获得较大载重能力的民舟时,利用铰接体系的上述优点架设铰接体系军用浮桥是很适宜的。为了克服上述缺点,国外军队制式舟桥中曾采用过带限制器铰的铰接体系。带限制器铰的典型样式如图 5-44 所示,当载重 P 作用在限制器铰上时,可以看成先有一部分活载迫使铰转动 φ 角,此铰接接头变成了刚性接头,铰两边的桥节成了一个加倍长的桥节。它们共同承受剩下的那一部分活载。因此活载作用位置下的浮游桥脚承受较小的压力和吃水,桥面的纵向坡度也会变得平缓一些。但是,这种铰接接头只适于桥跨承重结构内只有两片桁架或者两片钣梁的情况。在每片桁架或钣梁的端部构成这种接头比较容易;对于高度较低的桥桁,这种接头很难构成,即使能够构成,由于每根桥桁端部都要构成这种接头,当桥跨横断面内桥桁数量较多时,很难保证它们同时参与工作。这也就是此种体系没有得到推广使用的直接原因。

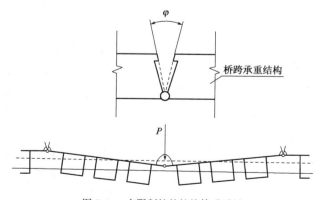

图 5-44　有限制铰的铰接体系浮桥

5.4.2.2 岸边部分

桥脚分置式铰接体系浮桥的连岸部分可以单独由浮游栈桥构成,也可以由固定栈桥和浮游栈桥联合组成,这主要取决于浅滩的长度和桥梁基础基面与河中部分浮游桥脚顶面的高差。

图 5-45 中浮游栈桥的悬臂端用铰和河中部分末端连接,栈桥内引入浮游桥脚的目的是为了使浮游栈桥起到支承河中部分末端的作用,使河中部分末端桥节和远处的桥节有相似的工作条件,减少河中部分最边上浮游桥脚的吃水值,不使它的吃水值超过河中部分中央的浮游桥脚吃水值。根据此目的,有时栈桥内只引入一个浮游桥脚是不够的,需要引入两个桥脚。

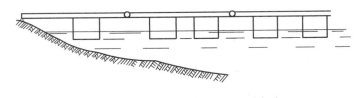

图 5-45 铰接悬臂梁体系浮桥的过渡部分

这种连岸部分还可以保证河中部分末端在承载时能自由地垂直移动,并且在水位变化不大时能保障浮桥正常地工作。因此,它不仅在制式舟桥中,而且也在就便器材浮桥中得到采用。这种连岸部分的缺点在于活载位于河中部分末段上时,栈桥的岸端有脱离桥础而翘起的可能,因而必须采取牢靠的固定措施。由纵轴垂直水流方向设置的驳船和渡船组成的带式铰接体系浮桥,其连岸部分可以单独由梁式过渡桥跨组成,也可以由固定栈桥和梁式过渡桥跨联合组成。无论是单独使用还是联合组成,梁式过渡桥跨的水侧一端都简单支承在岸边船只上,应尽可能使该船只远离陆侧,以便减少活载上下浮桥时所引起的岸边船只的纵倾角。

5.4.3 连续体系浮桥

5.4.3.1 河中部分

河中部分承重结构从始至终一直刚性连续的浮桥被称为连续体系浮桥。桥脚分置式浮桥和制式的带式浮桥都可以采用这种体系,前者需要在每根桥桁或每片桁架的两端接头处都构成刚性接头,后者需要在所有相邻接的河中舟之间构成刚性接头。连续体系已经成为现代制式舟桥的唯一体系,这是因为这种体系具有一系列优点,能够满足保障现代军用载重渡河的军用浮桥的战术技术要求。连续体系浮桥的承重结构具有较大的刚度,而且是连续的,它能把位于浮桥上的活载压力分配给更多的浮游桥脚来承受,随着承重结构刚度的增大,承受活载压力的桥脚舟也就增多,每个浮游桥脚所承受的压力就减少,这也就允许采用尺寸较小的浮游桥脚来架设浮桥,对于制式舟桥来说,也就是可以采用适于车辆运输的,尺寸较小的制式舟来架设载重能力较大的浮桥。

制式的连续体系带式浮桥,河中舟的箱形浮体就是浮桥的承重结构,整个横断面都参加工作,它的刚度更大,在刚性接头的保障下,带式浮桥可以把上面的活载压力分布在更长的桥段上,因此带式浮桥可以得到更小的吃水,箱形浮体的宽度和高度都可能减小,以致于允许把箱形浮体沿宽度方向折叠起来装载在载重汽车上进行运输,一辆汽车可以载运一节长度为 6.7m 的桥段,从而显著地减少了整套器材所需的运输车辆数。连续体系浮桥与简支体系和铰接体系浮桥相比较,它还具有优越的使用性能,在活载作用下连续体系浮桥的挠曲线具有平滑的曲线形状(图 5-46)。

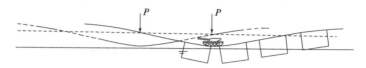

图 5-46　连续体系浮桥的变形特点

这种变形特点可以允许车辆以较高的速度通过浮桥,同时也减少了车辆对浮桥的动力冲击作用。沿浮桥通行的车辆实际上不克服纵向坡度,因为具有最大挠度的点始终位于此车辆下并且随同车辆一起沿桥长方向移动。但是,挠曲线这样的移动会引起水的阻抗,从而也会阻碍载荷的运动,这种阻抗的大小随着浮桥承重结构刚度的减小而增大,也随着载荷运动的速度增大而增加。

比其他体系有较好的抗损性是这种体系的另一个优点。浮桥内一个浮游桥脚或一个河中形浮体的破损,还不会使浮桥完全停止通行,此时承重结构的刚性和连续还可以将浮桥上活载的压力分布在其他浮桥桥脚上,或者其他的箱形浮体上,在降低浮桥载质量的条件下还可以继续使用浮桥。

连续体系浮桥承重结构内各构件弯曲工作的均匀性比简支体系和铰接体系都要好,这对于减轻承重结构的重量以及承重结构的单个构件的重量是有利的。承重结构以其较大的刚度和连续性将浮桥上的活载压力分布到较长的桥段上,必然增大连续体系浮桥承重结构内的弯矩,和同一载质量的铰接体系、简支体系浮桥相比,连续体系承重结构内由活载引起的弯矩是最大的。承重结构的刚性接头在保障承重结构连续性的同时,它将承受很大的弯矩。这就使刚性接头在结构上复杂化;特别是在由一些单根桥桁所组成的桥跨承重结构中,为了保障每根桥桁的连续,必须在每根桥桁的所有接头处设置刚性接头。数量繁多的刚性接头必然降低在桥轴线上进行连接作业的顺利程度,其后果是延长了架桥的时间。这种缺点在一定程度上限制了连续体系在就便器材浮桥中的广泛使用,特别是在木质桥桁的就便器材浮桥中,构成刚性接头是比较困难的。在这方面连续体系不如铰接体系,铰接体系只需在相邻桥节之间以二至四个铰进行连接,连接作业也比较简单,允许在桥轴线上快速连接和分解。连续体系带式浮桥在很大程度上克服了上述缺点。它的承重结构不是由零散的单根桥桁组成,而是由宽度和高度(和桥桁相比)都较大的一两个中空箱形截面梁组成,这种梁的截面整体性很强,能像一根梁一样工作。因此浮桥横断面内刚性接头的数量可以大大减少,只需在每个箱形截面梁的接头处集中构成一个刚性接头,于是整个横断面内只有1~2个集中构成的刚性接头。这就使带式浮桥在桥轴线上的连接作业量非常少,连接作业既简单又迅速,促成了带式浮桥架设和分解的快速性。

5.4.3.2 连岸部分

连续体系浮桥的连岸部分由三种基本形式构成,即固定栈桥,一端固定的岸边浮游桥节和梁式过渡桥跨。但是河中部分末端与连岸部分的连接样式是多种多样的,形成了连岸部分对河中部分末端的多种样式的支承,其目的是为了使连续体系河中部分末段由活载引起的最大吃水和最大弯矩小于或等于河中部分中间段,从而使河中部分全部采用同样的结构形式。

(1)桥脚分置式连续体系浮桥

a.刚性支承河中部分末端的固定栈桥连岸部分(图5-47)

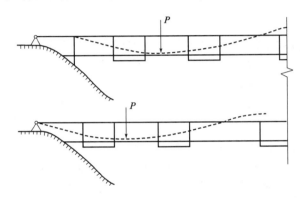

图5-47 连续体系浮桥河中部分末端刚性支承时的变形

在这种连岸部分里,河中部分末端与连岸部分的连接最简单。固定栈桥的水侧固定桥脚是河中部分末端的刚性支点,河中部分末端直接支承在此固定桥脚上。当岸边水深比较大,河中部分末端可以直接达到桥础位置时,这种连岸部分具有最简单的样式,连岸部分内只有桥础和跳板,而河中部分末端直接支承在桥础上。这种连岸部分和连接样式的缺点在于:活载P行驶到末段上时,末段承重结构由于一端刚性支承而具有很大弯曲度,承重结构由活载引起的弯矩会超过河中部分中间段的。从而要求末段的承重结构比中间段的承重结构更刚强,两部分不能采用组成形式相同的承重结构。这种连岸部分只能在河中部分中间段承重结构的强度有较大富余时,例如浮桥上通行的活载小于设计活载时采用,此时末段采用和中间段相同的承重结构组成形式,其强度上也是足够的。在水位变化时,如果不调整固定桥脚(桥础)的高度,会导致末端出现较大的附加弯矩,因此固定栈桥的水侧固定桥脚(桥础)应做成高度上可以调整的,以便适应水位的变化,保证浮桥不间断的使用。

b.带预留垂直间隙的固定栈桥连岸部分(图5-48)

将固定栈桥的桥跨承重结构用铰与河中部分末端桥跨承重结构连接,在固定栈桥水侧固定桥脚上表面与河中部分末端承重结构的下表面之间预先留有间隙Z,就构成了这种连岸部分。当岸边水深较大,河中部分末端可以直接达到桥础位置时,连岸部分具有最简单的样式,只有桥础和跳板,河中部分末端与跳板连接,末端与桥础上表面之间预留间隙 Z。在这两种情况里,水侧固定桥脚(桥础)起到限制末端过大沉降的作用,被叫作限制桥脚。这种连岸部分和连接样式不仅在制式器材里使用,而且在就便器材浮桥里也广泛使用,这首先是由于其结构和设置都比较简单,而它的另一个优点是正确选择预留间隙 Z 值以后,河中部分末段浮游桥脚由活载引起的最大吃水和承重结构中由活载引起的弯矩值都不会超过河中部分中间段的,因而末端和中间段可以采用完全相同的结构组成。这是因为和无预留间隙的刚性支承末端比较(图 5-47),限制桥脚上预留间隙的存在将导致固定桥脚由活载引起的压力大大减小,而末段几个浮游桥脚的吃水和反力增大,以浮游桥脚的充分吃水换取了固定桥脚的压力(或反力)减小,因而这种情况下河中部分末段某一断面的弯矩将比相同条件下无预留间隙连岸部分中的小,而某一浮游桥脚的吃水却相应地要大。正确地选择预留间隙值,将会使河中部分末段的最大弯矩、最大吃水和河中部分中间段的相应值基本相同。在水位变化时,限制桥脚应保持上述预留垂直间隙值不变,因此限制桥脚应做成高度上可以调整的。

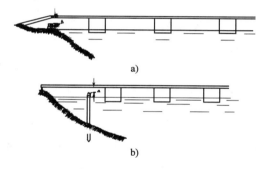

图 5-48 带预留间隙的连岸部分

c. 带限制角的梁式过渡桥跨连岸部分(图 5-49)

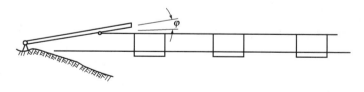

图 5-49 带限制角的梁式桥跨连岸部分

过渡桥跨连岸部分梁式过渡桥跨的承重结构用铰与河中部分末端连接,过渡桥跨的一端伸向河中部分末段范围内,和末段形成角度 φ,末段上设置一根限制过渡桥跨承重结构转动时超过 φ 角的横梁,就构成了这种连岸部分。当末段在活载作用下沉降到一定程度时,限制角 φ 闭合,梁式过渡桥跨与末端的铰接转变为刚性接头,梁式过渡桥跨变成了末段桥跨延长部分,使河中部分末段直接支承在河岸上,从而起到限制末段浮游桥脚吃水过大的作用。

这种连岸部分和带限制桥脚固定栈桥连岸部分一样,也能使河中部分末段最大弯矩和最大吃水被限制在中间段的相应值以内,从而使末段和中间段采用同一结构。这点是通过正确选择限制角 φ 值来达到的。采用这种连岸部分可以不需要构筑固定桥脚,避免了作业,这是它的另一个优点。但是,限制角 φ 的构成带来一些诸如限制横梁和调整 φ 角用的千斤顶一类辅助构件;并且过渡桥跨承受的弯矩值较大,需要增加承重结构的抗弯能力,使广泛采用受到一定的限制。

d. 梁式过渡桥跨简支在末端部分上的连岸部分(图 5-50)

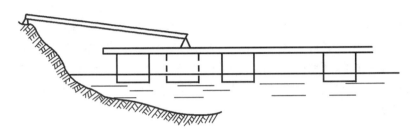

图 5-50 带辅助舟的梁式桥跨连岸部分

采用这种连岸部分时,应在过渡桥跨支承点下增设辅助桥脚,支承点也应尽量离开河中部分的端部,以减少末端的吃水。它的优点是结构简单,缺点是要增设辅助舟和不能充分利用河中部分长度,在河岸比较低的情况下,其使用有一定的困难。通常只在河岸高于桥面较多时采用。

e. 浮游栈桥连岸部分

它和铰接体系的浮游栈桥连岸部分相同,浮游栈桥的水侧一端用铰与河中部分末端连接,岸侧一端支承在岸边的桥础上。在连续体系浮桥中浮游栈桥不和固定栈桥联合使用,因为既然设置了固定栈桥,那么完全可以用第二种连岸部分来解决河中部分末端与岸边的连接,没有必要再设置浮游栈桥。

(2)带式连续体系浮桥

a. 用带限止器铰连接的岸边舟连岸部分(图 5-51)

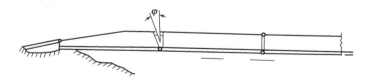

图 5-51 带限制角的岸边舟

这种连岸部分中的制式岸边舟,用安装在下弦的铰接接头与河中部分末端连接,而它们的上弦用限止器保持一定的距离,构成限制角,岸边舟的一端直接支承在河岸上(不需设置桥础),用跳板和此端部连接,以便于车辆上下浮桥。在活载作用下,连岸部分中的

预留限制角 φ 会逐渐减小,当 φ 角尚未完全闭合时,岸边舟的工作情况与浮游栈桥相类似,起到弹性支承河中部分末端的作用;当 φ 角完全闭合、结合部的上弦顶紧承压时,整个结合部转变成刚性接头,岸边舟成为了河中部分末段的延长部分。通过它,河中部分末段得以支承在河岸,此时连岸部分的工作情况又类似于带限制角的梁式过渡桥跨。

它和完全铰接的连岸部分比较,由于限制角 φ 的存在,限制了河中部分末段吃水过大, φ 角关闭后可以使活载的一部分被传递到河岸上,从而减轻河中部分末段的负担。

和刚性结合部比较,预留限制角 φ 又会减少岸端的支反力,而使河中部分末段的浮游桥节多承受一点活载,获得比较充分的沉降吃水,其结果是使末端部分由活载引起的弯矩值比刚性结合部连岸部分的末段弯矩要小。因此,这种连岸部分具有一定的优点,正确地选择限制角 φ 的大小,完全可以使河中部分末段的最大弯矩、最大吃水不超过河中部分中间段的,整个河中部分可以采用相同的河中舟组成,不必对末段采用特殊的河中舟。

岸边舟的浮游性和与河中部分末端的连接简单也是这种连岸部分的优点,它使架设岸边桥节的作业既方便又迅速,在岸边桥节和河中部分同时开始架设的情况下不会影响河中部分的架设作业。应当指出,随着水位的变化,原有限制角会增大或减小,因此结合部上弦的距离应该能进行调整,使水位变化时限制角保持不变,这通常是用带螺纹的顶紧装置限止器来实现的。

b. 河中部分末端与河底有预留垂直间隙的跳板连岸部分(图 5-52)

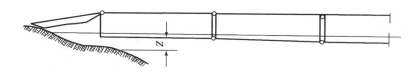

图 5-52 有预留垂直间隙的跳板连岸部分

在这种连岸部分内,河中部分末端的舟底与河底之间预留有一定的间隙值 Z,此值小于浮桥只有静载时的水上舷高。当活载作用在末段上时,河中部分端部的舟底会直接被河底支承,并将活载的一部分传递至河底,因此河底应进行加固。为了使活载便于上下浮桥,用跳板和岸边连接。

这种连岸部分的工作情况和桥脚分置式浮桥的第二种连岸部分形式相同,它既简化了架桥作业,又使得整个河中部分可以采用相同的河中舟组成。但是,由于舟底的端部要直接承压在河底上,带式浮桥每个河中舟的两端必须加强,在某种程度上增加了每个河中舟的重量。

c. 河中部分末段直接支承在岸边河底的跳板连岸部分

它和桥脚分置式浮桥第一种连岸部分工作原理相同,只在河中舟强度有较大富余时才采用。浮桥的结构组成和连岸部分的样式不断发展,随着技术的进步,将会创造出更多更新的样式。

5.4.4 各种体系浮桥的对比

5.4.4.1 在结构特点方面

在结构上,应该说简支体系浮桥最简单,连续体系浮桥最复杂,而铰接悬臂梁体系浮桥介于两者之间。

简支体系浮桥主要是桥跨逐跨固定在相应的桥脚舟上,相邻之间的桥跨互补连接,因此结构上最为简单,传力明确、计算方便;而连续体系浮桥除了桥跨在桥脚舟上进行逐个固定外,整座浮桥中的桥跨全部刚性接长,尤其是针对分散式桥桁结构来说,每根桥桁都需要连接两个螺栓,如果采用短桁连接方式,则要固定4个螺栓,随着桥桁数量的增加,则连接螺栓的工作量很大,作业时间也较长;铰接悬臂梁体系浮桥在桥节门桥内部采用刚性接长,在门桥与门桥之间采用铰接,因此结构上的复杂程度介于上述两种体系之间。

5.4.4.2 在桥脚舟受力方面

通过计算可以得知,对于桥脚舟受力来说,简支体系浮桥的受力最大,连续体系浮桥的受力最小,铰接悬臂梁体系浮桥的受力介于两者之间。

假如跨度都是8m,履带式荷载为500kN,履带接地长度为5m,连续体系浮桥的弹性特征系数 $\beta = 0.093$ (1/m),简支体系浮桥的桥脚舟受力为421.875kN,连续体系浮桥的桥脚舟受力为182kN,而铰接悬臂梁体系浮桥(两舟门桥、门桥节间8m、全长16m)的桥脚舟受力为303.57kN。

由此可以看出,在相同跨度、荷载条件下,简支体系浮桥的桥脚舟受力大约是履带式荷载的0.8倍,连续体系浮桥的桥脚舟受力大约是履带式荷载的0.36倍,铰接悬臂梁体系浮桥的桥脚舟受力大约是履带式荷载的0.6倍,这也是影响三种体系浮桥实际运用的主要因素之一。

5.4.4.3 在桥跨受力方面

通过计算可以得知,与桥脚舟受力相反,对于桥跨受力来说,简支体系浮桥的受力最小,连续体系浮桥的受力较大,铰接悬臂梁体系浮桥的受力与连续体系浮桥的桥脚舟受力略小。

基于上述基本数据,简支体系浮桥的桥跨受力为687.5kN·m,连续体系浮桥的桥跨受力为1056.8kN·m,铰接悬臂梁体系浮桥的桥跨受力为1020.8kN·m。可以看出,简支体系浮桥的桥脚舟受力是连续体系浮桥的65%,而铰接悬臂梁体系的是连续体系的96.5%。

5.4.4.4 在浮桥通行性能方面

在浮桥的通行性能方面,除了体现浮桥的车型部宽度、浮桥的水平固定及其稳定性以外,还要考虑到浮桥的纵坡度方面。在设计中由于整座浮桥均采用同样的桥脚舟和桥跨结构,但是由于结构形式上的特点,使得简支体系浮桥产生很大的纵坡度,铰接悬臂梁体系浮桥产生较大的纵坡度,连续体系浮桥由于是桥梁整体连续接长的,其变形是连续光滑曲线,纵坡度近似为零,一般不计算桥面纵坡度。

例如,基于上述数据的简支体系浮桥(桥脚舟水线面积是 25m^2),其纵坡度为19.8%,而铰接悬臂梁体系的纵坡度为7.3%。

5.4.4.5 在门桥浮桥渡河方法转换方面

舟桥装备在遂行渡河工程保障过程中,适时采用门桥渡河或者浮桥渡河的方式,浮桥虽然通行能力大、通行性能好,但是也由于需要的装备器材多、目标固定明显,战场难以伪装等需要在必要的时候改为门桥漕渡渡河。

简支体系浮桥由于结构上的局限,无法直接改为漕渡门桥,而需要将浮桥全部分解再重新结合成漕渡门桥或码头,因此基本上不考虑浮桥门桥之间的直接转换;连续体系浮桥均是由一个个桥节门桥纵向刚性连接而成的,在浮桥转换成门桥时,需要将所有的刚性连接接头全部分解,因此工作量较大;而铰接悬臂梁体系浮桥的桥节门桥之间仅采用铰接器连接,一般门桥与门桥之间在车行道两侧仅设置两个,因此分解、连接十分方便,门桥浮桥转换迅速。

需要强调的是,门桥浮桥的转换吨位要根据实际情况具体分析,500kN 的浮桥分解成的漕渡门桥不一定是 500kN,350kN 的漕渡门桥连接起来的浮桥也不一定就是 350kN 的浮桥。

5.4.4.6 在浮桥抗沉性方面

浮桥的抗沉性也是舟桥装备重要的战术技术指标之一,它体现在浮桥受到敌火力打击以后浮桥受到一定的损伤时还是否具有一定基本生存力的性能。分析三种体系的浮桥结构特点,不难得到简支体系浮桥的抗沉性能最差,连续体系浮桥的抗沉性能最好,而铰接悬臂梁体系浮桥的抗沉性介于上述两者之间。

由于简支体系浮桥是一个桥脚舟一组桥跨逐一简支架设而成的,无论是桥脚舟还是桥跨受到破坏都直接造成浮桥的中断,因此相比其他浮桥类型的抗沉性能,简支体系的抗沉性能是最差的;对于连续体系浮桥来说一个桥脚舟一组桥跨逐一连续架设,在某个桥脚舟受到打击,由于有其他桥脚舟的支撑作用,浮桥不至于直接损坏而是有一定的生存力。即使桥跨受到打击,只要不是全跨破坏,浮桥还是保持基本稳定以便于抢修;而铰接悬臂梁体系的浮桥抗沉性能介于上述两者之间。

以上性能的对比见表 5-11。

三种体系浮桥性能对比 表 5-11

体系	结构	舟	桁	抗沉性能	坡度	转换	架设速度	适用江河	用途
简支体系	简单	大	小	差	陡	不能	慢	小型江河	就便器材
铰接体系	中等	中	中	中	中	快速	快速	中等以下江河	就便器材 (+制式器材)
连续体系	复杂	小	大	好	缓	可以	较快	所有江河	制式器材

5.4.4.7 在适用江河和主要用途方面

根据以上的定性分析,可以对三种体系的浮桥作如下总结:

(1) 简支体系浮桥由于结构简单,而且结构稳定性较差,因此只能适用于小型江河,另外由于其桥脚舟受力较大,往往与通行荷载的吨位相等,因此一般用于就便民舟作为桥脚舟时使用。

(2) 连续体系浮桥结构最为复杂,桥跨内受力也最大,而桥脚舟受力最小,因此在就便器材架设浮桥中难以使用,而在制式舟桥器材中则可以较好地解决上述问题;桥脚舟受力(浮力)最小,因此桥脚舟的排水量小,便于陆上机动;桥跨受力大,可以用制式钢梁或桥脚舟的舟内桥跨来受力;连接复杂,可以用各种制式连接的接头来解决,因此制式舟桥器材都是采用连续体系的浮桥来架设,该体系的浮桥是力学中的超静定结构,结构体系稳定,在复杂江河中也可以使用,因此宽大江河、大流速江河等都采用该体系的浮桥。

(3) 铰接悬臂梁体系浮桥的结构复杂程度和结构稳定性都是介于简支体系和连续体系浮桥之间的,因此当在宽大江河上,征集大量民舟,并利用装配式公路钢桥等战备器材作为上部结构时,可以用来架设浮桥。该桥设计方法成熟,可以充分利用岸边地形分别组织结合桥节门桥,当浮桥架设开始时利用各种水上动力将门桥逐次引入桥轴线,在桥轴线上用铰接连接器进行连接,架设速度较快;同时当有敌情时可以迅速分解,在浮桥渡河与门桥渡河方法之间转换。

5.4.4.8 在浮桥计算理论方面

简支梁体系浮桥是静定结构,是支撑在浮游桥脚上的多跨简支梁。这种体系桥梁有各种不同的形式(图5-53),其中应用最广泛的是桥跨末端中央支撑在浮游桥脚上,浮游桥脚中央一般设置负桁材,桥跨结构和活载的重量通过负桁材传到桥脚上,使桥脚在沿桥梁轴线方向时中心吃水,因此桥跨结构强度计算与刚性桥脚上的多跨桥类似,桥脚则必须计算吃水和强度,两相邻桥脚由于吃水不同产生桥面纵坡度。此外,活载在桥面上的横向偏心,产生了桥跨结构各承重构件的不均匀分配,还会引起桥脚舟的纵倾。

铰接体系浮桥河中部分的结构是由各相邻门桥间用铰连接组成的,铰能自由转动,它能使门桥间迅速分解和结合。由于铰接结构比刚性连接简单,故便于就便器材浮桥使用。从受力情况看,铰结构只传递剪力,不传递弯矩,该剪力称作铰力。如在某一门桥上作用有活载 P,该门桥就产生桥脚吃水,桥跨弯矩和门桥桥面倾斜(图5-54),并通过铰力 X_n 和 X_{n+1}(图中铰力方向假定是正号)传递到相邻门桥上,使那些门桥也产生吃水、弯矩和倾斜现象。门桥上的静载作用均匀分布,不产生铰力。如果以门桥作为基本体系来考虑,铰接悬臂梁浮桥的河中部分是超静定体系,其超静定次数即河中部分铰的总数减去二,根据各门桥端部变位协调条件可以计算铰力,铰力求出后,其他问题根据门桥计算的方法即可迎刃而解,即考虑在铰力的作用下求出门桥的桥脚吃水、桥跨弯矩和桥面倾斜的纵坡度。

但这样计算铰力过于复杂,如果浮桥的河中部分由不少于 3~4 个门桥组成时,假定浮桥的河中部分为无限长,可使计算简化,实际上可获得相当精确的结果,用于浮桥河中部分无限长时的计算方法称为焦点法。

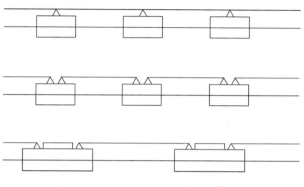

图 5-53 简支体系浮桥各种形式图

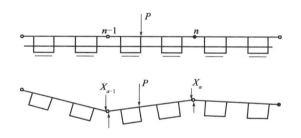

图 5-54 铰接体系浮桥河中部分门桥受力图

对于连续梁体系浮桥的河中部分,就桥脚和桥桁的连接而言,其组成形式有两种情况:一种是桥脚分置式浮桥,它是由一系列舟作浮游桥脚,在舟上的结构是由刚度较大、在桥梁纵向相互用刚性连接成的桥桁组成;另一种是带式桥,是由舟体在桥梁纵向直接连接,舟体内有刚度很大的桁架,舟体上下连接部即组成桁架的刚性接头。从受力计算情况看,以上两种情况均可作为无限长弹性基础梁(简称弹基梁)法计算。对于分置式桥脚的浮桥,桥脚舟实际上是弹性支座,由于浮游桥脚舟一般等间距配置,间距很小(一般 4~6m),且桥脚数目较多(一般在 5~6 个以上),可近似以无限长梁计算,因此可以简化成无限长弹性基础梁法计算,其计算误差在 5%~10%。如为带式桥,由于桥脚舟密集配置,河中部分可作为弹性基础梁计算,如图 5-55 所示。

以上是三种体系浮桥河中部分的计算原理,详细计算方法可参阅相关参考书。至于连岸部分,根据连岸部分的结构形式,各种体系的浮桥均需要单独进行计算,请查阅相关参考书。

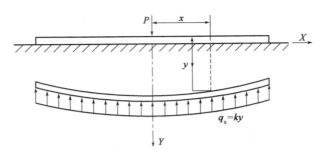

图 5-55　连续梁体系浮桥计算简图

5.5　浮桥的组成

无论哪种浮桥,在总体上它们都是由河中部分、连岸部分和水平固定系统三部分组成。

5.5.1　河中部分

河中部分是浮桥跨越水障碍的浮游主体部分,直接决定整个浮桥的承载能力和使用性能。它通常位于桥轴线上水深较大的地段。

浮桥的河中部分可以由若干彼此相距一定距离的浮游桥脚,以及被它们支承的桥跨结构组成;也可以由一系列既能提供浮力、又能作为承重结构和载面部分的箱形浮体沿桥轴线方向密接而成(图 5-56)。前者被称为桥脚分置式浮桥,后者被称为带式浮桥。

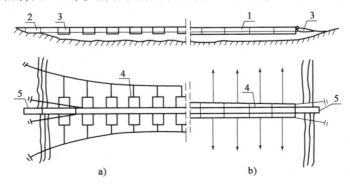

图 5-56　浮桥的组成

1-河中部分;2-固定栈桥;3-浮游栈桥(岸边舟);4-横向固定(投锚和横张纲);5-纵向固定

5.5.1.1 桥脚分置式浮桥

桥脚分置式浮桥的浮游桥脚可以是制式舟、民舟和浮游材料组成的筏。舟的结构材料可以是金属的、木质的、纤维增强塑料和气密的橡胶织物。筏的结构材料通常采用木材、竹材及诸如汽油桶之类的就便浮游材料。

支承在桥脚舟中央或舟舷上的桥跨结构,又由载面部分(车行部)和支持它的承重结构组成。承重结构通常由各种型钢桥桁、木质桥桁或桁架组成,桥桁或桁架可以成对地用横向联结系连成桁联,也可以单根、单片地使用。有时桥跨的承重结构和截面部分被预制成整体构件,组成车辙或直接做成整体式桥跨结构。无论是何种桥跨结构,单个承重构件在桥跨横断面的配置,可以是等间距排列、不等间距排列以及车辙式配置。

桥脚分置式河中部分的跨度,即桥轴线上浮游桥脚轴线间的距离,可以在较大的幅度内变化。在由型钢和方木、圆木桥桁组成的浮桥中,跨度通常在 4~6m 内变化;而承重结构是金属桁架的浮桥,其跨度可达 10m 以上。

桥脚分置式浮桥的优点在于单个构件的结构简单、重量轻、便于制造和更换。另一个最大的优点是在结合成不同载质量的浮桥方面,具有较大的灵活性。它可以用改变桥跨横断面内的桥桁、桁架的数量来达到变化浮桥载重能力的目的,也可以用增减浮游桥脚内舟节的数量和变化跨度值来达到变化载重能力的目的。

但是这种浮桥的构件种类繁多,形成大量的连接件,因而在架设浮桥时要花费较大的时间完成大量细小的工序,而且难以实现机械化作业。

5.5.1.2 带式浮桥

带式浮桥的河中部分直接由一系列被称为河中舟的箱形浮体组成,每个河中舟本身就是浮桥的承重结构,其甲板面就是浮桥的载面部分。这种浮游桥脚、承重结构、载面部分三位一体的结构组成,使浮桥在架设中不需要预先结合桥节,只需要在桥轴线上逐次接长桥段,拼装工序的减少使得带式桥架设所用的兵力和时间大大减少,保证了快速架设,并显著地缩短了渡口准备时限。同时,带式桥箱形浮体的整个横断面参加工作,因而浮桥的垂直刚度很大,载面部分很宽阔,这不仅允许单向行驶的车辆以较高的速度通过浮桥,而且可以给轮式车辆提供双行道。

带式浮桥在结构处理上比桥脚分置式浮桥复杂得多,在用作漕渡门桥时水阻力也将增大,而载质量变化的灵活性更不如桥脚分置式浮桥,往往只能用改变带式桥横向宽度的办法来实现。

用当地浮游工具组成的带式浮桥,其河中部分是用排水量 200t 以上的驳船或公路渡船组成的。将其纵轴(长方向)垂直水流方向设置,车辆沿其甲板纵方向行驶。对于载质量较大甲板面首尾齐平的相同驳船或渡船,在流速不大的江河上架设这种带式桥既经济又简单,将大大地减少在甲板面上构筑车行部的作业量。

5.5.2 连岸部分

浮桥的边岸部分是支承河中部分末端并使之与河岸平缓过渡,保障浮桥在通载和水位变化时正常使用的两岸岸端部分。

连岸部分有三种基本形式,即梁式过渡桥跨、一端固定的岸边浮游桥节和固定栈桥。前两种又称为浮桥的过渡部分;第三种称为岸边部分。根据河岸的实际情况,连岸部分可由其中一种单独组成,也可以由固定栈桥和岸边浮游桥节或者固定栈桥和梁式过渡桥跨组成。

在单独使用固定栈桥作为连岸部分时,它的水侧固定桥脚就是河中部分末端的支承。在联合组成连岸部分的情况下,固定栈桥设置在岸边,它可看成是河岸的延伸,而它的水侧桥脚是岸边浮游桥节和梁式过渡桥跨岸侧一端的刚性支点。

由于固定栈桥的架设作业比较费时费力,通常只有浅滩过长不能设置浮游桥脚,或者河岸高陡需要由较高的接近路向较低的河中部分末端平缓过渡,以及浮游桥脚数量不足等三种情况下才采用这种形式。

三种基本形式的连岸部分见 5.4.3。

5.5.3 水平固定系统

平衡浮桥所受的各种水平力,保持浮桥在水平面稳定的一系列固定设施,统称为浮桥的水平固定系统。它由横向固定和纵向固定两部分组成,横向固定部分平衡浮桥承受垂直桥轴线方向的水阻力和风阻力;纵向固定部分承受车辆沿桥运动时的制动力和斜向水流对浮桥的冲击力以及顺桥轴线方向的风力。

浮桥的横向固定通常采用锚碇、横张纲系留固定和斜向控制纲固定等形式。采用投锚固定形式时,横向固定由若干个彼此相距一定距离、在浮桥上下流投下的锚,和相应数量的顺水流方向固定在浮桥两侧固定装置上的锚纲组成,常见锚的类型如图 5-57 所示。将浮桥牢固地固定在河底上。

用横张纲系留固定浮桥,是将浮桥固定在河岸上,此时横向固定是由在浮桥上流和下流,横过河面张拉的主索和一系列顺沿水流方向设置的系留索组成,系留索一端固定在主索上,另一端固定在浮桥上,主索在岸上用塔架支撑并固定于埋设在土壤中的固定装置上。

采用斜向控制纲固定浮桥时,是用一系列与水流方向成一定角度的斜张纲将浮桥固定在两岸,它也分为上流固定和下流固定。

浮桥的纵向固定通常由岸边系留纲和在桥础前后植入土壤中的系留桩所组成,此时桥础与桥桁的末端应牢固联结。

浮桥的水平固定系统是浮桥赖以生存的重要组成部分,应该根据当时当地的河流水文、地质、气象和固定的材料等情况慎重确定。

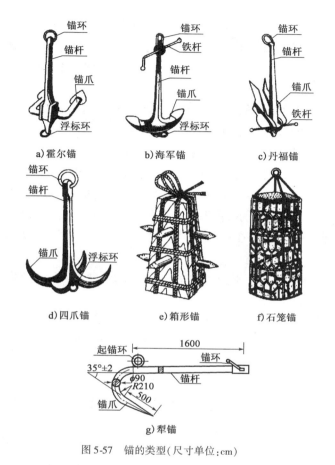

图 5-57 锚的类型(尺寸单位:cm)

5.6 渡河工程发展史

5.6.1 渡河的历史

纵观人类的历史,有关渡河的史料记载可以追溯到六、七千年以前。在古老的原始社会,人类的祖先经常在森林、草原、江河、湖泊等一带活动,以采集野果、猎捕动物、捕鱼等为生。如果遇上水浅的小河,他们就趟水而过,水稍深些就浮游而行。然而,这种原始的渡河方式,难以满足人类日益发展的需要,比如深水区的鱼群可望而不可及;河对岸的野兽可见而不可猎;在暴雨季节、洪水泛滥时,时常威胁人们的生命安全。后来,他们就依托自然倒塌横卧在小河上的枯木跨越小河,便形成桥梁的雏形,利用中间腐朽的圆木进行渡河,就形成独木舟的雏形。

进入新石器时代，人们开始"刳木为舟"，将树干剖开挖空作为舟，称为独木舟，为人类进一步认识和改造自然提供了条件，人类的活动范围日益扩大，可以逐步地开疆辟土、开拓天地。后来人们又逐步摆脱天然木材原始形状的约束，随之而来，逐步发展了木筏、竹筏、牛皮筏等渡河器材。

远在三千多年前的西周、春秋时期，在我国的内河和近海，曾出现过庞大的水师，大小船只数不胜数；武王伐纣时，周军统帅姜子牙就组织了47艘船舶，使四万多军队从河南孟津渡过了汹涌咆哮的黄河，攻陷商都朝歌，灭掉商朝。

公元前1134年，传说周文王为了娶妃子，兴师动众地将舟与桥统一运用，在渭水河上用船作为浮墩架设了世界上第一座有记载的浮桥，并在《史记》上留下了"亲迎于渭，造舟为梁"的文字记录，充分体现了我国劳动人民的无比智慧和创新力量。

公元前287年，秦昭襄王在山西蒲坂（现永济县）的黄河上架通了著名的军用浮桥——蒲津桥。

公元35年，蜀将任满、田戎在湖北荆门至虎牙的长江上，首次架设了跨越长江的军用浮桥，后被东汉刘秀军焚毁。

北宋长江浮桥，开宝年间（公元974年）赵匡胤在樊若冰的建议下，在安徽采石矶上架设浮桥，浮桥两岸石柱系缆绳，缆绳上绑千艘舰船，船上铺木板，连接成桥。各船下碇石为锚，沉于江底，一举破灭了南唐皇帝李煜的美梦。

公元1243年至1276年，蒙古军兼并南宋进攻四川时，专门组织了船桥水手军，在我国这是首次组建的专业舟桥部队，装备了木船、革囊、浑脱（用整只羊皮充气的浮囊），先后架桥20余次，对平定四川，"浮桥之功居多"。

1851年至1854年间，清朝太平天国也多次在武汉等地的长江上架设军用浮桥，其中有一次的架桥点就是目前武汉长江大桥的桥址；1881年，直隶总督李鸿章呈光绪皇帝的奏章中报告："查天津机器制造局……西局……上年造成行军桥船130余只，百丈之河，顷刻成为平地"，这是近代工业制造舟桥的最早记录。

5.6.2　渡河器材发展史

5.6.2.1　早期发展

公元前326年，希腊统治者亚历山大，率兵远征印度时，用可以充气的皮囊和能够分解成几部分的木舟架设浮桥，保障部队征服了赫达斯底河。公元前49—45年，古罗马统治者凯撒在克服江河障碍时，架设浮桥采用柳条编织，然后覆盖动物皮；17世纪初，俄罗斯在军队中开始使用制式舟桥纵列，属于炮兵指挥；18世纪俄罗斯创建了世界上首支舟桥部队，采用木质骨架外包铁皮的桥脚舟来架设浮桥，舟的自重仅为350kg，载质量达到28kN；1759年，俄罗斯军队又装备了钢质骨架的帆布舟，运输时将帆布卷起，使用时展开连接，自重为230kg，载质量为58kN，器材自重降低而载质量大大增加。

5.6.2.2 桥脚分置式舟桥器材

到了 19 世纪,美国将法国的木质舟作为重型舟桥,采用俄罗斯的帆布舟作为轻型舟桥,定名为"1869 式"舟桥。

在第一次世界大战期间,俄罗斯第一次将发动机用于舟桥的动力,于 1916 年研制成功了木质带动力的摩托化舟桥纵列。第一次世界大战结束后,法国军队第一次装备了新式的全钢浮桥,舟的重量为 12kN,浮桥载质量为 140～440kN。

美国军队在 1924 年,第一次采用铝质材料做桥脚舟,舟桥为 75kN 级(1926 年式)。由于需要渡河的军用车辆越来越重,在此基础上发展了 100kN 级舟桥(1938 年式)和 250kN 级舟桥(1940 年式),这两种舟桥均参加了第二次世界大战。1938 年苏联也研制成功了钢质的恩二波(H2П)重型舟桥纵列。

随着第二次世界大战的爆发,对渡河桥梁器材提出了全新的要求,因为受到运输的限制,促使美军开始了对橡皮舟的研制,参战不久就将一套载质量为 60kN 的橡皮舟与 1938 年式 10 吨级舟桥的上部结构合成制式舟桥器材,载质量为 100kN,后经过改进,舟桥载质量为 200kN,并命名为 M3 橡皮舟桥。

在第二次世界大战期间,美军还发展了"M2 钢质车辙浮桥"以保障轻型坦克渡河,"M4 浮桥"保障重型坦克渡河,苏联也研制了"ДЛП 木质轻型舟桥纵列"等。

第二次世界大战以后,各国的军事装备都有了很大的发展,军队迅速向机械化、摩托化发展,无论是从数量上还是载质量上都大大增加,原来的舟桥器材已经不能适应。尤其是核武器的发展,要求舟桥器材有高度的机动性,加快浮桥的架设速度,提高门桥和登陆器材的航行速度等,同时还要求舟桥器材有良好的稳定性和隐蔽性。美国军队首先发展了"60 吨级舟桥",接着在"60 吨级舟桥"和"M4 桥"的基础上,发展了"M4T6 舟桥",这种舟桥于 1956 年定型为制式装备,在以后的很长一段时间内是相关国家的主力装备。

5.6.2.3 带式舟桥器材

20 世纪 60 年代初期,苏联首创研制成功了桥脚舟、桥桁和桥板三合一的舟桥器材,由于架设在河面上像一条"带子"一样,故称为带式舟桥。带式舟桥结构集成化高,零部件少,作业速度快、桥面宽敞、稳定性好,并逐步发展取代了普通舟桥。

美军在 1969 年左右才仿制 RB 带式舟桥(Ribbon Bridge),并于 2002 年研制了改进型 IRB 带式舟桥,美国的带式舟桥仿制初期就采用了铝合金作为主体材料,因此结构自重轻,载质量大,而改进的 IRB 带式舟桥与 RB 舟桥可以混合连接使用。

德国的 FSB2000 舟桥主要用于架设浮桥和结合门桥,保障车辆和技术兵器渡河。它是由原西德克虏伯公司和曼公司联合研制带式舟桥基础上发展的第二代带式舟桥,其在舟首部加装了防水动力板,适应流速有所提高。

法国于 1981 年也独自研制了"PFM F1 带式舟桥",该舟桥为五折式结构,利用拖车运输。

5.6.2.4 自行舟桥器材

国外军队自行门(舟)桥的发展,先后共出现过几十种型号,其中法军 BAC 自行舟桥和苏军 ГСП-55 自行门桥已被淘汰。现装备有苏联 ПММ-2 自行门桥、美军 MAB 自行舟桥、德军 M2 自行舟桥、法军季洛瓦自行舟桥、季洛瓦-2 自行门桥和 EFA 自行舟桥、日军 70 式自行舟桥以及德军与英国联合研制的 M3 自行舟桥等。

法国是自行舟桥的首创国家,首先在第二次世界大战的后期研制了 BAC 自行舟桥,然后在其基础上研制了季洛瓦自行舟桥,该自行舟桥熟练操作手可在 25min 内做好泛水准备。季洛瓦-2 自行门桥是季洛瓦自行舟桥的发展形式,主要作为门桥使用,与季洛瓦自行舟桥的主要区别在于门桥承载能力达到了 450kN,使用准备时间减少到 5min。法国的 EFA 自行舟桥主要用于替代季洛瓦自行舟桥,其采用了前后展开、辅助气囊增浮的技术,EFA 车体为轻合金制成。既可架设浮桥,也可结合门桥。架设浮桥时,有 23.68m 的净跨,承载力达 700kN,适应流速为 3.1m/s。结合门桥时,承载力可达 950kN,是当今世界上性能指标最优越的自行舟桥装备,但其存在浮桥桥面较为狭窄、横向稳定性较差等问题。

苏联首先研制了 ГСП 自行舟桥,在其基础上又研制了 ПММ-2 自行门桥(西方国家称为 PMM-2 自行舟桥)主要用于保障坦克、自行火炮等技术兵器通过江河障碍。

美军 MAB 自行舟桥主要由基础车、河中桥节上部结构和岸边桥节上部结构组成。基础车为轮式 4×4 水陆两用车,外壳呈雪橇形,为铝合金焊接结构。展开后长为 7.924m,宽为 3.657m。

德国的 M2 主要由浮体、跳板、底盘、液压系统、起重吊臂和辅助设备组成。M2 用于克服 35m 以上的水障碍,可结合漕渡门桥和架设浮桥,保证 600kN 的军用履带和轮式车辆通过。

在 M2 的基础上,德国和英国联合研制了 M3 自行舟桥,其无论结构还是架设方法都大体相同。M3 浮桥的承载力达 700kN,M3 主要用于取代早期的 M2,目前我国的台湾军队有该装备。

日本的 70 型自行舟桥类似于德国的 M2 自行舟桥。浮桥可通过 300kN 以内的重型车辆,可结合单舟、双舟和三舟门桥,用以漕渡 100~380kN 的车辆或兵器。行车道宽 3.9m。

5.6.2.5 我国渡河器材发展史

我军的渡河舟桥器材经过近半个多世纪的发展,走过了进口、仿制阶段,自行研制、更新换代阶段,稳步发展、科技创新阶段等道路,使我军的舟桥装备跻身于国际较先进水平,提高了我军渡河工程保障的能力。

在新中国成立以前,我军渡河工程保障大都采用就便器材进行,例如:1927 年 8 月南昌起义部队撤出南昌,南下广州途经广东韩江三河坝渡口时,利用拖轮牵引自编木筏,将部队全部渡过韩江;1930 年 11 月,红军一军团工兵连在江西袁水河罗坊渡口利用就便器材架设了浮桥;1935 年 1 月红军先遣部队抵达贵州天险——乌江岸边,对岸驻有白军一个旅封锁乌江渡口,红军以二十余勇士组成突击队,泅水过江占领了滩头阵地,工兵分队随即在密集的敌火下,强行架设了 300 多米的浮桥,渡过了全部红军,胜利占领了遵义,为历史的转折起到了伟大作用;在长征中,红军多次在于都河、湘江、赤水、金沙江、大渡河等江河上架设浮桥或构筑门桥。在解放战争中,解放军利用缴获日军的各种渡河舟桥器材,包括百式舟、99 式舟、乙车载式、折叠舟、舷外机、木棉浮囊等在松花江、辽河的通江口、三江口等架设浮桥和构筑门桥渡口,保障作战部队的通行。解放战争时期的保障部队渡河作战更是不胜枚举,对百万雄师过大江的渡江作战,大家都很熟悉,在一些反映战争题材的影片中,也重现了这次举世闻名的渡江作战的场面。在这次战斗中我国工兵部队在西起安庆,东至江阴的几百公里的广大正面上,配合步兵、炮兵,强渡长江成功,为中国人民的解放事业立下了不朽的功绩。

在 20 世纪 50 年代,为了支援抗美援朝从苏联进口了恩 2 波(H2П)舟桥、德勒波(ДЛП)舟桥等(开口式)6 套,依此组建了工程兵舟桥部队,并且国内的有关厂家对上述舟桥进行了仿制。但是这些舟桥器材不能适应中国江河的特点,不能有效地在流速较大的江河上进行渡河工程保障。

1957 年利用这些苏制的舟桥装备在黄河开展了渡河训练(图 5-58),而在 1958 年黄河洪水暴发冲垮郑州黄河大桥后,用这些器材勉强地架设了浮桥,但难以在较为恶劣的条件下保障渡河(图 5-59)。主要原因:一是因为开口式舟桥总体性能趋于落后,二是舟桥器材难以适应黄河的江河环境,三是舟桥锚定设备不能在黄河的泥沙河床正常工作。

图 5-58　1957 年黄河渡河训练

图 5-59　1958 年黄河抗洪时架设浮桥

因此,在 20 世纪 60 年代开始仿制性能较为先进的舟桥器材,在仿制特波波(ТПП)重型舟桥器材的基础上我国军队定型了某桥脚分置式重型舟桥器材(图 5-60),在仿制勒波波(ЛПП)轻型舟桥的基础上我国军队定型了某轻型舟桥器材(图 5-61),这些舟桥器材仿制成功,为我国军队渡河工程的发展起到了关键作用。某型重型舟桥、某型轻型舟桥在作战、训练、抢险救灾等方面,发挥了重要作用,仿制的第一套某型重型舟桥就用在援越抗美的战场；在 1979 年的中越自卫反击战中，我军利用某型重型舟桥、某型轻型舟桥器材在克服红河、南溪河、盘龙江、西江、北江、平江等江河中，共架设浮桥 21 次（图 5-62、图 5-63），渡送了大量的战斗人员、坦克车辆和武器装备物资等，确保了战争的胜利。

图 5-60　某重型舟桥（长江浮桥）

图 5-61　某轻型舟桥

图 5-62　中越自卫反击战中红河摆坚渡口浮桥

图 5-63　中越自卫反击战中复合平江渡口浮桥

　　进入 20 世纪 70 年代，随着我国国民经济的发展和我国军队装备的不断更新，先后自行研制了两种带式舟桥，即某两折带式舟桥器材（图 5-64）、某四折带式舟桥器材（图 5-65）等。带式舟桥具有桥脚舟、桥桁、桥板合一，所需人员、车辆少，作业机械化程度高，架设和撤收速度快等优点，适用于克服大中江河障碍（图 5-66、图 5-67）。另外在 20 世纪 70 年代还研制了某型特种舟桥器材，用于克服长江这样的宽大江河（图 5-68、图 5-69）。

　　尤其是进入 21 世纪以来，舟桥装备得到了长足的发展，2010 年定型的新型重型舟桥是更新换代装备（图 5-70、图 5-71），已装备于舟桥部队，构筑门桥渡口和架设浮桥，保障武器装备、人员物资克服 300m 以上的大江河，该装备具有可变结构体系舟桥总体技术、桥跨浮游自展架设技术、多功能动力舟及其控制技术、集成化锚定门桥技术、过程可控的运载车装卸载技术等创新。

图 5-64　某两折带式舟桥

图 5-65　某四折带式舟桥

图 5-66　在黄河上利用四折带式舟桥架设浮桥

图 5-67　四折带式舟桥 1100kN 门桥的漕渡

图 5-68　利用特种舟桥架设长江浮桥-1

图 5-69　利用特种舟桥架设长江浮桥-2

图 5-70　新型重型舟桥门桥

图 5-71　新型重型舟桥长江浮桥

在近期我国还研制成功了履带式自行舟桥，填补了国内空白，并正在研制轮式自行舟桥。

综上所述,目前我军渡河桥梁装备门类相对齐全,渡河装备基本系统配套,部分装备的综合性能已跻身世界先进行列。

随着部队参与抗洪抢险、防灾救灾等任务,我国军队正在积极完善遂行非战争军事任务中的渡河桥梁装备体系。在构建用于非战争的渡河桥梁装备体系时:一是直接选用部分作战工程保障装备;二是重点发展一些更加适合非战争军事任务的渡河桥梁装备,如集传统的充气舟和刚性舟优点于一体,具有较轻重量、较高稳性和良好航行性能的刚柔结合系列舟(包括侦察舟、冲锋舟、突击舟等);集架桥与检测修桥为一体的公路桥梁快速抢修系统;适合在多泥石、多杂物水域使用,具有良好安全性和浅水适用性的喷水舷外机;适于人工拼装作业、使用灵活、可用于在松软泥泞地段构筑桥梁进出口路、飞机停机坪、简易跑道、设备堆放地坪的多功能组合路面;可以明显提高装配式公路钢桥架设速度和作业安全性、降低劳动强度的装配式公路钢桥架桥车等;三是有计划地发展一些专用装备,如小浮箱、橡胶坝、钢木土合组石坝、管涌封堵器、水下作业工具、植桩机等,同时还继续发展抢险救灾水上平台、水中障碍探测等装备。

5.7 渡河工程的发展趋势和渡河舟桥器材的新技术

5.7.1 渡河工程的发展趋势

在渡河方法上,两栖车辆渡河将会成为一种重要的渡河方法。两栖车辆包括水陆汽车、水陆输送车、水陆步战车、水陆坦克等。两栖车辆渡河以其方便、简单、快速的特点得到了各国军队的重视,大力发展两栖装备也是未来各国军队的发展重点。

克服特殊江河的手段将会提高。如克服岸滩的路面器材、能够承压的舟桥器材、山地桥梁器材、克服宽大江河的渡河器材、气垫船等。我国幅员辽阔,江河众多,江河类别千差万别,有平原地区江河也有山地江河,有内陆江河也有受潮汐影响水位不断变化的沿海江河,有不结冰江河也有随季节变化结冰的江河,即使同一条江河,在不同季节也会表现出完全不同的特征,如黄河在枯水期和洪水期差别很大,克服这些不同特征的江河往往需要专门的装备和器材。

新一代舟桥装备承载力将进一步提高,适应流速能力更强。随着武器装备的更新换代,武器装备的重量将增加,对渡河工程保障能力也提出了更高的要求。目前舟桥装备适用的最大流速是 3.5m/s,随着技术的发展和浮桥结构形式的变化,进一步提高流速适应能力将成为可能。

自行舟桥将占重要地位。从桥脚分置式舟桥发展到带式舟桥,实现了舟、桁、板三合一,使舟桥架设作业更加方便、简单、快速;从带式舟桥发展到自行舟桥,实现了车、舟、动力系统三合一,使舟桥架设作业进一步简化,对架设场地的适应性也更强。

可空运舟桥将是未来的研究热点。目前,可空运桥梁装备已经在外军中使用,如美军研制的 LAB 轻型冲击桥可以用 C-141 大型运输机空运,英军研制的 ALvis/SEI 冲击桥系统可用 C-130 大力神运输机进行空运,以色列的 TAB12AT 空运桥可用 C-130 和 LCU 运输机装运,但在可空运舟桥装备方面目前各国尚处于研制阶段,随着新型轻质材料的发展和应用,舟桥装备空运将成为可能。

渡河工程新理论和新方法得到发展运用。这些新理论和新方法包括舟桥结构模块化设计理论、浮桥多体系动力学分析理论、浮桥锚定系统的非线性效应分析、舟桥结构疲劳效应和可靠性分析等。

5.7.2 渡河舟桥器材的新技术

5.7.2.1 渡河舟桥器材的新结构

现代战争要求机动的速度越来越快,战场越来越透明,因此渡河舟桥器材总体上向载质量大、架设速度快、陆上机动迅速、水上航行快捷、隐蔽性好、战场抗沉性能高等方面发展,因此,折叠式结构、充气式结构、模块化结构等新结构层出不穷,铝合金、碳纤维、玻璃纤维、复合橡胶、填充泡沫等新材料将广泛运用。其舟桥器材的功能也不断扩展,除了在内河架设公路浮桥、门桥外,还可以架设铁路浮桥、铁路轮渡,水上施工平台,在沿海或濒海构建浮式码头、登陆栈桥、换乘平台、作业平台等。

5.7.2.2 渡河舟桥器材的模块化

各种渡河舟桥器材为了既保证其有足够的承载力,又具有良好的机动性,因此都采用拼装式舟体的结构形式,即将舟体划分为首舟、尾舟、中间舟、岸边舟、动力舟(或者尖舟、方舟)等,舟体划分的样式和大小主要取决于运输车辆的情况。利用上述各种舟节,可以架设和拼装各种水上工程物。目前我国军队的渡河舟桥器材一般可以架设 2 种以上的浮桥、结构多种吨位门桥以及构筑码头、栈桥等。

但是,目前的渡河舟桥器材主要是架设浮桥、结构门桥,因此对模块化的要求不高,一般只考虑同种舟体之间的互换性,并且连接方式的纵横向也是固定的。在未来的高技术战争中,特别是信息化战争中,渡河舟桥器材不但需考虑浮桥、门桥的工程保障,还需考虑其他工程保障任务。例如执行水上浮吊、水上驳运、水上换乘、水上冲滩、水上设障、水上排障等任务,需要结构多种形式的水上工程结构物,因此要在更深层次上考虑渡河舟桥器材的模块化。

舟桥渡河装备如果实现单箱模数化尺度、高效可靠的连接机构、优化的主体尺度、适应多种工况的强度条件以及多级调整的岸滩适应性能,便可以实现高效、快速拼组搭设各种水上工程结构物。未来研制的舟桥渡河装备在执行濒海工程保障时,还要根据任务结合构筑其他海上工程结构物,例如工程方驳、换乘门桥、高架栈桥、定位门桥、冲滩门桥、海上登陆门桥、浮游趸船、布雷扫雷平台、破障机动平台、减浪防浪结构和浮式保障平台等,甚至舟桥结构的主要模块可以作为伴随桥梁的上部结构而架设桥梁,作为路面器材克服海岸滩涂等。

5.7.2.3 渡河舟桥器材的机电化

未来渡河舟桥器材的发展必须向机电一体化发展,才能更大程度地提高渡河舟桥器材的总体性能。机电一体化在舟桥装备执行任务的各个阶段中可以体现在不同方面。

在渡河舟桥器材的泛水作业时,利用舟桥装备上的自动泛水作业机构进行迅速泛水和装车,提高作业效率,减少作业手的作业量。特别是舟桥的泛水装车作业机构需要摈弃目前几十年来沿用的钢索绞盘机构,代之性能更加可靠的机电控制系统,减少泛水和装车过程的故障。

在渡河舟桥器材的作业过程中,需要研究可靠的自动架设、自动撤收系统,特别是跳板架设、锚定设置等,目前的人工作业量较大、作业步骤较烦琐,而且还经常出现作业故障,需要研究的自动架设展开作业机构,应该在液压、闭锁、连接、解脱等方面有所突破。

在渡河舟桥器材的使用中也有许多需要实现机电化的方面,例如自动锚定、自动平衡、自动维护、自动抢修等技术手段。特别是自动维护和自动抢修技术有许多值得研究的方面,当渡河舟桥器材发生被枪弹贯穿等故障时可以采用自动检测、自动报警、及时堵漏、自动排水等技术手段来确保渡河舟桥器材的总体稳定性。

逐步实现上述机电一体化技术来研制新型渡河舟桥器材,使渡河舟桥器材具有自动展开功能、自动连接功能、自动锚定功能、自动撤收功能、水上自行功能等,将促进渡河舟桥器材向自行舟桥过渡,为成功研制真正的自行舟桥奠定基础。

5.7.2.4 渡河舟桥器材的新材料

材料科学始终是各个工程领域的先导科学,渡河舟桥器材的发展也与材料科学紧密相关,多年来,我们利用各种性能优良的高强度合金钢、低碳钢和相关材料研制了大批高性能的舟桥、桥梁和路面装备,但是在21世纪,随着材料科学的不断发展,新材料将不断地运用到渡河舟桥器材之中。这些新材料主要包括铝合金、碳纤维、硼纤维、复合材料、玻璃钢等,他们各自都有其特点,特别是在未来战场上,像碳纤维、硼纤维、复合材料、玻璃钢等非金属材料具有强度高、比重低,尤其在敌人的侦察仪器设备下,暴露征候小,隐身性能好,可以有效减少敌人侦察的可能性,提高战场的生存能力。另外这些新型材料在舟桥军桥装备中的运用,也会提高装备的可靠性、可维修性、机动性等总体性能。

渡河舟桥器材的每一步发展都与材料技术的发展密切相关,在19世纪初期,俄罗斯沙皇为了远征周边的疆土,利用木质框架和外蒙牛皮制造了世界上第一代制式舟桥(也称为舟桥纵列),开创了渡河舟桥发展的历史;当高强度钢材大量用于渡河舟桥器材时,各种性能优异的渡河舟桥器材纷纷面世,克服长江、黄河这样的宽大江河将不再是奢望;当美军将铝合金用于渡河舟桥器材时,他们将原本性能优越的四折带式桥的总体性能又大大推进了一步;在未来,当各种新材料用于渡河舟桥渡河装备中时,势必带来渡河舟桥器材的新一轮革命。因此我们在对渡河舟桥器材的其他方面进行综合研究时,不能忽视材料科学的每一个变革和进步可能对舟桥渡河装备发展的影响。

5.7.2.5　渡河舟桥器材的集成化

舟桥装备的陆上机动性能一直是困扰设计人员的重要因素之一，我国军队舟桥装备的发展也受到了运输车辆的限制和牵制，有的舟桥装备往往舟体等性能尚可，但是由于舟车落后导致装备性能降低甚至淘汰。工程装备的研究要紧密结合市场经济的发展，工程装备的设计也需要考虑市场经济的发展水平，将社会运输力量纳入我国军队工程装备的保障能力之中，是工程装备迅速提高保障能力的捷径之一。

未来的重型舟桥以长江、黄河的渡河工程定点保障为主，其执行任务的范围主要在长江、黄河流域，因此陆上需要一定的机动能力，如果将重型舟桥的舟体、桁架等上部结构进行集成化，利用集装箱灵活、机动的装卸、运输方式，则在底盘车的选择上空间大得多。

舟体或者桁架进行集成化，即以集装箱的基本尺寸作为舟体的主尺度模数，设计与集装箱相同的锁闭装置和吊装设备，就可以直接利用各种专用和通用的集装箱运输车来运输转移。在陆上小范围进行运输转移时，利用集装箱运输车进行；在陆上大范围转移时，可以利用铁路集装箱运输车来进行；在水上小范围转移时，可以利用渡河舟桥器材的自身水上动力进行；当在水上大范围转移时，可以利用集装箱专用内河船舶进行；当需要越海输送、越洋输送时（作战需求、军援需求）可以直接采用集装箱海船来输送；有时根据需要还可以采用航空运输。

对于装卸作业，可以按照集装箱装卸作业的正常方式进行，在全套装备中，适当编配集成化舟桥的吊装作业机具。在长江沿线、铁路沿线、大型厂矿，都有集装箱的吊装设备和机具，根据执行任务的需要可以拟制计划，制定租用、征用作业机具计划来进行装卸。

为了减少装备的车辆、减少相应的兵力、减少车辆各种故障和维护、维修工作，并确保部队训练的正常进行，对于整套器材可以按照一定的需要基数来配备底盘车；当平时需要大规模行动时，可以与地方运输部门签订长期协议，租用相应车辆来保障；装备部门在进行装备列装时，按照每年正常训练的需要计算需要租用的车辆台班预留专项经费；当战争爆发全国转入战时机制时，根据国防动员法先征用各种车辆、机具投入使用，后进行战争赔偿。

重型舟桥属于区域定点保障装备，需要一定的陆上机动努力，但是既考虑部队装备的陆上机动保障能力来满足最低限度的训练，又将全社会的运输保障能力纳入装备的大规模机动保障中，可以大量减少装备成本、减少平时大量的士兵、减少库房建设的规模、减少平时对于车辆的维护维修工作，实现一定程度的社会化保障，提高装备的可靠性和运输方法的多样性。

5.7.2.6　渡河舟桥器材的隐身化

利用渡河舟桥器材的遂行渡河工程保障任务，无论是在装备的集积、开进、展开过程，还是在浮桥架设、门桥结合和使用维护、撤收转移过程,由于渡河舟桥器材的体积庞大、目标明显,因此容易受到敌人的侦察和攻击。其战场的抗损性很差,战场的生存力很低。因此要努力研究渡河舟桥器材在各个环节的隐身技术。

  在开进、运输过程中的隐身技术。渡河舟桥器材由于其结构的特殊性,其体积庞大,特别是为了确保渡河舟桥器材具有良好的陆上机动性,因此多采用薄板制作。渡河舟桥器材的舟车一般是越野车辆,数量多、车距大,行军途中先头车辆与结尾车辆之间有时达到几公里,这样的队形极易被敌人发现,往往是部队刚出营房,敌人已经侦察到动向;先头部队还没有到达目的地,攻击敌机已经到了头顶。一方面,将渡河舟桥器材集成化,在运输开进过程中,尽量不暴露渡河舟桥器材的特性,另一方面将民用车辆征集来运输渡河舟桥器材,并将渡河舟桥器材的外表颜色平民化,也会提高渡河舟桥器材运输、开进的安全性。

  在架设、使用过程中的隐身技术。渡河舟桥器材无论是架设的浮桥还是结构的门桥,都是在江河上使用的,江河上的工程结构物由于目标明显,舟桥装备与江河水面的介质反差大,各种侦察仪器侦察容易,因此架设、使用过程中的隐身技术同样十分重要。利用新材料将有助于浮桥或者门桥在江河上的隐蔽性,因为非金属材料对于各种侦察波源的反射率小,成像率低,造成高空特别是太空侦察的"死角";在装备的涂料技术上也可以下功夫,目前装备的外表颜色主要为草绿色,从白雪皑皑的东北乌苏里江,到茫茫一色的黄河;从碧波荡漾的内陆湖泊,到奔腾不息的长江,其周围环境的色差区别大,因此同样为草绿色的舟桥,在不同环境下的分辨率却大不一样。在未来的信息化战场上,应使渡河舟桥器材具有"变色龙"性能。在架设使用前先进行工程侦察,获取周围环境的主要颜色,确定渡河舟桥器材的伪装颜色,然后使用该颜色进行喷涂伪装,最后再进行架设,这样将有效降低浮桥或门桥的水上暴露性,提高渡河舟桥器材的战场生存能力。

  另外还要研究渡河舟桥器材的示假技术,在第二次世界大战末期,苏联红军为了强渡第聂伯河时尽量伪装真实渡口,在渡口的上下游各设置了假渡口,吸引德军的轰炸和封锁,而掩护了真实的渡口,使其正常使用。同样在未来的信息化战场上,要完全进行隐真是不现实的,也是不可能的,还同时要靠示假技术,包括假渡口、假浮桥的设置等,吸引敌人的注意力,浪费他们侦察、轰炸、打击的资源,达到保护真渡口的目的。

复习思考题

  (1)试述渡河和渡河工程保障的定义。
  (2)简述渡河在抢险救灾和战时的地位和作用。
  (3)试述江河特性对渡河工程保障的影响有哪些?
  (4)常见的渡河方法有哪些?
  (5)浮桥承受的军用荷载主要包括哪两类?这两类荷载对浮桥的主要影响分别是什么?
  (6)浮桥常见的分类方法有哪些?

(7)浮桥按照结构形式可以分为哪三类？它们的典型特征是什么？

(8)浮桥根据其桥跨连接方式的不同,可以区分为哪几种力学体系？各种力学体系浮桥的特征是什么？

(9)浮桥由哪几部分组成,各部分的主要作用是什么？

(10)渡河器材的发展有哪些趋势？

第 6 章
CHAPTER SIX
交通运输系统社会特征

6.1 交通运输系统与系统工程

6.1.1 系统工程思想

系统是一个由很多相互联系、相互制约的组成部分构成的整体。系统工程是从整体出发的合理开发、设计、实施和运用系统科学的工程技术。它根据整体协调的需要,综合应用自然科学和社会科学中有关的思想、理论和方法,以计算机技术为分析工具,对系统的结构、要素、信息和反馈等进行计算分析,以达到最优规划、最优设计、最优管理和最优控制的目的。系统工程学研究的对象是复杂的系统。除了一般大系统所具有的结构复杂、因素众多、系统行为有时滞性、系统内部诸参数有时变性等特征外,还具有高阶数、多回路、非线性的信息反馈系统等。

系统工程大致可分为系统开发、系统制造和系统运用三个阶段,所采用的基本方法是系统分析、系统设计与系统评价。

6.1.2 交通运输系统的系统工程特征

交通运输系统既具有一般系统的共性,同时还具有规模庞大、结构复杂、目标众多等大系统所具有的特征,具有明显的系统工程特征。

交通运输系统是一个复杂的多层次的大系统。它是由五大运输系统组成的,而五大运输系统又是由多个分系统构成的,每个分系统又可分为多个多级的子系统,所涉及内容繁多,内部结构复杂,影响因素众多,许多影响因素都具有随机性和时变性。

交通运输系统的规模可以是跨地域的,可以是国际级的(如亚洲公路网、泛亚铁路网等)、国家级的、区域级的(如京津冀、长三角、珠三角等区域)、省级的和城市级的等。这使得系统管理层次较多、规模较大,也大大地增加了系统管理的难度。

交通运输系统是一个动态开放的系统。它是随着国家或地区经济和社会发展需要,总是处于动态调整、扩展和完善的过程中。不仅要满足国家发展战略的需要,还要随着人们对它不断提高的服务能力和服务水平的需求,也必须进行适应性调整、提高和完善。

交通运输系统是一个多目标系统。它的总目标是促进宏观经济和微观经济的发展,获得经济效益,同时促进社会公平、公正发展。但它的具体目标是高效、快速、经济、舒适、安全、环保等,这些目标是错综复杂的,若要同时实现是很难做到的,有时只能平衡各个目标优劣而追求总效益最大。

【资料6-1】 城市交通运输系统由硬系统和软系统两个一级子系统构成。其硬系统主要是由交通基础设施系统、交通信息感知硬件系统、交通控制硬件系统、运输工具等二级子系统构成的。以交通基础设施二级子系统为例,又可分为城市道路三级子系统、城市轨道三级子系统、城市航道三级子系统等;而各三级子系统又可细分为若干个四级子系统,如城市道路三级子系统可分为机动车道路四级子系统、非机动车道路四级子系统、人行道路四级子系统、城市停车场四级子系统等,城市轨道三级子系统可分为地下铁道四级子系统、轻型轨道四级子系统、现代有轨电车四级子系统、挂式单轨道四级子系统、跨式单轨道四级子系统等,城市航道三级子系统可分为客运航道四级子系统、货运航道四级子系统等;每个四级子系统又可以细分到五级、六级子系统,甚至更多。这还没有涉及软系统的构成分级。所以城市交通运输系统是由若干层级的复杂子系统构成的,各个子系统承担着不同的分工,彼此都是系统中不可或缺的组成部分,互相支撑互相衔接,但又不能完全互相替代。其中的任何一个子系统出现问题,都会波及其他子系统的正常运行。

【资料6-2】 自动公路系统是实现人、车、路三者高度一体化的道路运输系统的重要组成部分。图6-1给出了自动公路系统的基本框架,显然自动公路系统完全不是孤立存在的。除了自身的车辆运行状态、驾驶员状态、公路控制状态、环境状态等需要实现自动感知与自动控制外,它还需要与交通管理中心、运输管理中心、各类车辆管理中心、紧急事件管理中心、收费管理中心、气象中心及铁路运营中心等都会产生信息需求和控制协调,形成信息请求、信息反馈、联合控制的交互关系,因此,是一个复杂的系统工程问题。

【资料6-3】 智能铁路运输系统是智能交通运输系统的重要组成部分。图6-2给出了智能铁路系统的基本框架,诠释了以数据中心为纽带的电子商务系统、综合运输系统、营运管理系统、铁路资源管理系统、列车控制与调度系统、用户导航系统、紧急救援与安全系统之间错综复杂的内在联系,因此,也是一个复杂的系统工程问题。

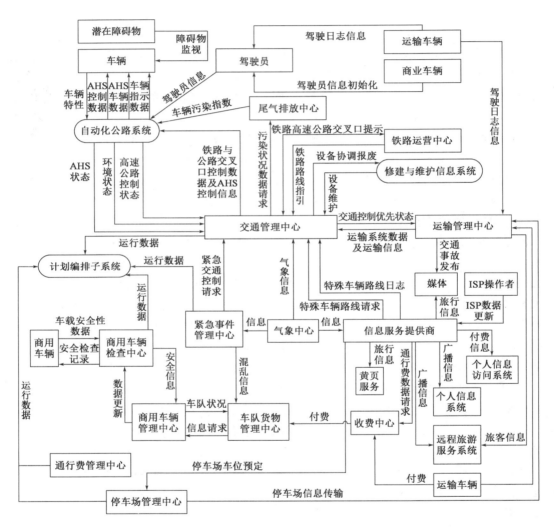

图 6-1 自动化公路系统的基本框架示意图
（注：AHS-自动化公路系统；ISP-信息服务提供商）

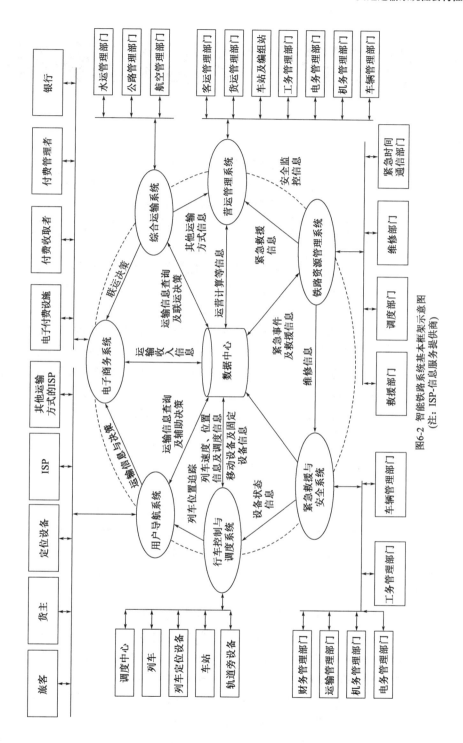

图6-2 智能铁路系统基本框架示意图
(注：ISP-信息服务提供商)

6.2 交通运输系统与生态环境系统

6.2.1 生态系统

生态系统是指在自然界的一定空间内,生物与环境构成的统一整体,在这个统一整体中,生物与环境之间相互影响、相互制约,并在一定时期内处于相对稳定的动态平衡状态。一般可分为自然生态系统(太阳系、地球生物圈、热带雨林)和人工生态系统(农田、城市)。生态系统是开放系统,为了维系自身的稳定,生态系统需要不断输入能量,否则就有崩溃的危险。

生态系统的组成成分:非生物的物质和能量、生产者、消费者、分解者。其中生产者为主要成分。不同的生态系统有:森林生态系统、草原生态系统、海洋生态系统、淡水生态系统(分为湖泊生态系统、池塘生态系统、河流生态系统等)、农田生态系统、冻原生态系统、湿地生态系统、城市生态系统。其中,无机环境是一个生态系统的基础,其条件的好坏直接决定生态系统的复杂程度和其中生物群落的丰富度;生物群落反作用于无机环境,生物群落在生态系统中既在适应环境,也在改变着周边环境的面貌,各种基础物质将生物群落与无机环境紧密联系在一起,而生物群落的初生演替甚至可以把一片荒凉的裸地变为水草丰美的绿洲。生态系统各个成分的紧密联系,这使生态系统成为具有一定功能的有机整体。

6.2.2 环境系统

环境系统是环境各要素及其相互关系的总和。环境系统的范围可以是全球性的,也可以是局部性的。环境系统各要素之间彼此联系、相互作用,构成一个不可分割的整体;有其发生、发展、形成和演化的历史,在长期演化过程中逐渐建立起自我调节机制,维持自身相对稳定性;既是一个开放系统,又是一个动态平衡系统,各种物质之间进行着永恒的能量流动和物质交换。

地球表面各环境要素及其相互关系的总和,构成地球环境系统。各种物质之间,由于成分不同和自由能的差异,在太阳能和地壳内部放射能的作用下,进行着永恒的能量流动和物质交换。各种生命元素如氧、碳、氮、硫、磷、钙、镁、钾等在地表环境中不断循环,并保持恒定的浓度,使地球环境系统中的各要素具有相对稳定性。

环境系统和生态系统两个概念的区别是:前者着眼于环境整体,而后者侧重于生物彼此之间以及生物与环境之间的相互关系。环境系统和人类生态系统两个概念相近似,但后者突出人类在环境系统中的地位和作用,强调人类同环境之间的相互关系。环境系统从地球形成以后就存在,生态系统是生物出现后的环境系统,而人类生态系统一般是人类出现后的环境系统。

6.2.3 交通运输系统对生态环境的影响与防治

交通运输系统在建设与运营过程中都会对生态环境产生不同程度的影响。加深对其影响程度的认识和加强对其影响因素、影响规律方面的研究,对交通运输系统在设计、建设、运营过程中如何采取有效的生态环境保护措施,如何将这些不利影响降低到最小等具有重要意义。

(1) 废气污染与防治

交通运输中产生的废气是重要的交通污染物。废气污染与车流量、车型、燃料、运行状态、道路条件及地理气象等有密切的关系。在不同的季节与时间里都在随机变化着。

在中国不同地区的监测中,已发现环境空气的污染物中,车辆排放物占有较大的分担率,其中 CO、NO_x、HC 等含量占 80%～90%。显然,车辆排放物已成为中国环境空气的主要污染源之一,不仅会加剧城市的热岛效应,还加重人类的呼吸道疾病。

公路是带状人工构造物,车辆在公路上运行时形成的废气污染也会形成浓度较高且持续时间较长的排带状区域,不仅对人体健康形成危害,同时也对动、植物和水、土环境造成严重影响。当二氧化硫、氟化物等污染物浓度很高时,会导致植物叶表面产生伤斑或者直接导致叶枯萎脱落。

交通运输系统的废气污染是可以通过改善交通工具与设备的发动机性能、采用新能源交通工具、完善路网提高通行速度与效率等技术途径进行改善,甚至根治的。

【资料6-4】 目前,交通拥堵已成为世界性"城市病",各国每年因交通拥堵蒙受的损失十分惨重。据估算,中国15座城市因交通拥堵年损失达3650亿元人民币,美国年损失达680亿美元(1美元≈6.498人民币),英国年损失达43亿英镑(1英镑≈9.057人民币),荷兰年损失超过30亿欧元(1欧元≈7.75人民币)。根据北京市交通发展研究中心发布的《2011北京市交通发展年度报告》显示,交通拥堵让北京市年损失1056亿元,相当于北京GDP的7.5%。倘若平摊到每辆机动车上,每年每辆车的平均经济损失达21957元。具体表现为:由于交通拥堵,2010年北京市居民出行平均每日每人次延误66分钟,每年时间价值损失高达809.7亿元;全市出行车辆多浪费燃油722.9万升,费用高达201.1亿元,平均每辆车每月仅燃油损失就达348.4元;全市出行车辆每日多排放二氧化碳1.67万吨,氮氧化物、颗粒物和二氧化硫9.5吨;每年造成的额外生态环境污染损失为45.2亿元,这还不包括目前很多尚不能量化的损失,如加剧热岛效应、废弃物污染和对沿线自然生态的影响等。近几年,北京等大城市加大了对交通拥堵和空气污染的治理力度,取得了明显成效。但在核心区域,如图6-3所示的交通拥堵已经成为常态化趋势,如图6-4所示的雾霾天气仍然时有发生。

图6-3 北京市交通拥堵状况　　　　图6-4 北京市雾霾天气状况

【资料6-5】 从不同的运输方式产生的污染物的比较来看，客运造成的单位污染强度，铁路是航空的20%~40%、公路的10%左右；货运造成的单位污染强度，铁路仅为公路的10%。按照完成单位运输周转量造成的环境成本测算，航空和公路客运分别是铁路客运的2.3倍、3.3倍，航空和公路货运分别是铁路货运的15.2倍、4.9倍。

【资料6-6】 日本运输部门对各种运输方式二氧化碳排放的调查显示：家用轿车为52%、货车为31%、内河航运为6%、铁路为3%、航空为3%。客运使用私人轿车每人千米排放的二氧化碳是铁路的9.5倍；货运使用家用普通卡车每吨千米排放的二氧化碳是铁路的13.8倍。根据德国铁路2000年度环境报告对二氧化碳排放量的统计，客运每百人千米，公路的为16.8kg、航空的为13.4kg、铁路的为4.8kg；货运每百吨千米，公路的为79.8kg、航空的为10.7kg、铁路的为2.6kg、水路的为4.7kg。由此可见，铁路客运产生的二氧化碳污染量仅为公路客运的1/4强；铁路货运产生的二氧化碳污染量只是公路货运的1/30。客运（人千米）和货运（吨千米）对环境的污染强度，公路是铁路的10倍左右。

(2) 噪声污染与防治

城市交通噪声是市区声环境的主要污染源，其主要来源是机动车辆、飞机、火车和轮船等交通工具在运行时发出的噪声，具有流动性强、干扰范围大等特征，严重影响着附近人们的正常生活和工作。长期生活在噪声较大环境里的人们，会使大脑皮层兴奋和抑制的平衡失调，导致条件反射异常，脑血管张力受损害，使人头疼、头晕、耳鸣、失眠多梦、全身疲力，还会引起消化不良、胃溃疡及高血压、冠心病、动脉硬化等症状。

噪声污染可以通过改善交通工具与设备的自身性能、提高路面或轨道平整性、增设隔音壁或吸音墙等技术途径进行改善。

【资料6-7】 根据2001年北京道路噪声的实际监测，北京市内城市主干线两侧路边噪声在昼间为65~72dB，夜间则为60~70dB。北京市有100多万人饱受交通噪声污染之苦。世界其他国家也正面临着交通噪声污染的威胁。伦敦在一次噪声调查的报告中表明36%的伦敦人受到不同程度交通噪声干扰，受飞机、铁路、工业和建筑施工噪声干扰的分别为9%、5%和7%，而在家听到交通噪声的人高达91%。德国有70%的人受到道路交通噪声的干扰,日本38%的人口生活在65dB以上的交通噪声暴露环境中。噪声对人睡眠的影响曲线如图6-5所示,噪声对人正常状态的影响曲线如图6-6所示。

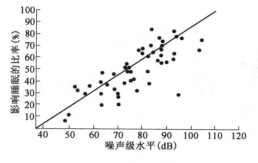

图6-5 噪声对人睡眠的影响曲线

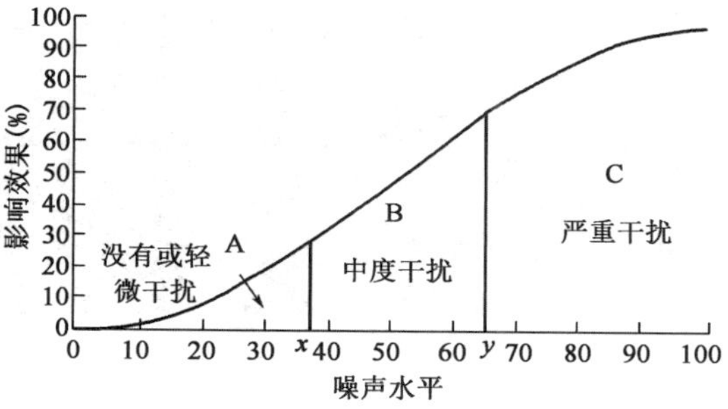

图6-6 噪声对人正常状态的影响曲线

(3) 对生态环境系统的影响与防治

公路、铁路、机场、港口、管道等工程项目在建设期都会不同程度地进行开挖山体、填筑路基、破坏植被、砍伐林木、取土弃土等,虽然已采取了各种保护和恢复措施,但还是对自然生态环境系统有一定的破坏作用,严重的也会发生水土流失现象。此外,公路、铁路路线对生态系统具有分割作用,在一定程度上破坏了生态系统完整性,甚至对动物的繁殖、迁徙、生息等造成一些不利影响。

为防止交通基础设施建设对生态环境系统造成不可挽回的破坏,国家于1989年12月26日颁布实施了《中华人民共和国环境保护法》,又于2014年4月24日进行了修订。交通运输部于1996年颁布实施了《公路建设项目环境影响评价规范》等行业标准,对新建交通基础设施的规划、立项、设计、施工等各环节都增加了严格的环境保护审查,实行"一票否决制",最大限度地保护原生态环境不被破坏。

【资料6-8】 新疆的卡拉麦里有蹄类野生动物自然保护区,地处卡拉麦里山一带,其范围北起乌伦古河、南至卡拉麦里南缘、西至库尔班通古特沙漠东缘、东至二台-奇台-木垒公路以西。地跨奇台、吉木萨尔、阜康、青河、富蕴、福海六县,总面积1.4万平方千米,是普氏野马、蒙古野驴、鹅喉羚、金雕、猎隼等国家一类保护动物12种、国家二级保护动物36种等野生动物的栖息地。保护区内植被资源,如沙漠植物胡杨、沙拐枣、梭梭、铃铛刺、柽柳和野蔷薇等,以及保护区内的水资源、气候条件、地理条件,构成了这些野生动物赖以生存的自然环境。由于国道G216从该保护区核心区通过,如图6-7所示,将该保护区一分为二,大大地缩减了核心区的有效面积。

【资料6-9】 青藏铁路起于青海省西宁市,途经格尔木市、昆仑山口、沱沱河沿,翻越唐古拉山口,进入西藏自治区安多、那曲、当雄、羊八井,至终点西藏首府拉萨市,如图6-8所示。全长1956km,分两期建设,一期工程西宁至格尔木814km已于1984年5月1日建成通车,二期工程格尔木至拉萨段,地处青藏高原腹地,北起青海省格尔木市,南至西藏自治区首府拉萨市,全长1142km,2006年7月1日建成通车。建设过程中,成功地攻克了千里冻土、高寒缺氧、生态脆弱等世界性技术难题,是世界上海拔最高、在冻土上路程最长的

道路桥梁与渡河工程专业导论

高原铁路,是中国新世纪四大工程之一,2013年9月入选"全球百年工程",是世界铁路建设史上的一座丰碑,如图6-8所示。

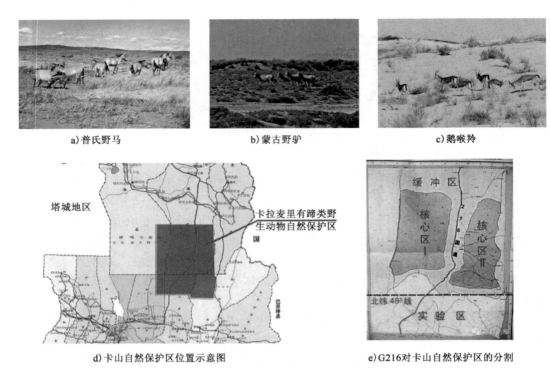

图6-7 卡山自然保护区及其与G216的位置关系

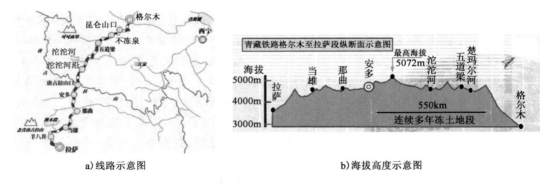

图6-8 青藏铁路格尔木-拉萨段示意图

青藏铁路经过可可西里、羌塘两个国家级自然保护区和三江源省级自然保护区(自然保护区按功能划分为核心区、缓冲区和实验区。核心区是保存完好的天然状态的生态系统及珍稀、濒危动植物的集中分布区;缓冲区只准从事科研活动;实验区可开展旅游活动)。为最大限度地保护生态环境,经多次论证,青藏铁路最终确定只经过三个自然保护区的实验区的边缘地带。同时为保护野生动物的生存习性,在其迁徙的路线上修建了 25 处野生动物迁徙通道,取得了预期的效果,如图 6-9、图 6-10 所示。

图 6-9 野生动物迁徙路线

图 6-10 青藏铁路野生动物通道

(4) 对地球温暖化的影响与预防

地球温暖化主要是由于大气层中温室气体含量不断增加造成的,即所谓的"温室气体效应"。为了防治温室气体效应的快速加剧,人类首先采取的对策就是共同限制温室气体排放量。以汽油、柴油、煤油等燃料为主要动力来源的交通运输工具每年都产生大量的温室气体,所以交通运输行业是主要受限制的对象之一。

【资料 6-10】 图 6-11 给出了全球、北半球、南半球等 2004—2016 年的大气二氧化碳年平均浓度的增长情况,总体上可以认为是呈线性增长规律,短短 12 年间增长了约 6.63%。根据 2012 年的数据,全球温室气体排放总量为 518.40 亿吨当量二氧化碳(二氧化碳占比 73.5%,甲烷气体占 19.0%,一氧化二氮占 5.9%,氢氟碳化物等占 1.6%)。其中能源工业占比 14.5%,其他工业占比 29.1%,农林牧业占比 20.22%,建筑业占比 18.3%,交通运输业占比 14.5%(公路交通占 10.6%,航空 1.5%,铁路 0.5%,其他 1.9%),土地填埋和废水处理占比 3.4%。图 6-12 给出了日本各部门二氧化碳排放量分布情况。可见,交通运输业对全球的节能减排、降低温室气体排放量具有重要影响。

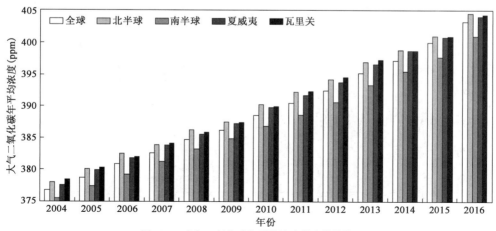

图 6-11 大气二氧化碳年平均浓度的变化趋势

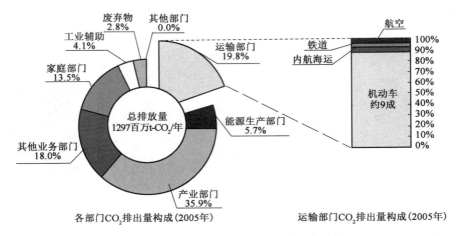

图6-12 日本各部门二氧化碳排放量的比例分布

【资料6-11】 图6-13给出了全球年平均气温的温度距平的变化规律曲线,在过去120年间全球年平均气温较轻工业前上升了约1.2℃。据预测,到21世纪中期地球表面年平均温度将比现在升高1.5~6.5℃,而近1万年来地球表面年平均温度变化未超过2℃。地球表面温度升高将导致严重后果,如南北极部分冰层融化,使海平面有可能比现在升高1.0~4.0m,将对近30%的人类造成直接威胁,一些岛国和岛屿被淹没,距现在的海岸线近60km的一些沿海城市将会发生海水倒灌,从而产生数亿的生态难民;可能会改变大气降水格局,导致旱涝灾害频发、水土流失、水资源危机和土地沙漠化加剧,进而危及粮食安全;可能会引起一些"史前致命病毒"的复活,导致新的瘟疫和疾病的流行,威胁人类健康甚至生存等。

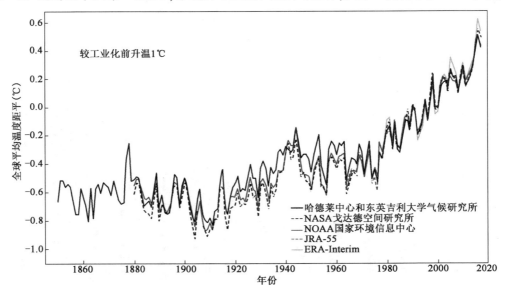

图6-13 全球平均温度距平的变化趋势

【资料6-12】 1997年12月,在日本京都通过的《联合国气候变化框架公约京都议定书》就是人类共同应对气候变化而采取一致限制温室气体排放行动的开端。该条约于2005年2月16日生效,目前已有189个国家加入了该公约。令人遗憾的是占全球二氧化碳排放量25%的美国,却没有批准该条约。

6.2.4 交通运输系统的生态环境保护措施

为减少交通运输系统对生态环境的影响,国家及交通运输部出台了一系列政策和技术措施,对交通运输基础设施建设过程中可能涉及的环境保护问题做出了明确规定。在交通基础设施设计方面,如禁止穿越自然保护区、水源涵养区、生态脆弱区、人文古迹区,采用以桥代路减少占地和水土流失,采用生态防护措施保护生态连续协调,设置动物迁徙通道保护动物生存习性,设置声屏障防止噪声扰民,设置路线绿色长廊创造人文景观等;在运输工具方面,如提高车辆尾气排放标准,改善油气品质,大力发展新能源车辆,通过技术创新降低单位能耗等。这些技术措施都已经付诸实施,取得了良好的防治效果。

【资料6-13】 完善路网、提高通行效率不仅可以节约时间成本,往往也会获得高效的环境保护效果。日本在开通了与首都高速横羽线(横滨—羽田)并行的湾岸线后,由于通行时间缩短为25min,引起了交通量的分流,使横羽线的通行时间也由原来的55min降为30min,同时使交通堵塞减少了1/3(图6-14)。其效果不仅使通行时间成本大幅度降低,每年可以节省1400万升燃油,而且由于运行速度由25km/h提高到60km/h,使得PM、NO_x、CO_2等有害物排放量降低30%~40%(图6-15),社会经济综合效益十分明显。

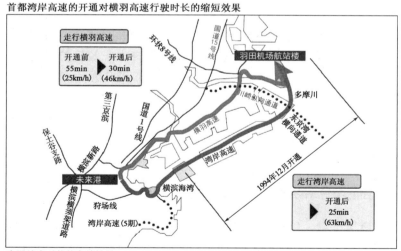

图6-14 完善路网的综合效果比较

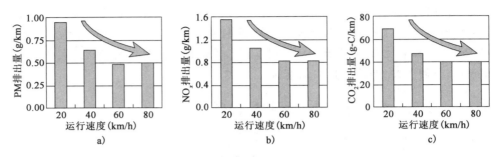

图 6-15 汽车有害排放物与运行速度的关系

6.3 交通运输系统与经济发展

6.3.1 交通运输系统服务于经济发展

要想富,先修路。人类早已认识到了交通运输行业与经济发展的关系。各行各业的经济发展都与生产活动或社会服务活动有直接关系。凡是涉及生产活动,必然存在设备、原材料或零部件、产品的运输活动和人员往来,而社会服务活动主要涉及人员往来和少量物资运输活动,因此,现实中的客货运输需求都是源自经济和社会发展需要。一方面,离开了客货运输的支撑,各行各业的生产活动和服务活动就不能进行;另一方面,离开了各行各业的需要,交通运输行业就失去存在的前提。二者是相互依存、密不可分的关系。

如前所述,交通运输行业在国民经济发展中具有基础性、战略性、先导性和服务性的地位和作用。这进一步地阐明了交通行业发展可以促进国民经济的快速发展,而国民经济的快速发展反过来为交通行业发展能够提供更充足的建设资金,因此,二者又具有相互滚动支持、螺旋式上升发展的关系。

【资料 6-14】 图 6-16 给出了日本汽车行驶量与 GDP 随时间的增长曲线,图 6-17 给出了中国货物周转量与 GDP 随时间的增长曲线,表明 GDP 与交通运输业具有相同的增长趋势,二者之间存在着紧密的内在联系。

6.3.2 交通运输系统对 GDP 的贡献

(1)建设期直接贡献。因交通运输系统自身建设与发展而进行的软硬件投资是对 GDP 的直接贡献。2017 年交通运输系统(交通运输、仓储与邮政业)总投资为 6.14 万亿元,占全社会固定资产投资总额 64.12 万亿元的 9.57%。

(2)运营期间接贡献。主要体现在对各个行业的服务上,计算比较复杂,一般采用投入产出法进行估算。

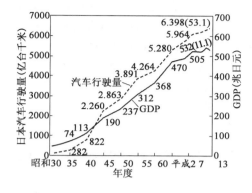

图 6-16 日本汽车行驶量与 GDP 的时间曲线

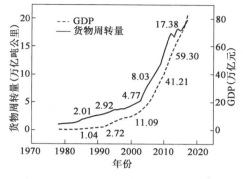

图 6-17 中国货物周转量与 GDP 的时间曲线

【资料 6-15】 根据 2006 年的研究成果,沪宁(上海—南京)高速公路江苏段运营十二年(1991—2002)中的年平均投入产出比是 1∶0.61,考虑折现后的年平均投入产出比是 1∶0.41,十二年内折现后的总投入产出比为 1∶4.93,即当初建设上投入 1 元,已经获得了 4.93 元的回报(表 6-1)。当然,随着运营时间(N 年)的增长,这种回报会越来越大,为 $0.41N$ 元。

沪宁高速公路建设期与运营期的投入产出比　　　表 6-1

项目名称		投入∶产出
建设期(1991—1996)	建设期产出	1∶3.45
运营期(1996—2002)	高速公路运输业(沪宁)总产出	1∶2.77(1∶1.07)*
	高速公路运输业(沪宁)节约效益	1∶1.10(1∶0.41)*
合计(1991—2002)		1∶7.32(1∶4.93)*

*注:( )的数据为考虑了 12% 社会折现率的数据,基年为 1991 年。

成渝(成都—重庆)高速公路重庆段运营十六年(1990—2005)中的年平均投入产出比是 1∶1.29,考虑折现后的年平均投入产出比是 1∶0.48,十六年内折现后的总投入产出比为 1∶7.66,见表 6-2。

成渝高速公路建设期与运营期的投入产出比　　　表 6-2

项目名称		建设期投入∶产出
建设期(1990—1995)	建设期产出	1∶2.75
运营期(1995—2005)	高速公路运输业(成渝)总产出	1∶10.33(1∶2.78)*
	高速公路运输业(成渝)节约效益	1∶7.51(1∶2.13)*
合计(1990—2005)		1∶20.59(1∶7.66)*

*注:( )的数据为考虑了 12% 社会折现率的数据,基年为 1990 年。

(3)从业人员的消费拉动。2017 年,交通运输系统(交通运输、仓储与邮政业)从业人数约 815 万人,按全国居民年人均支出 18322 元,拉动消费 1493.2 亿元。

【资料6-16】 据测算,沪宁高速公路运营期的1997—2002年间共创造就业岗位总数约为42万个,年平均增长量0.3万个,年平均增长率4.8%,体现了高速公路运输业对江苏省就业的贡献率是逐年提高的。成渝高速公路运营期的1996—2005年间共创造约68万个就业岗位。沈大(沈阳—大连)高速公路改扩建期间共创造约21.5万个就业岗位,沪宁高速公路改扩建期间共创造18.6万个就业岗位。

6.3.3 交通干线对沿线产业发展的影响

高速公路建成通车诱导了沿线城市向高速公路沿线扩展,高速公路连接线的附近区域成为高新技术开发区和工业园区选址的首选之地。

【资料6-17】 根据2006年的数据,沪宁高速公路沿线14个高新技术开发区和工业园区中有7个坐落在高速公路出入口附近,占地面积达到了14个工业园区的72.0%,其他的园区则主要分布在长江黄金水道沿线,也是由于水路运输十分发达便利的缘故。成渝高速公路沿线在老城区和成渝高速之间共有高新技术开发区和工业园区6个,占地面积达$77.2km^2$,占园区总数的60%。沈大高速公路沿线辽阳、鞍山、营口的老城区和高速公路、铁路之间的区域共有高新技术开发区和工业园区17个,占地面积达$114.8km^2$。这些都说明交通运输的便利程度是高新技术开发区和工业园区选址的重要影响因素。

【资料6-18】 图6-18给出了2002年日本新建工厂距离高速公路出入口的分布情况,分别有68.4%、18.9%的新工厂选择在距离高速公路出入口10km范围内、10~20km范围内。

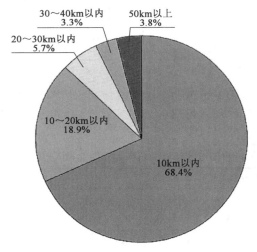

图6-18 日本高速公路出入口附近新建工厂的聚集情况

【资料6-19】 高速公路开通不仅对新工厂的选址有直接影响,同时也对农业经济作物基地发展产生了直接影响。图6-19显示日本高速公路水泽出入口开通后,逐渐形成了青椒生产基地,对促进当地农业经济的发展做出了贡献。

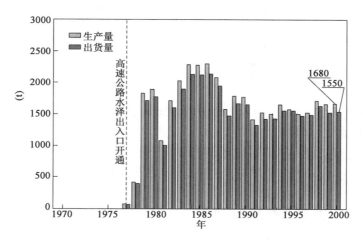

图 6-19　日本高速公路水泽出入口附近青椒基地的诞生

【资料 6-20】　日本针对高铁新干线的多项研究均显示,新干线沿线城市的人口和就业增长明显快于非沿线城市。其中一项研究以日本东海道新干线为对象,发现在其建设运营后 10 年内,高铁沿线设站城市比非设站城市人口增长率平均高出 22%。同时,高速铁路的开通带动了高铁沿线城市商业、旅游业、建筑业和工业的发展,使当地的就业规模增长也相对较快。日本东海道新干线和山阳新干线每年约有乘客 2 亿人次,由此而产生的食宿、旅游等的消费支出约 5 万亿日元,增加就业 50 万人。同样有研究表明,日本新干线开通前,沿线和非沿线就业人数增长差距很小,开通后变大,沿线地区就业增长率达到 1972 年的 1.73 倍,而非沿线地区却只有 1.40 倍。由于高速铁路沿线城市经济和就业的增长,设站地区居民人均收入的增长也比其他区域略高一些。

可见,长期来看,尽管高速铁路对城市群内不同城市(核心城市和边缘城市、设站城市和非设站城市)的影响存在差异,但整体上会带来人口的迁入和就业的增加,产生人口、就业与收入增长的正向社会影响。

6.4　交通运输系统与社会发展

交通运输系统的发展能够为社会创造很多发展机会。可以加快国家间、地区间的互联互通与经济往来,共享经济发展成果,分散生产地点和生活地点,拓宽劳动力市场,增加就业;可以扩大市场范围,促进市场商品流通和价格均衡,实现消费模式的多样化,提高人们的生活水平;可以提升土地价值,提高土地开发效益;可以消除贫困地区发展瓶颈,实现共同富裕等。

6.4.1　交通运输系统与全球化

交通运输是经济运行的命脉,是对外联系的纽带,是提高国家竞争力的重要因素,也是改善人民生活的基础条件。交通运输体系全球化是当今国际政治、社会、经济发展全球化的必然要求。政治方面,世界和平发展的时代背景,各国、各地区之间频繁的政治往来,便于国际范围内各种业务合作的各项政策和措施的制定,使各国、各地区组织更注重"交通运输体系全球化"的发展内容。社会方面,随着居民生活水平的提高,跨国出行的次数逐渐增加,各国之间文化交流日趋频繁,因而从社会文化角度看,"交通运输体系全球化"尤为重要。经济方面,全球经济开放互通的大环境,使国家之间、地区组织之间的经济合作和交流日益频繁,便于国际业务合作的各项政策进一步促进了世界性的经济活动,商业贸易全球化已成为国际社会发展的必然趋势。发展有效的可充分利用内部市场和全球贸易体系的交通运输系统,已成为世界各个国家、地区性组织面临的重大课题。

早在21世纪初,《美国交通部战略计划(2003—2008)》将"全球连通性战略目标"作为五大战略目标之一,具体内涵为"建设一个能推动经济增长与发展的更有效的国内与国际交流系统",并为这个战略目标制定了相应的具体目标、措施、横向合作规划,分析了外部因素等。《面向2010年的欧洲联盟交通运输政策:时不我待》,提出了建设全球化交通运输系统、建设跨欧洲运输网络、提高欧盟在全球运输体系中的地位,以及对交通运输进行全球化管理等内容。美欧在交通运输体系全球化方面的战略和行动,加快了交通运输体系全球化的建设进程。

2013年,中国以共商、共享为原则提出的共建"一带一路"倡议,就是顺应世界多极化、经济全球化、文化多样化、社会信息化的潮流,秉持开放的区域合作精神,致力于维护全球自由贸易体系和开放型世界经济。共建"一带一路"致力于亚欧非大陆及附近海洋的互联互通,建立和加强沿线各国互联互通伙伴关系,构建全方位、多层次、复合型的互联互通网络,实现沿线各国多元、自主、平衡、可持续的发展。以边境地区互联互通为"一带一路"建设的依托,中国积极开展亚洲公路网、泛亚铁路网的规划和建设,与东北亚、中亚、南亚及东南亚国家开通公路通路13条、铁路8条。此外,油气管道、跨界桥梁、输电线路、光缆传输系统等基础设施建设成果也十分显著。这些设施的建设,为"一带一路"沿线各国的经济、社会、人文的深入合作打下坚实的物质基础。其中最重要也是最现实可行的通道路线是:连接东北亚和欧盟这2个当今世界最发达经济体区域的以长吉图开发开放先导区为主体和中心的日本-韩国-日本海-扎鲁比诺港-珲春-吉林-长春-白城-蒙古国-俄罗斯-欧盟的高铁和高速公路规划。

【资料6-21】　欧亚互联互通,铁路货运先行。2011年3月19日,首列中欧班列(重庆—杜伊斯堡,渝新欧国际铁路)成功开行以来,成都、郑州、武汉、苏州、广州等城市也陆续开行了去往欧洲的集装箱班列。仅2020年,中欧班列累计开行超过12400列,运行线路达到65条,通达欧洲21个国家的92个城市,累计运送货物113.5万标箱,货物价值达

500亿美元。随着中欧铁路通道和中欧班列枢纽站的规划与建设的加强,中欧之间的铁路运输必将对中欧货物贸易起到更大的促进作用。

【资料6-22】 泛亚铁路(Trans-Asian Railway,TAR)是一个统一的、贯通欧亚大陆的货运铁路网络,其设想如图6-20所示。亚洲18个国家的代表于2006年11月10日在韩国釜山正式签署《亚洲铁路网政府间协定》,筹划了近50年的泛亚铁路网计划最终得以落实。按照协定的规划,不久的将来,4条"钢铁丝绸之路"构成的黄金走廊就可以把欧亚两大洲连为一体,纵横交错的干线和支线将编织起一个巨大的经济合作网络。但目前有关国家尚不得不面临统一技术标准,协调海关、检疫和安全检查程序,筹措巨额建设资金,统一建设步伐的艰巨任务。

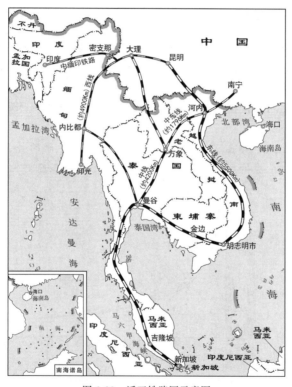

图6-20 泛亚铁路网示意图

【资料6-23】 《亚洲公路网政府间协定》于2004年4月26日晚在上海正式签署,亚洲公路网由亚洲境内具有国际重要性的公路线路构成,包括大幅度穿越东亚和东北亚,南亚和西南亚,东南亚以及北亚和中亚等一个以上次区域的公路线路,总长度约14万km,连接32个国家。主要通向各国首府、主要工农业中心、主要机场、海港与河港、主要集装箱站点、主要旅游景点。线路编号以"AH"开头,表示"亚洲公路",后面接一个一位数,两位数或三位数。从1到9的一位数线路编号分配给大幅度穿越一个以上次区域的亚洲公路各线路。两位数和三位数的线路编号用于标明次区域范围内的线路,包括那些连接周边次区域以及成员国境内的公路线路:10—29 和 100—299 号线路编号分配给东南亚次区域,包括文莱达鲁萨兰国、柬埔寨、印度尼西亚、老挝人民民主共和国、马来西亚、缅甸、菲律宾、新加坡、泰国和越南;30—39 和 300—399 号线路编号分配给东亚和东北亚次区域,包括中国、朝鲜民主主义人民共和国、日本、蒙古、大韩民国和俄罗斯联邦(远东);40—59 和 400—599 号线路编号分配给南亚次区域,包括孟加拉国、不丹、印度、尼泊尔、巴基斯坦和斯里兰卡;60—89 和 600—899 号线路编号分配给北亚、中亚及西南亚,包括阿富汗、亚美尼亚、阿塞拜疆、格鲁吉亚、伊朗伊斯兰共和国、哈萨克斯坦、吉尔吉斯斯坦、俄罗斯联邦、塔吉克斯坦、土耳其、土库曼斯坦和乌兹别克斯坦。中国有总长 2.6 万 km、15 条公路被纳入亚洲公路网,约占 1/5。

6.4.2 交通运输系统与市场经济

交通运输系统对市场经济往往会起到许多直接的影响。但这方面的研究由于受很多因素的综合影响,要想获得明确量化的研究成果并不容易。在此,仅给出几个实例加以说明。

(1)城市轨道交通对房价的影响

城市轨道交通以准时、快捷、票价低廉、运量大等特征被市民所熟知,也因此成为市民选房的主要考虑因素。

【资料 6-24】 图 6-21 给出了北京房价与地铁 5 号线距离的关系图,表明随着垂直于地铁 5 号线距离的增加,房价所受到的影响越小,最大影响程度之比超过 3 倍以上。

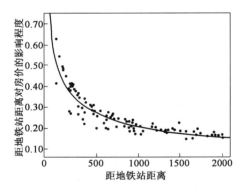

图 6-21 北京地铁 5 号线对沿线房价的影响

(2)对社会零售商品价格的影响

由于交通运输系统的快速发展,社会主要工业商品、农业商品的价格在全国范围内已经越来越趋于统一价格,特别是在发达国家的大型连锁零售商几乎达到了同一商品同一价格的程度。在我国由于电商的兴起,使得消费者无论在国内身处何地,都可以相同的价格网购同一商品。显然,这得益于强大的互联网销售系统和快捷的物流配送系统。

【资料 6-25】 图 6-22 给出了阪神大地震(1995 年)后,由于东京—名古屋高速公路名古屋高架桥倒塌,因通路受阻导致运输车辆锐减而使生菜价格明显提升,直到该段高速公路修复后才使生菜的价格恢复正常。

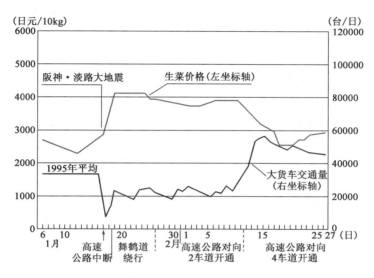

图 6-22　高速公路交通中断与否对生菜市场价格的影响

【资料6-26】　北京市时令蔬菜市场中60%的蔬菜量由南方地区供应,40%的由本地供应。2010年的第一场雪导致部分高速公路关闭,受供货量不足的影响,北京农副产品市场的蔬菜价格一路飙升。"每斤大白菜由8角涨到1元,茼蒿由5元涨到7元"。宣武区监测点大白菜价格上涨33%,菠菜价格上涨40%,青椒和白萝卜价格各上涨25%。个别监测点,西红柿、茄子、土豆、洋葱因下雪原因断货。

6.4.3　交通运输系统与社会服务

(1)社会福利设施服务扩展

随着交通运输系统日趋完善,在路网密度、通达深度、服务水平等方面都得到了显著提高,国民在享受社会服务和社会福祉方面的机会和便利程度也随之得到显著地提高,120急救、119救援、快递物流等也因此覆盖到更广大的地域范围。

【资料6-27】　图6-23显示了日本来自东京的快递两日内送达区域随高速公路里程的延伸而变化的情况,说明高速公路对提高社会机动性和服务能力均具有重要作用。

【资料6-28】　图6-24所示的实际案例在一定程度上反映了高速公路建设对医疗急救覆盖范围和急救运送时间都有着重要影响。日本的研究结果表明,心跳停止后约3min内、呼吸停止约10min内、大量出血约30min内死亡的比例均为50%,若急救运送时间超过30min,死亡率会急剧增加。得益于路网密度和通达深度的增加以及完善的应急救援体系,日本全国到急救医疗设施30min车程的人口覆盖率已达到77%,60min车程的人口覆盖率已达90%,极大地扩大了社会医疗福祉的惠及范围(表6-3);德国的救护车到达救援现场时间在10min内的约为80%,20min内的约为95%(图6-25);美国的救护车到达

道路桥梁与渡河工程专业导论

救援现场平均时间在各州城镇范围内的不到7min,在各州乡村范围内的不到12min(表6-4)。这种快速反应及时救援挽救了无数人的生命,具有极大的社会效益。

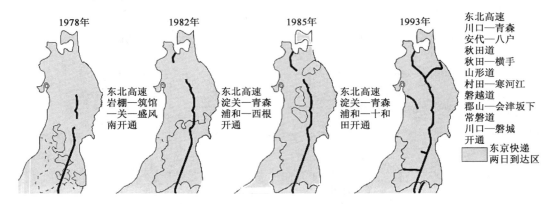

图6-23 高速公路开通对邮递快件覆盖区域的影响

图6-24 高速公路对医疗急救影响示例

日本救援时限覆盖率情况表　　　　　　　　　　　　　表6-3

地区	人口覆盖率		面积覆盖率	
	救援时限		救援时限	
	30min	60min	30min	60min
北海道	63%	82%	14%	44%
东北	51%	83%	26%	64%
关东	90%	99%	48%	85%

续上表

地 区	人口覆盖率		面积覆盖率	
	救援时限		救援时限	
	30min	60min	30min	60min
中部	88%	98%	45%	86%
近畿	87%	95%	42%	74%
中国	62%	88%	25%	60%
四国	73%	93%	33%	70%
九州	64%	89%	28%	65%
全国	77%	90%	28%	59%

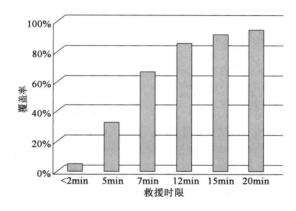

图 6-25　德国救护车抵达现场时间分布(1994—1995 年)

美国发生交通事故后接受服务和平均反应时间(min)　　表 6-4

统 计 范 围	事故发生到通知 EMS 的时间	EMS 接到通知后到达现场的时间	EMS 到达现场至到达医院的时间	事故发生至到达医院的时间
各州城镇	3.41	6.13	27.62	35.62
各州乡村	6.81	11.41	36.93	52.49

注:表中的时间均为各项的州平均值;EMS:紧急医疗救援服务系统(Emergency Medical Service System)。

(2)生活圈、经济圈扩展

随着高速交通系统的普及,高速公路系统使得都市小时生活圈扩展到 100km 范围、日出行圈扩展到 300km 范围,高速铁路系统使得日出行圈扩展到 1000km 范围,民航系统使得日出行圈扩展 3000km 范围,极大地改变了人们出行的时空观念,使得"地球村"的轮廓越来越变得现实起来。

【资料 6-29】　一般而言,"X 小时经济圈(生活圈/通勤圈)"是"以主城为核心、X 小时车程为半径的范围内"的一个城市群和经济圈,同时,X 小时车程区域更是一个紧密、统一的工作圈、生活圈。而"日出行圈"则是可在当日实现出行往返的时空范围。目前,国内各大城市群以城际高速铁路、城市轨道交通、高速公路为主建设快速交通网络,着力打造"X 小时生活圈或经济圈"。如"京津冀 1 小时经济圈"是以北京、天津、石家庄为核心,辐射河北 9 个地市级城市,以形成北方的经济中心为目标;"珠三角 1 小时生活圈"是原以广州为中心,辐射 21 个地市级城市,目前正在向"粤港澳大湾区(9 市 + 2 区)1 小时经济圈"方向演化,目标是建设具有国际竞争力的世界级大湾区;"长三角 1 小时经济圈"是以上海市为中心,辐射 300km 范围内的大中城市,打造新的经济增长区等。

【资料 6-30】 中国台湾岛沿着西海岸由台北市到高雄市,在以普通公路和铁路为骨干的交通网络下,形成的是 7 个"1 小时生活圈",1978 年 10 月当中山高速公路开通后,变成了 3 个"1 小时生活圈",2007 年 1 月当台北—高雄高速铁路开通后,则变成了 1 个"1 小时生活圈"。可见,随着交通运输系统的不断进步,直接影响了人们的时空观念和出行行为,时间效益尤其巨大。

6.4.4 交通运输系统与共同富裕

2020 年我国已经建成"全面小康"社会。为实现这一目标,我国进行了一场人类历史上涉及人口规模空前、人财物投入空前、国家决心空前的目标明确、组织有力、措施得当的脱贫攻坚战。交通运输部全面完成了《"十三五"交通扶贫规划》的各项目标,在这场战役中发挥了其独特的作用。交通扶贫覆盖范围包括了集中连片特困地区、国家扶贫开发工作重点县,以及以上范围之外的一批革命老区县、少数民族县和边境县,共 1177 个县(市、区)。投资约 8480 亿元,支持贫困地区建设了 1.6 万 km 多国家高速公路和 4.6 万 km 多普通国道,完成了贫困地区 2.45 万个建制村、2.1 万个撤并建制村的路面硬化,约 3.16 万 km 资源路、旅游路、产业路的改造建设,150 个县级客运站和 1100 个乡镇客运综合服务站的改造建设,实现了所有乡镇和建制村通客车。通过推动"交通+产业""交通+旅游""交通+邮政""交通+电商"等扶贫新模式,在贫困地区全面建成了"外通内联、通村畅乡、班车到村、安全便捷"的交通运输网络,总体上实现了"进得来、出得去、行得通、走得畅"的交通网络建设目标,基本消除了贫困地区发展的交通瓶颈。

【资料 6-31】 老百姓常说"要想富,先修路""小康不小康,关键看老乡;致富不致富,关键看公路"。交通扶贫成功的案例有很多,如湖南宁乡建设 2000 余 km 农村公路和 6 条旅游公路,带动宁乡西部山区 9 个贫困乡 1.2 万人就业,农民人均增收达 1.5 万元。湖北省黄冈市大别山红色旅游公路及其支线惠及近 370 万群众,2015 年沿线旅游人数达到 1200 万人次,旅游收入超过 100 亿元,连续 3 年呈 20% 速度递增,有效带动了老区人民脱贫致富。

总之,交通运输系统与社会经济发展具有复杂的内在联系,一方面彼此能够相互促进、滚动发展;另一方面彼此也存在制约关系,交通运输系统受到社会经济发展需求水平的制约,不能无序、无度地发展。同时,交通运输系统应为保护人类赖以生存的生态环境,要一贯坚持绿色、低碳和可持续发展。

复习思考题

（1）为什么说交通运输系统是一个复杂的系统工程？
（2）交通运输系统对社会经济发展有哪些直接贡献？
（3）交通运输系统对社会经济发展有哪些间接贡献？
（4）为什么说没有发达的交通运输系统就没有全球化？
（5）如何降低交通运输系统对环境保护的不利影响？
（6）交通运输系统在促进社会协调发展方面有哪些作用？

参 考 文 献

[1] 汪应洛. 系统工程[M]. 5版. 北京:机械工业出版社,2016.
[2] 王素兰. 环境系统工程[M]. 郑州:河南科学技术出版社,2015.
[3] 徐建华,余庆余. 人类生态系统[M]. 兰州:兰州大学出版社,1993.
[4] 王振军. 交通运输系统工程[M]. 2版. 南京:东南大学出版社,2017.
[5] 严作仁,张戎. 运输经济学[M]. 2版. 北京:人民交通出版社,2009.
[6] 杭文. 运输经济学[M]. 2版. 南京:东南大学出版社,2016.
[7] 赵光辉,田仪顺. 交通运输社会服务能力[M]. 北京:人民交通出版社,2013.
[8] 张玉芬,钱炳华,等. 交通运输与环境保护[M]. 北京:人民交通出版社,2003.
[9] 刘朝晖,秦仁杰. 公路环境与景观设计[M]. 北京:人民交通出版社,2003.
[10] 蒋红斐. 交通运输工程概论[M]. 长沙:中南大学出版社,2016.
[11] 过秀成. 交通运输工程学[M]. 北京:人民交通出版社股份有限公司,2017.
[12] 徐吉谦,陈学武. 交通工程总论[M]. 5版. 北京:人民交通出版社股份有限公司,2020.
[13] 连义平,杨冀琴. 综合交通运输概论[M]. 4版. 成都:西南交通大学出版社,2019.
[14] 高利. 智能运输系统[M]. 北京:北京理工大学出版社,2016.
[15] 李振福. 水运系统工程[M]. 大连:大连海事大学出版社,2007.
[16] 贾大山,金明. 海运强国发展模式[M]. 北京:人民交通出版社股份有限公司,2018.
[17] 贾大山,纪永波. 内河优势战略[M]. 北京:人民交通出版社股份有限公司,2015.
[18] 贾利民,王卓. 铁路智能运输系统设计优化理论与方法[M]. 北京:中国铁道出版社,2006.
[19] 束汉武. 铁路运输信息系统及其应用[M]. 北京:中国铁道出版社,2008.
[20] 张旭. 高速铁路与民航客运竞争及协同发展[M]. 长沙:中南大学出版社,2014.
[21] 欧国立. 轨道交通运输经济[M]. 北京:中国铁道出版社,2010.
[22] 方从法,罗茜. 民用航空概论[M]. 上海:上海交通大学出版社,2012.
[23] 陈林. 航空运输经济学[M]. 北京:中国民航出版社,2008.
[24] 民航教程编委会. 民航概论[M]. 北京:经济日报出版社,2015.
[25] 石油天然气管道局. 油气管道工程概论[M]. 北京:石油工业出版社,1993.
[26] 马颖忆,陆玉麒,等. 泛亚高铁建设对中国西南边疆地区与中南半岛空间联系的影响[J]. 2015,34(5). 北京:地理研究,2015.
[27] 李宝仁. 亚欧铁路网一体化对我国铁路发展战略的影响[J]. 2011(8). 北京:中国铁路,2011.
[28] 杨正泽. 高速铁路的国民经济属性与投资效益研究[D]. 北京:北京大学,2015.

[29] 谢旭轩,张世秋,等.北京市交通拥堵的社会成本分析[J].2011,21(1).北京:中国人口资源与环境,2011.

[30] 国务院.关于印发"十三五"现代综合交通运输体系发展规划的通知:国发〔2017〕11号[A/OR].https://www.baidu.com/link? url = vsiGIMtRrERURfafUgbYijYjoYn1wIyHuZtk-9DYDEqPbPFHfrQ4 _ nFDSSTmNn0TZr2dHRKT6mXkJyvLwLAnIlaH272UZFe-xN5T5rqKr7_&wd = &eqid = a5dedd4c000eea510000000360ca9919.

[31] 中共中央,国务院.交通强国建设纲要[R].2019.

[32] 李小鹏.2018年全国交通运输工作会议的讲话[R].2017.

[33] 闫峰.京津城际高速铁路综合效益分析研究[D].北京:北京交通大学,2016.

[34] 付潇瑶.高铁建设对其沿线地区经济发展的影响研究[J].2018,31(9).湖北:湖北函授大学学报,2018.

[35] 王春杨,吴小文.高铁建设对区域创新空间结构的影响[J].2018,18(1).重庆:重庆交通大学学报(社会科学版),2018.

[36] 刘学江.铁路物流物联网体系架构研究[M].成都:西南交通大学,2012.

[37] 冯长春,李维瑄,等.轨道交通对其沿线商品住宅价格的影响分析[J].66(8).北京:地理学报,2011.

[38] 岳跃申,郑士君,等.新型船岸一体化管理平台的设计及其功能[J].(3).上海:航海技术,2009.

[39] 牛文生.基于天地一体化信息网络的智能航空客运系统[J].40(1).北京:航空学报,2019.

[40] 谭显龙.民航空管西南运行管理中心智能管理系统的构想[J].14(4).四川广汉:中国民航飞行学院学报,2003.

[41] 石文.空中交通管理优化问题研究[D].天津:天津大学,2014.

[42] 王昆,李琳,等.基于物联网技术的智慧长输管道[J].37(1).河北廊坊:油气储运,2018.

[43] 李遵照,王剑波,等.智慧能源时代的智能化管道系统建设[J].36(11).河北廊坊:油气储运,2017.

[44] 日本国土交通省.日本国土交通发展状况白皮书[R/OL].

[45] 日本国土交通省.日本道路建设成效[R/OL].

[46] 中华人民共和国行业标准.公路沥青路面设计规范:JTG D50—2017[S].北京:人民交通出版社股份有限公司,2017.

[47] 孟祥海.道路交通安全技术与实践案例[M].北京:人民交通出版社股份有限公司,2017.

[48] C. S. Papacostas, P. D. Prevedours. Transporttion Engineering and Planning[M].3rd ed. New Delhi:Asoke K. Ghosh, Prentice-Hall of India Private Limited,2002.

[49] 孟祥海,章锡俏,郑来.交通工程设施设计[M].4版.哈尔滨:哈尔滨工业大学出版

社,2020.
- [50] 李灿齐.现代交通规划学[M].北京:人民交通出版社,2001.
- [51] 冉斌,张健.交通运输前沿技术导论[M].北京:科学出版社,2017.
- [52] 中华人民共和国行业标准.公路路线设计规范:JTG D20—2017[S].北京:人民交通出版社股份有限公司,2017.
- [53] 中华人民共和国行业标准.公路工程技术标准:JTG B01—2014[S].北京:人民交通出版社股份有限公司,2014.
- [54] 张金喜.道路工程专论[M].2版.北京:科学出版社,2019.
- [55] 黄晓明.路基路面工程[M].6版.北京:人民交通出版社股份有限公司,2019.
- [56] 孙家驷.道路勘测设计[M].4版.北京:人民交通出版社股份有限公司,2019.
- [57] 侯相琛,曹丽萍.公路养护与管理[M].2版.北京:人民交通出版社股份有限公司,2017.
- [58] 项海帆,等.高等桥梁结构理论[M].2版.北京:人民交通出版社,2013.
- [59] 葛耀君,苏庆田,等.钢桥[M].北京:人民交通出版社股份有限公司,2014.
- [60] 范立础.预应力混凝土连续梁桥[M].北京:人民交通出版社,1988.
- [61] 邵旭东,程翔云,李立峰.桥梁设计与计算[M].2版.北京:人民交通出版社,2012.
- [62] 张树仁,黄侨.结构设计原理[M].3版.北京:人民交通出版社股份有限公司,2020.
- [63] 聂建国,等.钢混凝土组合结构桥梁[M].北京:人民交通出版社,2011.
- [64] 李国豪.桥梁与结构理论研究[M].上海:上海科技文献出版社,1983.
- [65] 葛耀君.桥梁工程可持续发展的理念与使命:第十九届全国桥梁学生会议论文集[M].北京:人民交通出版社,2010.
- [66] 《中国公路学报》编辑部.中国桥梁工程学术研究综述[J].2014(5).西安:中国公路学报,2014.
- [67] 王建平,黄亚新,程建生.浮桥工程[M].北京:人民交通出版社,2012.
- [68] 王建平,程建生.舟桥设计理论[M].北京:国防工业出版社,2012.
- [69] 程建生,王建平.舟艇原理与强度[M].北京:人民交通出版社股份有限公司,2015.
- [70] 王建平,程建生,黄新磊.渡河工程[M].北京:人民交通出版社股份有限公司,2018.
- [71] 程建生,李峰.渡河[M].南京:解放军理工大学工程兵工程学院,2008.
- [72] 易光湘,樊自建.渡河教范[M].北京:解放军出版社,2015.
- [73] 中国人民解放军89001部队.外军舟桥器材[R].无锡:工程兵科研一所,1979.